T&P BOOKS

AFRIKAANS

WORTSCHATZ

FÜR DAS SELBSTSTUDIUM

DEUTSCH
AFRIKAANS

Die nützlichsten Wörter
Zur Erweiterung Ihres Wortschatzes und
Verbesserung der Sprachfertigkeit

9000 Wörter

Wortschatz Deutsch-Afrikaans für das Selbststudium - 9000 Wörter

Von Andrey Taranov

T&P Books Vokabelbücher sind dafür vorgesehen, beim Lernen einer Fremdsprache zu helfen, Wörter zu memorieren und zu wiederholen. Das Wörterbuch ist nach Themen aufgeteilt und deckt alle wichtigen Bereiche des täglichen Lebens, Berufs, Wissenschaft, Kultur etc. ab.

Durch das Benutzen der themenbezogenen T&P Books ergeben sich folgende Vorteile für den Lernprozess:

- Sachgemäß geordnete Informationen bestimmen den späteren Erfolg auf den darauffolgenden Stufen der Memorisierung
- Die Verfügbarkeit von Wörtern, die sich aus der gleichen Wurzel ableiten lassen, erlaubt die Memorisierung von Worteinheiten (mehr als bei einzeln stehenden Wörtern)
- Kleine Worteinheiten unterstützen den Aufbauprozess von assoziativen Verbindungen für die Festigung des Wortschatzes
- Die Kenntnis der Sprache kann aufgrund der Anzahl der gelernten Wörter eingeschätzt werden

T&P Books Publishing
www.tpbooks.com

ISBN: 978-1-78716-495-6

Dieses Buch ist auch im E-Book Format erhältlich.
Besuchen Sie uns auch auf www.tpbooks.com oder auf einer der bedeutenden Buchhandlungen online.

WORTSCHATZ DEUTSCH-AFRIKAANS
für das Selbststudium

Die Vokabelbücher von T&P Books sind dafür vorgesehen, Ihnen beim Lernen einer Fremdsprache zu helfen, Wörter zu memorieren und zu wiederholen. Der Wortschatz enthält über 9000 häufig gebrauchte, thematisch geordnete Wörter.

- Der Wortschatz enthält die am häufigsten benutzten Wörter
- Eignet sich als Ergänzung zu jedem Sprachkurs
- Erfüllt die Bedürfnisse von Anfängern und fortgeschrittenen Lernenden von Fremdsprachen
- Praktisch für den täglichen Gebrauch, zur Wiederholung und um sich selbst zu testen
- Ermöglicht es, Ihren Wortschatz einzuschätzen

Besondere Merkmale des Wortschatzes:

- Wörter sind entsprechend ihrer Bedeutung und nicht alphabetisch organisiert
- Wörter werden in drei Spalten präsentiert, um das Wiederholen und den Selbstüberprüfungsprozess zu erleichtern
- Wortgruppen werden in kleinere Einheiten aufgespalten, um den Lernprozess zu fördern
- Der Wortschatz bietet eine praktische und einfache Lautschrift jedes Wortes der Fremdsprache

Der Wortschatz hat 256 Themen, einschließlich:

Grundbegriffe, Zahlen, Farben, Monate, Jahreszeiten, Maßeinheiten, Kleidung und Accessoires, Essen und Ernährung, Restaurant, Familienangehörige, Verwandte, Charaktereigenschaften, Empfindungen, Gefühle, Krankheiten, Großstadt, Kleinstadt, Sehenswürdigkeiten, Einkaufen, Geld, Haus, Zuhause, Büro, Import & Export, Marketing, Arbeitssuche, Sport, Ausbildung, Computer, Internet, Werkzeug, Natur, Länder, Nationalitäten und vieles mehr...

INHALT

LEITFADEN FÜR DIE AUSSPRACHE

T&P phonetisches Alphabet	Afrikaans Beispiel	Deutsch Beispiel
[a]	land	schwarz
[ā]	straat	Zahlwort
[æ]	hout	ärgern
[o], [ɔ]	Australië	wohnen, oft
[e]	metaal	Pferde
[ɛ]	aanlê	essen
[ə]	filter	halte
[ɪ]	uur	Mitte
[i]	billik	ihr, finden
[ï]	naïef	Militärbasis
[o]	koppie	orange
[ø]	akteur	können
[œ]	fluit	Hölle
[u]	hulle	kurz
[ʊ]	hout	dumm
[b]	bakker	Brille
[d]	donder	Detektiv
[f]	navraag	fünf
[g]	burger	gelb
[h]	driehoek	brauchbar
[j]	byvoeg	Jacke
[k]	kamera	Kalender
[l]	loon	Juli
[m]	môre	Mitte
[n]	neef	Vorhang
[p]	pyp	Polizei
[r]	rigting	richtig
[s]	oplos	sein
[t]	lood, tenk	still
[v]	bewaar	November
[w]	oorwinnaar	schwanger
[z]	zoem	sein
[dʒ]	enjin	Kambodscha
[ʃ]	artisjok	Chance
[ŋ]	kans	Känguru
[tʃ]	tjek	Matsch
[ʒ]	beige	Regisseur
[x]	agent	billig

11

ABKÜRZUNGEN
die im Vokabular verwendet werden

Deutsch. Abkürzungen

Adj	-	Adjektiv
Adv	-	Adverb
Amtsspr.	-	Amtssprache
f	-	Femininum
f, n	-	Femininum, Neutrum
Fem.	-	Femininum
m	-	Maskulinum
m, f	-	Maskulinum, Femininum
m, n	-	Maskulinum, Neutrum
Mask.	-	Maskulinum
n	-	Neutrum
pl	-	Plural
Sg.	-	Singular
ugs.	-	umgangssprachlich
unzähl.	-	unzählbar
usw.	-	und so weiter
v mod	-	Modalverb
vi	-	intransitives Verb
vi, vt	-	intransitives, transitives Verb
vt	-	transitives Verb
zähl.	-	zählbar
z.B.	-	zum Beispiel

GRUNDBEGRIFFE

Grundbegriffe. Teil 1

1. Pronomen

ich	ek, my	[ɛk], [maj]
du	jy	[jaj]
er	hy	[haj]
sie	sy	[saj]
es	dit	[dit]
wir	ons	[ɔŋs]
ihr	julle	[julle]
Sie (Sg.)	u	[u]
Sie (pl)	u	[u]
sie	hulle	[hulle]

2. Grüße. Begrüßungen. Verabschiedungen

Hallo! (ugs.)	**Hallo!**	[hallo!]
Hallo! (Amtsspr.)	**Hallo!**	[hallo!]
Guten Morgen!	**Goeie môre!**	[χuje·more!]
Guten Tag!	**Goeiemiddag!**	[χuje·middaχ!]
Guten Abend!	**Goeienaand!**	[χuje·nānt!]
grüßen (vi, vt)	**dagsê**	[daχsɛ:]
Hallo! (ugs.)	**Hallo!**	[hallo!]
Gruß (m)	**groet**	[χrut]
begrüßen (vt)	**groet**	[χrut]
Wie geht's?	**Hoe gaan dit?**	[hu χān dit?]
Wie geht es Ihnen?	**Hoe gaan dit?**	[hu χān dit?]
Was gibt es Neues?	**Hoe gaan dit?**	[hu χān dit?]
Auf Wiedersehen!	**Totsiens!**	[totsiŋs!]
Wiedersehen! Tschüs!	**Koebaai!**	[kubāi!]
Bis bald!	**Totsiens!**	[totsiŋs!]
Lebe wohl!	**Mooi loop!**	[moj loep!]
Leben Sie wohl!	**Vaarwel!**	[fārwel!]
sich verabschieden	**afskeid neem**	[afskæjt neem]
Tschüs!	**Koebaai!**	[kubāi!]
Danke!	**Dankie!**	[danki!]
Dankeschön!	**Baie dankie!**	[baje danki!]
Bitte (Antwort)	**Plesier**	[plesir]
Keine Ursache.	**Plesier!**	[plesir!]

Nichts zu danken.	Plesier	[plesir]
Entschuldigen Sie!	Verskoon my!	[ferskoən maj!]
Entschuldige!	Ekskuus!	[ɛkskɪs!]
entschuldigen (vt)	verskoon	[ferskoən]
sich entschuldigen	verskoning vra	[ferskoniŋ fra]
Verzeihung!	Verskoning	[ferskoniŋ]
Es tut mir leid!	Ek is jammer!	[ɛk is jammər!]
verzeihen (vt)	vergewe	[ferχevə]
Das macht nichts!	Maak nie saak nie!	[mãk ni sãk ni!]
bitte (Die Rechnung, ~!)	asseblief	[asseblif]
Nicht vergessen!	Vergeet dit nie!	[ferχeət dit ni!]
Natürlich!	Beslis!	[beslis!]
Natürlich nicht!	Natuurlik nie!	[natɪrlik ni!]
Gut! Okay!	OK!	[okej!]
Es ist genug!	Dis genoeg!	[dis χenuχ!]

3. Jemanden ansprechen

Entschuldigen Sie!	Verskoon my, ...	[ferskoən maj, ...]
Herr	meneer	[meneər]
Frau	mevrou	[mefræʊ]
Frau (Fräulein)	juffrou	[juffræʊ]
Junger Mann	jongman	[joŋman]
Junge	boet	[but]
Mädchen	sussie	[sussi]

4. Grundzahlen. Teil 1

null	nul	[nul]
eins	een	[eən]
zwei	twee	[tweə]
drei	drie	[dri]
vier	vier	[fir]
fünf	vyf	[fajf]
sechs	ses	[ses]
sieben	sewe	[sevə]
acht	ag	[aχ]
neun	nege	[neχə]
zehn	tien	[tin]
elf	elf	[ɛlf]
zwölf	twaalf	[twãlf]
dreizehn	dertien	[dertin]
vierzehn	veertien	[feərtin]
fünfzehn	vyftien	[fajftin]
sechzehn	sestien	[sestin]
siebzehn	sewetien	[sevetin]
achtzehn	agtien	[aχtin]

neunzehn	negetien	[neχetin]
zwanzig	twintig	[twintəχ]
einundzwanzig	een-en-twintig	[eən-en-twintəχ]
zweiundzwanzig	twee-en-twintig	[tweə-en-twintəχ]
dreiundzwanzig	drie-en-twintig	[dri-en-twintəχ]

dreißig	dertig	[dertəχ]
einunddreißig	een-en-dertig	[eən-en-dertəχ]
zweiunddreißig	twee-en-dertig	[tweə-en-dertəχ]
dreiunddreißig	drie-en-dertig	[dri-en-dertəχ]

vierzig	veertig	[feərtəχ]
einundvierzig	een-en-veertig	[eən-en-feərtəχ]
zweiundvierzig	twee-en-veertig	[tweə-en-feərtəχ]
dreiundvierzig	vier-en-veertig	[fir-en-feərtəχ]

fünfzig	vyftig	[fajftəχ]
einundfünfzig	een-en-vyftig	[eən-en-fajftəχ]
zweiundfünfzig	twee-en-vyftig	[tweə-en-fajftəχ]
dreiundfünfzig	drie-en-vyftig	[dri-en-fajftəχ]

sechzig	sestig	[sestəχ]
einundsechzig	een-en-sestig	[eən-en-sestəχ]
zweiundsechzig	twee-en-sestig	[tweə-en-sestəχ]
dreiundsechzig	drie-en-sestig	[dri-en-sestəχ]

siebzig	sewentig	[seventəχ]
einundsiebzig	een-en-sewentig	[eən-en-seventəχ]
zweiundsiebzig	twee-en-sewentig	[tweə-en-seventəχ]
dreiundsiebzig	drie-en-sewentig	[dri-en-seventəχ]

achtzig	tagtig	[taχtəχ]
einundachtzig	een-en-tagtig	[eən-en-taχtəχ]
zweiundachtzig	twee-en-tagtig	[tweə-en-taχtəχ]
dreiundachtzig	drie-en-tagtig	[dri-en-taχtəχ]

neunzig	negentig	[neχentəχ]
einundneunzig	een-en-negentig	[eən-en-neχentəχ]
zweiundneunzig	twee-en-negentig	[tweə-en-neχentəχ]
dreiundneunzig	drie-en-negentig	[dri-en-neχentəχ]

5. Grundzahlen. Teil 2

einhundert	honderd	[hondərt]
zweihundert	tweehonderd	[tweə·hondərt]
dreihundert	driehonderd	[dri·hondərt]
vierhundert	vierhonderd	[fir·hondərt]
fünfhundert	vyfhonderd	[fajf·hondərt]

sechshundert	seshonderd	[ses·hondərt]
siebenhundert	sewehonderd	[sewə·hondərt]
achthundert	aghonderd	[aχ·hondərt]
neunhundert	negehonderd	[neχə·hondərt]
eintausend	duisend	[dœisent]

zweitausend	tweeduisend	[twee·dœisent]
dreitausend	drieduisend	[dri·dœisent]
zehntausend	tienduisend	[tin·dœisent]
hunderttausend	honderdduisend	[hondərt·dajsent]
Million (f)	miljoen	[miljun]
Milliarde (f)	miljard	[miljart]

6. Ordnungszahlen

der erste	eerste	[eərstə]
der zweite	tweede	[tweədə]
der dritte	derde	[derdə]
der vierte	vierde	[firdə]
der fünfte	vyfde	[fajfdə]
der sechste	sesde	[sesdə]
der siebte	sewende	[sevendə]
der achte	agste	[aχstə]
der neunte	negende	[neχendə]
der zehnte	tiende	[tində]

7. Zahlen. Brüche

Bruch (m)	breuk	[brøək]
Hälfte (f)	helfte	[hɛlftə]
Drittel (n)	derde	[derdə]
Viertel (n)	kwart	[kwart]
Achtel (m, n)	agste	[aχstə]
Zehntel (n)	tiende	[tində]
zwei Drittel	twee derde	[twee derdə]
drei Viertel	driekwart	[drikwart]

8. Zahlen. Grundrechenarten

Subtraktion (f)	aftrekking	[aftrɛkkiŋ]
subtrahieren (vt)	aftrek	[aftrek]
Division (f)	deling	[deliŋ]
dividieren (vt)	deel	[deəl]
Addition (f)	optelling	[optɛlliŋ]
addieren (vt)	optel	[optəl]
hinzufügen (vt)	optel	[optəl]
Multiplikation (f)	vermenigvuldiging	[fermeniχ·fuldəχiŋ]
multiplizieren (vt)	vermenigvuldig	[fermeniχ·fuldəχ]

9. Zahlen. Verschiedenes

Ziffer (f)	syfer	[sajfər]
Zahl (f)	nommer	[nommər]
Zahlwort (n)	telwoord	[tɛlwoərt]

Minus (n)	minusteken	[minus·tekən]
Plus (n)	plusteken	[plus·tekən]
Formel (f)	formule	[formulə]

Berechnung (f)	berekening	[berekeniŋ]
zählen (vt)	tel	[təl]
berechnen (vt)	optel	[optəl]
vergleichen (vt)	vergelyk	[ferχəlajk]

Wie viel, -e?	Hoeveel?	[hufeəl?]
Summe (f)	som, totaal	[som], [totāl]
Ergebnis (n)	resultaat	[resultāt]
Rest (m)	oorskot	[oərskot]

wenig (Adv)	min	[min]
einige, ein paar	min	[min]
Übrige (n)	die res	[di res]
Dutzend (n)	dosyn	[dosajn]

entzwei (Adv)	middeldeur	[middəldøər]
zu gleichen Teilen	gelyk	[χelajk]
Hälfte (f)	helfte	[hɛlftə]
Mal (n)	maal	[māl]

10. Die wichtigsten Verben. Teil 1

abbiegen (nach links ~)	draai	[drāi]
abschicken (vt)	stuur	[stɪr]
ändern (vt)	verander	[ferandər]
Angst haben	bang wees	[baŋ veəs]

ankommen (vi)	aankom	[ānkom]
antworten (vi)	antwoord	[antwoərt]
arbeiten (vi)	werk	[verk]
auf ... zählen	reken op ...	[reken op ...]
aufbewahren (vt)	bewaar	[bevār]

aufschreiben (vt)	opskryf	[opskrajf]
ausgehen (vi)	uitgaan	[œeitχān]
aussprechen (vt)	uitspreek	[œeitspreək]

bedauern (vt)	jammer wees	[jammər veəs]
bedeuten (vt)	beteken	[betekən]
beenden (vt)	klaarmaak	[klārmāk]

| befehlen (Milit.) | beveel | [befeəl] |
| befreien (Stadt usw.) | bevry | [befraj] |

beginnen (vt)	begin	[beχin]
bemerken (vt)	raaksien	[rāksin]
beobachten (vt)	waarneem	[vārneəm]

| berühren (vt) | aanraak | [ānrāk] |
| besitzen (vt) | besit | [besit] |

besprechen (vt)	bespreek	[bespreək]
bestehen auf	aandring	[āndriŋ]
bestellen (im Restaurant)	bestel	[bestəl]

bestrafen (vt)	straf	[straf]
beten (vi)	bid	[bit]
bitten (vt)	vra	[fra]
brechen (vt)	breek	[breək]
denken (vi, vt)	dink	[dink]

drohen (vi)	dreig	[dræjχ]
Durst haben	dors wees	[dors veəs]
einladen (vt)	uitnooi	[œitnoj]
einstellen (vt)	ophou	[ophæʊ]
einwenden (vt)	beswaar maak	[beswār māk]
empfehlen (vt)	aanbeveel	[ānbefeəl]

erklären (vt)	verduidelik	[ferdœidəlik]
erlauben (vt)	toestaan	[tustān]
ermorden (vt)	doodmaak	[doədmāk]
erwähnen (vt)	verwys na	[ferwajs na]
existieren (vi)	bestaan	[bestān]

11. Die wichtigsten Verben. Teil 2

fallen (vi)	val	[fal]
fallen lassen	laat val	[lāt fal]
fangen (vt)	vang	[faŋ]
finden (vt)	vind	[fint]
fliegen (vi)	vlieg	[fliχ]

folgen (Folge mir!)	volg ...	[folχ ...]
fortsetzen (vt)	aangaan	[ānχān]
fragen (vt)	vra	[fra]
frühstücken (vi)	ontbyt	[ontbajt]
geben (vt)	gee	[χeə]

gefallen (vi)	hou van	[hæʊ fan]
gehen (zu Fuß gehen)	gaan	[χān]
gehören (vi)	behoort aan ...	[behoərt ān ...]
graben (vt)	grawe	[χravə]

haben (vt)	hê	[hɛ:]
helfen (vi)	help	[hɛlp]
herabsteigen (vi)	afkom	[afkom]
hereinkommen (vi)	binnegaan	[binnəχān]

hoffen (vi)	hoop	[hoəp]
hören (vt)	hoor	[hoər]
hungrig sein	honger wees	[honər veəs]
informieren (vt)	in kennis stel	[in kɛnnis stəl]
jagen (vi)	jag	[jaχ]
kennen (vt)	ken	[ken]
klagen (vi)	kla	[kla]

können (v mod)	kan	[kan]
kontrollieren (vt)	kontroleer	[kontroleǝr]
kosten (vt)	kos	[kos]

kränken (vt)	beledig	[beledǝχ]
lächeln (vi)	glimlag	[χlimlaχ]
lachen (vi)	lag	[laχ]
laufen (vi)	hardloop	[hardloǝp]
leiten (Betrieb usw.)	beheer	[beheǝr]

lernen (vt)	studeer	[studeǝr]
lesen (vi, vt)	lees	[leǝs]
lieben (vt)	liefhê	[lifhɛ:]
machen (vt)	doen	[dun]

mieten (Haus usw.)	huur	[hɪr]
nehmen (vt)	vat	[fat]
noch einmal sagen	herhaal	[herhāl]
nötig sein	nodig wees	[nodǝχ veǝs]
öffnen (vt)	oopmaak	[oǝpmāk]

12. Die wichtigsten Verben. Teil 3

planen (vt)	beplan	[beplan]
prahlen (vi)	spog	[spoχ]
raten (vt)	aanraai	[ānrāi]
rechnen (vt)	tel	[tǝl]
reservieren (vt)	bespreek	[bespreǝk]

retten (vt)	red	[ret]
richtig raten (vt)	raai	[rāi]
rufen (um Hilfe ~)	roep	[rup]
sagen (vt)	sê	[sɛ:]
schaffen (Etwas Neues zu ~)	skep	[skep]

schelten (vt)	uitvaar teen	[œitfār teǝn]
schießen (vi)	skiet	[skit]
schmücken (vt)	versier	[fersir]
schreiben (vi, vt)	skryf	[skrajf]
schreien (vi)	skreeu	[skriʊ]

schweigen (vi)	stilbly	[stilblaj]
schwimmen (vi)	swem	[swem]
schwimmen gehen	gaan swem	[χān swem]
sehen (vi, vt)	sien	[sin]

sein (vi)	wees	[veǝs]
sich beeilen	opskud	[opskut]
sich entschuldigen	verskoning vra	[ferskoniŋ fra]

sich interessieren	belangstel in ...	[belaŋstǝl in ...]
sich setzen	gaan sit	[χān sit]
sich weigern	weier	[væjer]
spielen (vi, vt)	speel	[speǝl]

sprechen (vi)	praat	[prãt]
staunen (vi)	verbaas wees	[ferbãs vees]
stehlen (vt)	steel	[steel]
stoppen (vt)	stilhou	[stilhæʋ]
suchen (vt)	soek …	[suk …]

13. Die wichtigsten Verben. Teil 4

täuschen (vt)	bedrieg	[bedreχ]
teilnehmen (vi)	deelneem	[deelneem]
übersetzen (Buch usw.)	vertaal	[fertãl]
unterschätzen (vt)	onderskat	[onderskat]
unterschreiben (vt)	teken	[tekən]

vereinigen (vt)	verenig	[ferenəχ]
vergessen (vt)	vergeet	[ferχeət]
vergleichen (vt)	vergelyk	[ferχəlajk]
verkaufen (vt)	verkoop	[ferkoəp]
verlangen (vt)	eis	[æjs]

versäumen (vt)	bank	[bank]
versprechen (vt)	beloof	[beloəf]
verstecken (vt)	wegsteek	[veχsteek]
verstehen (vt)	verstaan	[ferstãn]
versuchen (vt)	probeer	[probeər]

verteidigen (vt)	verdedig	[ferdedəχ]
vertrauen (vi)	vertrou	[fertræʋ]
verwechseln (vt)	verwar	[ferwar]
verzeihen (vi, vt)	verskoon	[ferskoən]

| verzeihen (vt) | vergewe | [ferχeve] |
| voraussehen (vt) | voorsien | [foərsin] |

vorschlagen (vt)	voorstel	[foərstel]
vorziehen (vt)	verkies	[ferkis]
wählen (vt)	kies	[kis]
warnen (vt)	waarsku	[vãrsku]

| warten (vi) | wag | [vaχ] |
| weinen (vi) | huil | [hœil] |

wissen (vt)	weet	[veət]
Witz machen	grappies maak	[χrappis mãk]
wollen (vt)	wil	[vil]

| zahlen (vt) | betaal | [betãl] |
| zeigen (jemandem etwas) | wys | [vajs] |

zu Abend essen	aandete gebruik	[ãndetə χebrœik]
zu Mittag essen	gaan eet	[χãn eet]
zubereiten (vt)	kook	[koək]
zustimmen (vi)	saamstem	[sãmstem]
zweifeln (vi)	twyfel	[twajfel]

14. Farben

Farbe (f)	kleur	[kløər]
Schattierung (f)	skakering	[skakeriŋ]
Farbton (m)	tint	[tint]
Regenbogen (m)	reënboog	[rɛɛn·boəχ]
weiß	wit	[vit]
schwarz	swart	[swart]
grau	grys	[χrajs]
grün	groen	[χrun]
gelb	geel	[χeəl]
rot	rooi	[roj]
blau	blou	[blæʊ]
hellblau	ligblou	[liχ·blæʊ]
rosa	pienk	[pink]
orange	oranje	[oranje]
violett	pers	[pers]
braun	bruin	[brœin]
golden	goue	[χæʊə]
silbrig	silweragtig	[silweraχtəχ]
beige	beige	[bɛːiʒ]
cremefarben	roomkleurig	[roəm·kløərəχ]
türkis	turkoois	[turkojs]
kirschrot	kersierooi	[kersi·roj]
lila	lila	[lila]
himbeerrot	karmosyn	[karmosajn]
hell	lig	[liχ]
dunkel	donker	[donkər]
grell	helder	[hɛldər]
Farb- (z.B. -stifte)	kleurig	[kløərəχ]
Farb- (z.B. -film)	kleur	[kløər]
schwarz-weiß	swart-wit	[swart-wit]
einfarbig	effe	[ɛffə]
bunt	veelkleurig	[feəlkløərəχ]

15. Fragen

Wer?	Wie?	[vi?]
Was?	Wat?	[vat?]
Wo?	Waar?	[vār?]
Wohin?	Waarheen?	[vārheən?]
Woher?	Waarvandaan?	[vārfandān?]
Wann?	Wanneer?	[vanneər?]
Wozu?	Hoekom?	[hukom?]
Warum?	Hoekom?	[hukom?]
Wofür?	Vir wat?	[fir vat?]

| Wie? | Hoe? | [hu?] |
| Welcher? | Watter? | [vattər?] |

Wem?	Vir wie?	[fir vi?]
Über wen?	Oor wie?	[oər vi?]
Wovon? (~ sprichst du?)	Oor wat?	[oər vat?]
Mit wem?	Met wie?	[met vi?]
Wie viel? Wie viele?	Hoeveel?	[hufeəl?]

16. Präpositionen

mit (Frau ~ Katzen)	met	[met]
ohne (~ Dich)	sonder	[sondər]
nach (~ London)	na	[na]
über (~ Geschäfte sprechen)	oor	[oər]
vor (z.B. ~ acht Uhr)	voor	[foər]
vor (z.B. ~ dem Haus)	voor ...	[foər ...]

unter (~ dem Schirm)	onder	[ondər]
über (~ dem Meeresspiegel)	oor	[oər]
auf (~ dem Tisch)	op	[op]
aus (z.B. ~ München)	uit	[œit]
aus (z.B. ~ Porzellan)	van	[fan]

| in (~ zwei Tagen) | oor | [oər] |
| über (~ zaun) | oor | [oər] |

17. Funktionswörter. Adverbien. Teil 1

Wo?	Waar?	[vãr?]
hier	hier	[hir]
dort	daar	[dãr]

| irgendwo | êrens | [ærɛŋs] |
| nirgends | nêrens | [nærɛŋs] |

| an (bei) | by | [baj] |
| am Fenster | by | [baj] |

Wohin?	Waarheen?	[vãrheən?]
hierher	hier	[hir]
dahin	soontoe	[soentu]
von hier	hiervandaan	[hirfandãn]
von da	daarvandaan	[dãrfandãn]

| nah (Adv) | naby | [nabaj] |
| weit, fern (Adv) | ver | [fer] |

in der Nähe von ...	naby	[nabaj]
in der Nähe	naby	[nabaj]
unweit (~ unseres Hotels)	nie ver nie	[ni fər ni]
link (Adj)	linker-	[linkər-]

links (Adv)	op linkerhand	[op linkərhant]
nach links	na links	[na links]
recht (Adj)	regter	[reχtər]
rechts (Adv)	op regterhand	[op reχtərhant]
nach rechts	na regs	[na reχs]
vorne (Adv)	voor	[foər]
Vorder-	voorste	[foərstə]
vorwärts	vooruit	[foərœit]
hinten (Adv)	agter	[aχtər]
von hinten	van agter	[fan aχtər]
rückwärts (Adv)	agtertoe	[aχtərtu]
Mitte (f)	middel	[middəl]
in der Mitte	in die middel	[in di middəl]
seitlich (Adv)	op die sykant	[op di sajkant]
überall (Adv)	orals	[orals]
ringsherum (Adv)	orals rond	[orals ront]
von innen (Adv)	van binne	[fan binnə]
irgendwohin (Adv)	êrens	[ærɛŋs]
geradeaus (Adv)	reguit	[reχœit]
zurück (Adv)	terug	[teruχ]
irgendwoher (Adv)	êrens vandaan	[ærɛŋs fandãn]
von irgendwo (Adv)	êrens vandaan	[ærɛŋs fandãn]
erstens	in die eerste plek	[in di eərstə plek]
zweitens	in die tweede plek	[in di tweədə plek]
drittens	in die derde plek	[in di derdə plek]
plötzlich (Adv)	skielik	[skilik]
zuerst (Adv)	aan die begin	[ãn di beχin]
zum ersten Mal	vir die eerste keer	[fir di eərstə keər]
lange vor...	lank voordat ...	[lank foərdat ...]
von Anfang an	opnuut	[opnɪt]
für immer	vir goed	[fir χut]
nie (Adv)	nooit	[nojt]
wieder (Adv)	weer	[veər]
jetzt (Adv)	nou	[næʊ]
oft (Adv)	dikwels	[dikwɛls]
damals (Adv)	toe	[tu]
dringend (Adv)	dringend	[driŋən]
gewöhnlich (Adv)	gewoonlik	[χevoənlik]
übrigens, ...	terloops, ...	[terloəps], [...]
möglicherweise (Adv)	moontlik	[moentlik]
wahrscheinlich (Adv)	waarskynlik	[vãrskajnlik]
vielleicht (Adv)	dalk	[dalk]
außerdem ...	trouens ...	[træʊɛŋs ...]
deshalb ...	dis hoekom ...	[dis hukom ...]
trotz ...	ondanks ...	[ondanks ...]

dank ...	danksy ...	[danksaj ...]
was (~ ist denn?)	wat	[vat]
das (~ ist alles)	dat	[dat]
etwas	iets	[its]
irgendwas	iets	[its]
nichts	niks	[niks]

wer (~ ist ~?)	wie	[vi]
jemand	iemand	[imant]
irgendwer	iemand	[imant]

niemand	niemand	[nimant]
nirgends	nêrens	[nærɛŋs]
niemandes (~ Eigentum)	niemand se	[nimant sə]
jemandes	iemand se	[imant sə]

so (derart)	so	[so]
auch	ook	[oək]
ebenfalls	ook	[oək]

18. Funktionswörter. Adverbien. Teil 2

| Warum? | Waarom? | [vãrom?] |
| weil ... | omdat ... | [omdat ...] |

und	en	[ɛn]
oder	of	[of]
aber	maar	[mãr]
für (präp)	vir	[fir]

zu (~ viele)	te	[te]
nur (~ einmal)	net	[net]
genau (Adv)	presies	[presis]
etwa	ongeveer	[onχəfeər]

ungefähr (Adv)	ongeveer	[onχəfeər]
ungefähr (Adj)	geraamde	[χerãmdə]
fast	amper	[ampər]
Übrige (n)	die res	[di res]

der andere	die ander	[di andər]
andere	ander	[andər]
jeder (~ Mann)	elke	[ɛlkə]
beliebig (Adj)	enige	[ɛniχə]
viel	baie	[baje]
viele Menschen	baie mense	[baje mɛŋsə]
alle (wir ~)	almal	[almal]

im Austausch gegen ...	in ruil vir ...	[in rœil fir ...]
dafür (Adv)	as vergoeding	[as ferχudiŋ]
mit der Hand (Hand-)	met die hand	[met di hant]
schwerlich (Adv)	skaars	[skãrs]
wahrscheinlich (Adv)	waarskynlik	[vãrskajnlik]
absichtlich (Adv)	opsetlik	[opsetlik]

zufällig (Adv)	toevallig	[tufalləχ]
sehr (Adv)	baie	[baje]
zum Beispiel	byvoorbeeld	[bajfoərbeəlt]
zwischen	tussen	[tussən]
unter (Wir sind ~ Mördern)	tussen	[tussən]
so viele (~ Ideen)	so baie	[so baje]
besonders (Adv)	veral	[feral]

Grundbegriffe. Teil 2

19. Wochentage

Montag (m)	Maandag	[māndaχ]
Dienstag (m)	Dinsdag	[dinsdaχ]
Mittwoch (m)	Woensdag	[voɛŋsdaχ]
Donnerstag (m)	Donderdag	[dondərdaχ]
Freitag (m)	Vrydag	[frajdaχ]
Samstag (m)	Saterdag	[satərdaχ]
Sonntag (m)	Sondag	[sondaχ]
heute	vandag	[fandaχ]
morgen	môre	[mɔrə]
übermorgen	oormôre	[oərmɔrə]
gestern	gister	[χistər]
vorgestern	eergister	[eərχistər]
Tag (m)	dag	[daχ]
Arbeitstag (m)	werksdag	[verks·daχ]
Feiertag (m)	openbare vakansiedag	[openbarə fakaŋsi·daχ]
freier Tag (m)	verlofdag	[ferlofdaχ]
Wochenende (n)	naweek	[naveək]
den ganzen Tag	die hele dag	[di helə daχ]
am nächsten Tag	die volgende dag	[di folχendə daχ]
zwei Tage vorher	twee dae gelede	[tweə daə χeledə]
am Vortag	die dag voor	[di daχ foər]
täglich (Adj)	daeliks	[daəliks]
täglich (Adv)	elke dag	[ɛlkə daχ]
Woche (f)	week	[veək]
letzte Woche	laas week	[lās veək]
nächste Woche	volgende week	[folχendə veək]
wöchentlich (Adj)	weekliks	[veəkliks]
wöchentlich (Adv)	weekliks	[veəkliks]
jeden Dienstag	elke Dinsdag	[ɛlkə dinsdaχ]

20. Stunden. Tag und Nacht

Morgen (m)	oggend	[oχent]
morgens	soggens	[soχɛŋs]
Mittag (m)	middag	[middaχ]
nachmittags	in die namiddag	[in di namiddaχ]
Abend (m)	aand	[ānt]
abends	saans	[sāŋs]
Nacht (f)	nag	[naχ]

nachts	snags	[snaχs]
Mitternacht (f)	middernag	[middərnaχ]
Sekunde (f)	sekonde	[sekondə]
Minute (f)	minuut	[minɪt]
Stunde (f)	uur	[ɪr]
eine halbe Stunde	n halfuur	[n halfɪr]
fünfzehn Minuten	vyftien minute	[fajftin minutə]
Tag und Nacht	24 ure	[fir-en-twintəχ urə]
Sonnenaufgang (m)	sonop	[son·op]
Morgendämmerung (f)	daeraad	[daerãt]
früher Morgen (m)	elke oggend	[ɛlkə oχent]
Sonnenuntergang (m)	sononder	[son·ondər]
früh am Morgen	vroegdag	[fruχdaχ]
heute Morgen	vanmôre	[fanmɔrə]
morgen früh	môreoggend	[mɔrə·oχent]
heute Mittag	vanmiddag	[fanmiddaχ]
nachmittags	in die namiddag	[in di namiddaχ]
morgen Nachmittag	môremiddag	[mɔrə·middaχ]
heute Abend	vanaand	[fanãnt]
morgen Abend	môreaand	[mɔrə·ãnt]
Punkt drei Uhr	klokslag 3 uur	[klokslaχ dri ɪr]
gegen vier Uhr	omstreeks 4 uur	[omstreeks fir ɪr]
um zwölf Uhr	teen 12 uur	[teən twalf ɪr]
in zwanzig Minuten	oor twintig minute	[oər twintəχ minutə]
rechtzeitig (Adv)	betyds	[betajds]
Viertel vor ...	kwart voor ...	[kwart foər ...]
alle fünfzehn Minuten	elke 15 minute	[ɛlkə fajftin minutə]
Tag und Nacht	24 uur per dag	[fir-en-twintəχ pər daχ]

21. Monate. Jahreszeiten

Januar (m)	Januarie	[januari]
Februar (m)	Februarie	[februari]
März (m)	Maart	[mãrt]
April (m)	April	[april]
Mai (m)	Mei	[mæj]
Juni (m)	Junie	[juni]
Juli (m)	Julie	[juli]
August (m)	Augustus	[ɔuχustus]
September (m)	September	[septembər]
Oktober (m)	Oktober	[oktobər]
November (m)	November	[nofembər]
Dezember (m)	Desember	[desembər]
Frühling (m)	lente	[lentə]
im Frühling	in die lente	[in di lentə]

Frühlings-	lente-	[lente-]
Sommer (m)	somer	[somər]
im Sommer	in die somer	[in di somər]
Sommer-	somerse	[somersə]

Herbst (m)	herfs	[herfs]
im Herbst	in die herfs	[in di herfs]
Herbst-	herfsagtige	[herfsaχtiχə]

Winter (m)	winter	[vintər]
im Winter	in die winter	[in di vintər]
Winter-	winter-	[vintər-]

Monat (m)	maand	[mānt]
in diesem Monat	hierdie maand	[hirdi mānt]
nächsten Monat	volgende maand	[folχendə mānt]
letzten Monat	laasmaand	[lāsmānt]
in zwei Monaten	oor twe maande	[oər twə māndə]

monatlich (Adj)	maandeliks	[māndəliks]
monatlich (Adv)	maandeliks	[māndəliks]
jeden Monat	elke maand	[ɛlkə mānt]

Jahr (n)	jaar	[jār]
dieses Jahr	hierdie jaar	[hirdi jār]
nächstes Jahr	volgende jaar	[folχendə jār]
voriges Jahr	laasjaar	[lāʃār]
in zwei Jahren	binne twee jaar	[binnə twee jār]

jedes Jahr	elke jaar	[ɛlkə jār]
jährlich (Adj)	jaarliks	[jārliks]
jährlich (Adv)	jaarliks	[jārliks]
viermal pro Jahr	4 keer per jaar	[fir keər pər jār]

Datum (heutige ~)	datum	[datum]
Datum (Geburts-)	datum	[datum]
Kalender (m)	kalender	[kalendər]

Halbjahr (n)	ses maande	[ses māndə]
Saison (f)	seisoen	[sæjsun]
Jahrhundert (n)	eeu	[iʊ]

22. Zeit. Verschiedenes

Zeit (f)	tyd	[tajt]
Augenblick (m)	moment	[moment]
Moment (m)	oomblik	[oəmblik]
augenblicklich (Adj)	oombliklik	[oəmbliklik]
Zeitspanne (f)	tydbestek	[tajdbestək]
Leben (n)	lewe	[levə]
Ewigkeit (f)	ewigheid	[ɛviχæjt]

| Epoche (f) | tydperk | [tajtperk] |
| Ära (f) | tydperk | [tajtperk] |

Zyklus (m)	siklus	[siklus]
Periode (f)	periode	[periodə]
Frist (äußerste ~)	termyn	[tɛrmajn]

Zukunft (f)	die toekoms	[di tukoms]
zukünftig (Adj)	toekomstig	[tukomstəχ]
nächstes Mal	die volgende keer	[di folχendə keər]
Vergangenheit (f)	die verlede	[di fɛrledə]
vorig (Adj)	laas-	[lās-]
letztes Mal	die vorige keer	[di foriχə keər]

später (Adv)	later	[latər]
danach	na	[na]
zur Zeit	deesdae	[deesdaə]
jetzt	nou	[næʊ]
sofort	onmiddellik	[onmiddɛllik]
bald	gou	[χæʊ]
im Voraus	by voorbaat	[baj foərbāt]

lange her	lank gelede	[lank χeledə]
vor kurzem	onlangs	[onlaŋs]
Schicksal (n)	noodlot	[noədlot]
Erinnerungen (pl)	herinneringe	[herinneriŋə]
Archiv (n)	argiewe	[arχivə]

während ...	gedurende ...	[χedurendə ...]
lange (Adv)	lank	[lank]
nicht lange (Adv)	nie lank nie	[ni lank ni]
früh (~ am Morgen)	vroeg	[fruχ]
spät (Adv)	laat	[lāt]

für immer	vir altyd	[fir altajt]
beginnen (vt)	begin	[beχin]
verschieben (vt)	uitstel	[œitstəl]

gleichzeitig	tegelykertyd	[teχelajkertajt]
ständig (Adv)	permanent	[permanent]
konstant (Adj)	voortdurend	[foərtdurent]
zeitweilig (Adj)	tydelik	[tajdelik]

manchmal	soms	[soms]
selten (Adv)	selde	[sɛldə]
oft	dikwels	[dikwɛls]

23. Gegenteile

reich (Adj)	ryk	[rajk]
arm (Adj)	arm	[arm]

krank (Adj)	siek	[sik]
gesund (Adj)	gesond	[χesont]

groß (Adj)	groot	[χroət]
klein (Adj)	klein	[klæjn]

| schnell (Adv) | vinnig | [finnəχ] |
| langsam (Adv) | stadig | [stadəχ] |

| schnell (Adj) | vinnig | [finnəχ] |
| langsam (Adj) | stadig | [stadəχ] |

| froh (Adj) | bly | [blaj] |
| traurig (Adj) | droewig | [druvəχ] |

| zusammen | saam | [sãm] |
| getrennt (Adv) | afsonderlik | [afsondərlik] |

| laut (~ lesen) | hardop | [hardop] |
| still (~ lesen) | stil | [stil] |

| hoch (Adj) | groot | [χroət] |
| niedrig (Adj) | laag | [lãχ] |

| tief (Adj) | diep | [dip] |
| flach (Adj) | vlak | [flak] |

| ja | ja | [ja] |
| nein | nee | [neə] |

| fern (Adj) | ver | [fer] |
| nah (Adj) | naby | [nabaj] |

| weit (Adv) | ver | [fer] |
| nebenan (Adv) | naby | [nabaj] |

| lang (Adj) | lang | [laŋ] |
| kurz (Adj) | kort | [kort] |

| gut (gütig) | vriendelik | [frindəlik] |
| böse (der ~ Geist) | boos | [boəs] |

| verheiratet (Ehemann) | getroud | [χetræut] |
| ledig (Adj) | ongetroud | [onχetræut] |

| verbieten (vt) | verbied | [ferbit] |
| erlauben (vt) | toestaan | [tustãn] |

| Ende (n) | einde | [æjndə] |
| Anfang (m) | begin | [beχin] |

| link (Adj) | linker- | [linkər-] |
| recht (Adj) | regter | [reχtər] |

| der erste | eerste | [eərstə] |
| der letzte | laaste | [lãstə] |

| Verbrechen (n) | misdaad | [misdãt] |
| Bestrafung (f) | straf | [straf] |

| befehlen (vt) | beveel | [befeəl] |
| gehorchen (vi) | gehoorsaam | [χehoərsãm] |

| gerade (Adj) | reguit | [reχœit] |
| krumm (Adj) | krom | [krom] |

| Paradies (n) | paradys | [paradajs] |
| Hölle (f) | hel | [həl] |

| geboren sein | gebore word | [χeborə vort] |
| sterben (vi) | doodgaan | [doədχān] |

| stark (Adj) | sterk | [sterk] |
| schwach (Adj) | swak | [swak] |

| alt | oud | [æʊt] |
| jung (Adj) | jong | [joŋ] |

| alt (Adj) | ou | [æʊ] |
| neu (Adj) | nuwe | [nuvə] |

| hart (Adj) | hard | [hart] |
| weich (Adj) | sag | [saχ] |

| warm (Adj) | warm | [varm] |
| kalt (Adj) | koud | [kæʊt] |

| dick (Adj) | vet | [fet] |
| mager (Adj) | dun | [dun] |

| eng (Adj) | smal | [smal] |
| breit (Adj) | wyd | [vajt] |

| gut (Adj) | goed | [χut] |
| schlecht (Adj) | sleg | [sleχ] |

| tapfer (Adj) | dapper | [dappər] |
| feige (Adj) | lafhartig | [lafhartəχ] |

24. Linien und Formen

Quadrat (n)	vierkant	[firkant]
quadratisch	vierkantig	[firkantəχ]
Kreis (m)	sirkel	[sirkəl]
rund	rond	[ront]
Dreieck (n)	driehoek	[drihuk]
dreieckig	driehoekig	[drihukəχ]

Oval (n)	ovaal	[ofāl]
oval	ovaal	[ofāl]
Rechteck (n)	reghoek	[reχhuk]
rechteckig	reghoekig	[reχhukəχ]

Pyramide (f)	piramide	[piramidə]
Rhombus (m)	ruit	[rœit]
Trapez (n)	trapesoïed	[trapesoïət]
Würfel (m)	kubus	[kubus]

31

Prisma (n)	prisma	[prisma]
Kreis (m)	omtrek	[omtrək]
Sphäre (f)	sfeer	[sfeer]
Kugel (f)	bal	[bal]
Durchmesser (m)	diameter	[diametər]
Radius (m)	straal	[strāl]
Umfang (m)	omtrek	[omtrək]
Zentrum (n)	sentrum	[sentrum]

waagerecht (Adj)	horisontaal	[horisontāl]
senkrecht (Adj)	vertikaal	[fertikāl]
Parallele (f)	parallel	[paralləl]
parallel (Adj)	parallel	[paralləl]

Linie (f)	lyn	[lajn]
Strich (m)	haal	[hāl]
Gerade (f)	regte lyn	[reχtə lajn]
Kurve (f)	krom	[krom]
dünn (schmal)	dun	[dun]
Kontur (f)	omtrek	[omtrək]

Schnittpunkt (m)	snypunt	[snaj·punt]
rechter Winkel (m)	regte hoek	[reχtə huk]
Segment (n)	segment	[seχment]
Sektor (m)	sektor	[sektor]
Seite (f)	sy	[saj]
Winkel (m)	hoek	[huk]

25. Maßeinheiten

Gewicht (n)	gewig	[χevəχ]
Länge (f)	lengte	[leŋtə]
Breite (f)	breedte	[breedtə]
Höhe (f)	hoogte	[hoəχtə]
Tiefe (f)	diepte	[diptə]
Volumen (n)	volume	[folumə]
Fläche (f)	area	[area]

Gramm (n)	gram	[χram]
Milligramm (n)	milligram	[milliχram]
Kilo (n)	kilogram	[kiloχram]
Tonne (f)	ton	[ton]
Pfund (n)	pond	[pont]
Unze (f)	ons	[oŋs]

Meter (m)	meter	[metər]
Millimeter (m)	millimeter	[millimetər]
Zentimeter (m)	sentimeter	[sentimetər]
Kilometer (m)	kilometer	[kilometər]
Meile (f)	myl	[majl]

Zoll (m)	duim	[dœim]
Fuß (m)	voet	[fut]
Yard (n)	jaart	[jārt]

| Quadratmeter (m) | vierkante meter | [firkantə metər] |
| Hektar (n) | hektaar | [hektãr] |

Liter (m)	liter	[litər]
Grad (m)	graad	[χrãt]
Volt (n)	volt	[folt]
Ampere (n)	ampère	[ampɛ:r]
Pferdestärke (f)	perdekrag	[perdə·kraχ]

Anzahl (f)	hoeveelheid	[hufeəlhæjt]
Hälfte (f)	helfte	[hɛlftə]
Dutzend (n)	dosyn	[dosajn]
Stück (n)	stuk	[stuk]

| Größe (f) | grootte | [χroəttə] |
| Maßstab (m) | skaal | [skãl] |

minimal (Adj)	minimaal	[minimãl]
der kleinste	die kleinste	[di klæjnstə]
mittler, mittel-	medium	[medium]
maximal (Adj)	maksimaal	[maksimãl]
der größte	die grootste	[di χroətstə]

26. Behälter

Glas (Einmachglas)	glaspot	[χlas·pot]
Dose (z.B. Bierdose)	blikkie	[blikki]
Eimer (m)	emmer	[ɛmmər]
Fass (n), Tonne (f)	drom	[drom]

Waschschüssel (n)	wasbak	[vas·bak]
Tank (m)	tenk	[tɛnk]
Flachmann (m)	heupfles	[høəp·fles]
Kanister (m)	petrolblik	[petrol·blik]
Zisterne (f)	tenk	[tɛnk]

Kaffeebecher (m)	beker	[bekər]
Tasse (f)	koppie	[koppi]
Untertasse (f)	piering	[piriŋ]
Wasserglas (n)	glas	[χlas]
Weinglas (n)	wynglas	[vajn·χlas]
Kochtopf (m)	soppot	[sop·pot]

| Flasche (f) | bottel | [bottəl] |
| Flaschenhals (m) | nek | [nek] |

Karaffe (f)	kraffie	[kraffi]
Tonkrug (m)	kruik	[krœik]
Gefäß (n)	houer	[hæʊər]
Tontopf (m)	pot	[pot]
Vase (f)	vaas	[fãs]

| Flakon (n) | bottel | [bottəl] |
| Fläschchen (n) | botteltjie | [bottɛlki] |

Tube (z.B. Zahnpasta)	buisie	[bœisi]
Sack (~ Kartoffeln)	sak	[sak]
Tüte (z.B. Plastiktüte)	sak	[sak]
Schachtel (f)	pakkie	[pakki]
(z.B. Zigaretten~)		

Karton (z.B. Schuhkarton)	kartondoos	[karton·doəs]
Kiste (z.B. Bananenkiste)	krat	[krat]
Korb (m)	mandjie	[mandʒi]

27. Werkstoffe

Stoff (z.B. Baustoffe)	boustof	[bæʊstof]
Holz (n)	hout	[hæʊt]
hölzern	hout-	[hæʊt-]

Glas (n)	glas	[χlas]
gläsern, Glas-	glas-	[χlas-]

Stein (m)	klip	[klip]
steinern	klip-	[klip-]

Kunststoff (m)	plastiek	[plastik]
Kunststoff-	plastiek-	[plastik-]

Gummi (n)	rubber	[rubbər]
Gummi-	rubber-	[rubbər-]
Stoff (m)	materiaal	[materiäl]
aus Stoff	materiaal-	[materiäl-]

Papier (n)	papier	[papir]
Papier-	papier-	[papir-]

Pappe (f)	karton	[karton]
Pappen-	karton-	[karton-]

Polyäthylen (n)	politeen	[politeən]
Zellophan (n)	sellofaan	[sɛllofãn]
Linoleum (n)	linoleum	[linoløəm]
Furnier (n)	laaghout	[lãχhæʊt]

Porzellan (n)	porselein	[porselæjn]
aus Porzellan	porselein-	[porselæjn-]
Ton (m)	klei	[klæj]
Ton-	klei-	[klæj-]
Keramik (f)	keramiek	[keramik]
keramisch	keramiek-	[keramik-]

28. Metalle

Metall (n)	metaal	[metäl]
metallisch, Metall-	metaal-	[metäl-]

Legierung (f)	allooi	[alloj]
Gold (n)	goud	[χæʊt]
golden	goue	[χæʊə]
Silber (n)	silwer	[silwər]
silbern, Silber-	silwer-	[silwər-]

Eisen (n)	yster	[ajstər]
eisern, Eisen-	yster-	[ajstər-]
Stahl (m)	staal	[stāl]
stählern	staal-	[stāl-]
Kupfer (n)	koper	[kopər]
kupfern, Kupfer-	koper-	[kopər-]

Aluminium (n)	aluminium	[aluminium]
Aluminium-	aluminium-	[aluminium-]
Bronze (f)	brons	[brɔŋs]
bronzen	brons-	[brɔŋs-]

Messing (n)	geelkoper	[χeəl·kopər]
Nickel (n)	nikkel	[nikkəl]
Platin (n)	platinum	[platinum]
Quecksilber (n)	kwik	[kwik]
Zinn (n)	tin	[tin]
Blei (n)	lood	[loət]
Zink (n)	sink	[sink]

DER MENSCH

Der Mensch. Körper

29. Menschen. Grundbegriffe

Mensch (m)	mens	[mɛŋs]
Mann (m)	man	[man]
Frau (f)	vrou	[fræʊ]
Kind (n)	kind	[kint]
Mädchen (n)	meisie	[mæjsi]
Junge (m)	seun	[søən]
Teenager (m)	tiener	[tinər]
Greis (m)	ou man	[æʊ man]
alte Frau (f)	ou vrou	[æʊ fræʊ]

30. Anatomie des Menschen

Organismus (m)	organisme	[orχanismə]
Herz (n)	hart	[hart]
Blut (n)	bloed	[blut]
Arterie (f)	slagaar	[slaχãr]
Vene (f)	aar	[ãr]
Gehirn (n)	brein	[bræjn]
Nerv (m)	senuwee	[senuveə]
Nerven (pl)	senuwees	[senuveəs]
Wirbel (m)	rugwerwels	[ruχ·werwɛls]
Wirbelsäule (f)	ruggraat	[ruχ·χrãt]
Magen (m)	maag	[mãχ]
Gedärm (n)	ingewande	[inχəwande]
Darm (z.B. Dickdarm)	derm	[derm]
Leber (f)	lewer	[levər]
Niere (f)	nier	[nir]
Knochen (m)	been	[beən]
Skelett (n)	geraamte	[χerãmtə]
Rippe (f)	rib	[rip]
Schädel (m)	skedel	[skedəl]
Muskel (m)	spier	[spir]
Bizeps (m)	biseps	[biseps]
Trizeps (m)	triseps	[triseps]
Sehne (f)	sening	[senin]
Gelenk (n)	gewrig	[χevrəχ]

Lungen (pl)	longe	[loŋə]
Geschlechtsorgane (pl)	geslagsorgane	[χeslaχs·orχanə]
Haut (f)	vel	[fəl]

31. Kopf

Kopf (m)	kop	[kop]
Gesicht (n)	gesig	[χesəχ]
Nase (f)	neus	[nøəs]
Mund (m)	mond	[mont]

Auge (n)	oog	[oəχ]
Augen (pl)	oë	[oɛ]
Pupille (f)	pupil	[pupil]
Augenbraue (f)	wenkbrou	[vɛnk·bræʊ]
Wimper (f)	ooghaar	[oəχ·hãr]
Augenlid (n)	ooglid	[oəχ·lit]

Zunge (f)	tong	[toŋ]
Zahn (m)	tand	[tant]
Lippen (pl)	lippe	[lippə]
Backenknochen (pl)	wangbene	[vaŋ·benə]
Zahnfleisch (n)	tandvleis	[tand·flæjs]
Gaumen (m)	verhemelte	[fer·hemɛltə]

Nasenlöcher (pl)	neusgate	[nøəsχatə]
Kinn (n)	ken	[ken]
Kiefer (m)	kakebeen	[kakebeən]
Wange (f)	wang	[vaŋ]

Stirn (f)	voorhoof	[foərhoəf]
Schläfe (f)	slaap	[slãp]
Ohr (n)	oor	[oər]
Nacken (m)	agterkop	[aχtərkop]
Hals (m)	nek	[nek]
Kehle (f)	keel	[keəl]

Haare (pl)	haar	[hãr]
Frisur (f)	kapsel	[kapsəl]
Haarschnitt (m)	haarstyl	[hãrstajl]
Perücke (f)	pruik	[prœik]

Schnurrbart (m)	snor	[snor]
Bart (m)	baard	[bãrt]
haben (einen Bart ~)	dra	[dra]
Zopf (m)	vlegsel	[fleχsəl]
Backenbart (m)	bakkebaarde	[bakkəbãrdə]

rothaarig	rooiharig	[roj·harəχ]
grau	grys	[χrajs]
kahl	kaal	[kãl]
Glatze (f)	kaal plek	[kãl plek]
Pferdeschwanz (m)	poniestert	[poni·stert]
Pony (Ponyfrisur)	gordyntjiekapsel	[χordajnki·kapsəl]

32. Menschlicher Körper

Hand (f)	hand	[hant]
Arm (m)	arm	[arm]
Finger (m)	vinger	[fiŋər]
Zehe (f)	toon	[toən]
Daumen (m)	duim	[dœim]
kleiner Finger (m)	pinkie	[pinki]
Nagel (m)	nael	[naəl]
Faust (f)	vuis	[fœis]
Handfläche (f)	palm	[palm]
Handgelenk (n)	pols	[pols]
Unterarm (m)	voorarm	[foərarm]
Ellbogen (m)	elmboog	[ɛlmboəχ]
Schulter (f)	skouer	[skæʋər]
Bein (n)	been	[beən]
Fuß (m)	voet	[fut]
Knie (n)	knie	[kni]
Wade (f)	kuit	[kœit]
Hüfte (f)	heup	[høəp]
Ferse (f)	hakskeen	[hak·skeən]
Körper (m)	liggaam	[liχχãm]
Bauch (m)	maag	[mãχ]
Brust (f)	bors	[bors]
Busen (m)	bors	[bors]
Seite (f), Flanke (f)	sy	[saj]
Rücken (m)	rug	[ruχ]
Kreuz (n)	lae rug	[laə ruχ]
Taille (f)	middel	[middəl]
Nabel (m)	naeltjie	[naɛlki]
Gesäßbacken (pl)	boude	[bæʋdə]
Hinterteil (n)	sitvlak	[sitflak]
Leberfleck (m)	moesie	[musi]
Muttermal (n)	moedervlek	[mudər·flek]
Tätowierung (f)	tatoe	[tatu]
Narbe (f)	litteken	[littekən]

Kleidung & Accessoires

33. Oberbekleidung. Mäntel

Kleidung (f)	klere	[klerə]
Oberkleidung (f)	oorklere	[oərklerə]
Winterkleidung (f)	winterklere	[vintər·klerə]
Mantel (m)	jas	[jas]
Pelzmantel (m)	pelsjas	[pelʃas]
Pelzjacke (f)	kort pelsjas	[kort pelʃas]
Daunenjacke (f)	donsjas	[donʃas]
Jacke (z.B. Lederjacke)	baadjie	[bādʒi]
Regenmantel (m)	reënjas	[reɛnjas]
wasserdicht	waterdig	[vatərdəx]

34. Herren- & Damenbekleidung

Hemd (n)	hemp	[hemp]
Hose (f)	broek	[bruk]
Jeans (pl)	denimbroek	[denim·bruk]
Jackett (n)	baadjie	[bādʒi]
Anzug (m)	pak	[pak]
Damenkleid (n)	rok	[rok]
Rock (m)	romp	[romp]
Bluse (f)	bloes	[blus]
Strickjacke (f)	gebreide baadjie	[xebræjdə bādʒi]
Jacke (Damen Kostüm)	baadjie	[bādʒi]
T-Shirt (n)	T-hemp	[te-hemp]
Shorts (pl)	kortbroek	[kort·bruk]
Sportanzug (m)	sweetpak	[sweət·pak]
Bademantel (m)	badjas	[batjas]
Schlafanzug (m)	pajama	[pajama]
Sweater (m)	trui	[trœi]
Pullover (m)	trui	[trœi]
Weste (f)	onderbaadjie	[ondər·bādʒi]
Frack (m)	swaelstertbaadjie	[swaɛlstert·bādʒi]
Smoking (m)	aandpak	[āntpak]
Uniform (f)	uniform	[uniform]
Arbeitskleidung (f)	werksklere	[verks·klerə]
Overall (m)	oorpak	[oərpak]
Kittel (z.B. Arztkittel)	jas	[jas]

35. Kleidung. Unterwäsche

Unterwäsche (f)	onderklere	[ondərklerə]
Herrenslip (m)	onderbroek	[ondərbruk]
Damenslip (m)	onderbroek	[ondərbruk]
Unterhemd (n)	frokkie	[frokki]
Socken (pl)	sokkies	[sokkis]
Nachthemd (n)	nagrok	[naχrok]
Büstenhalter (m)	bra	[bra]
Kniestrümpfe (pl)	kniekouse	[kni·kæʊsə]
Strumpfhose (f)	kousbroek	[kæʊsbruk]
Strümpfe (pl)	kouse	[kæʊsə]
Badeanzug (m)	baaikostuum	[bāj·kostɪm]

36. Kopfbekleidung

Mütze (f)	hoed	[hut]
Filzhut (m)	hoed	[hut]
Baseballkappe (f)	bofbalpet	[bofbal·pet]
Schiebermütze (f)	pet	[pet]
Baskenmütze (f)	mus	[mus]
Kapuze (f)	kap	[kap]
Panamahut (m)	panamahoed	[panama·hut]
Strickmütze (f)	gebreide mus	[χebræjdə mus]
Kopftuch (n)	kopdoek	[kopduk]
Damenhut (m)	dameshoed	[dames·hut]
Schutzhelm (m)	veiligheidshelm	[fæjliχæjts·hɛlm]
Feldmütze (f)	mus	[mus]
Helm (z.B. Motorradhelm)	helmet	[hɛlmet]
Melone (f)	bolhoed	[bolhut]
Zylinder (m)	hoëhoed	[hoɛhut]

37. Schuhwerk

Schuhe (pl)	skoeisel	[skuisəl]
Stiefeletten (pl)	mansskoene	[maŋs·skunə]
Halbschuhe (pl)	damesskoene	[dames·skunə]
Stiefel (pl)	laarse	[lārsə]
Hausschuhe (pl)	pantoffels	[pantoffəls]
Tennisschuhe (pl)	tenniskoene	[tɛnnis·skunə]
Leinenschuhe (pl)	tekkies	[tɛkkis]
Sandalen (pl)	sandale	[sandalə]
Schuster (m)	skoenmaker	[skun·makər]
Absatz (m)	hak	[hak]

Paar (n)	paar	[pãr]
Schnürsenkel (m)	skoenveter	[skun·fetər]
schnüren (vt)	ryg	[rajχ]
Schuhlöffel (m)	skoenlepel	[skun·lepəl]
Schuhcreme (f)	skoenpolitoer	[skun·politur]

38. Textilien. Stoffe

Baumwolle (f)	katoen	[katun]
Baumwolle-	katoen-	[katun-]
Leinen (m)	vlas	[flas]
Leinen-	vlas-	[flas-]

Seide (f)	sy	[saj]
Seiden-	sy-	[saj-]
Wolle (f)	wol	[vol]
Woll-	wol-	[vol-]

Samt (m)	fluweel	[fluveəl]
Wildleder (n)	suède	[suɛdə]
Cord (m)	ferweel	[ferweəl]

Nylon (n)	nylon	[najlon]
Nylon-	nylon-	[najlon-]
Polyester (m)	poliëster	[poliɛstər]
Polyester-	poliëster-	[poliɛstər-]

Leder (n)	leer	[leər]
Leder-	leer-	[leər-]
Pelz (m)	bont	[bont]
Pelz-	bont-	[bont-]

39. Persönliche Accessoires

Handschuhe (pl)	handskoene	[handskunə]
Fausthandschuhe (pl)	duimhandskoene	[dœim·handskunə]
Schal (Kaschmir-)	serp	[serp]

Brille (f)	bril	[bril]
Brillengestell (n)	raam	[rãm]
Regenschirm (m)	sambreel	[sambreəl]
Spazierstock (m)	wandelstok	[vandəl·stok]
Haarbürste (f)	haarborsel	[hãr·borsəl]
Fächer (m)	waaier	[vãjer]

Krawatte (f)	das	[das]
Fliege (f)	strikkie	[strikki]
Hosenträger (pl)	kruisbande	[krœis·bandə]
Taschentuch (n)	sakdoek	[sakduk]

Kamm (m)	kam	[kam]
Haarspange (f)	haarspeld	[hãrs·pɛlt]

| Haarnadel (f) | haarpen | [hãr·pen] |
| Schnalle (f) | gespe | [χespə] |

| Gürtel (m) | belt | [bɛlt] |
| Umhängegurt (m) | skouerband | [skæʊer·bant] |

Tasche (f)	handsak	[hand·sak]
Handtasche (f)	beursie	[bøərsi]
Rucksack (m)	rugsak	[ruχsak]

40. Kleidung. Verschiedenes

Mode (f)	mode	[modə]
modisch	in die mode	[in di modə]
Modedesigner (m)	modeontwerper	[modə·ontwerpər]

Kragen (m)	kraag	[krãχ]
Tasche (f)	sak	[sak]
Taschen-	sak-	[sak-]
Ärmel (m)	mou	[mæʊ]
Aufhänger (m)	lussie	[lussi]
Hosenschlitz (m)	gulp	[χulp]

Reißverschluss (m)	ritssluiter	[rits·slœitər]
Verschluss (m)	vasmaker	[fasmakər]
Knopf (m)	knoop	[knoəp]
Knopfloch (n)	knoopsgat	[knoəps·χat]
abgehen (Knopf usw.)	loskom	[loskom]

nähen (vi, vt)	naai	[nãi]
sticken (vt)	borduur	[bordɪr]
Stickerei (f)	borduurwerk	[bordɪr·werk]
Nadel (f)	naald	[nãlt]
Faden (m)	garing	[χariŋ]
Naht (f)	soom	[soəm]

sich beschmutzen	vuil word	[fœil vort]
Fleck (m)	vlek	[flek]
sich knittern	kreukel	[krøəkəl]
zerreißen (vt)	skeur	[skøər]
Motte (f)	mot	[mot]

41. Kosmetikartikel. Kosmetik

Zahnpasta (f)	tandepasta	[tandə·pasta]
Zahnbürste (f)	tandeborsel	[tandə·borsəl]
Zähne putzen	tande borsel	[tandə borsəl]

Rasierer (m)	skeermes	[skeər·mes]
Rasiercreme (f)	skeerroom	[skeər·roəm]
sich rasieren	skeer	[skeər]
Seife (f)	seep	[seəp]

Shampoo (n)	sjampoe	[ʃampu]
Schere (f)	skêr	[skær]
Nagelfeile (f)	naelvyl	[naɛl·fajl]
Nagelzange (f)	naelknipper	[naɛl·knippər]
Pinzette (f)	haartangetjie	[hãrtaŋəki]

Kosmetik (f)	kosmetika	[kosmetika]
Gesichtsmaske (f)	gesigmasker	[χesiχ·maskər]
Maniküre (f)	manikuur	[manikɪr]
Maniküre machen	laat manikuur	[lãt manikɪr]
Pediküre (f)	voetbehandeling	[fut·behandeliŋ]

Kosmetiktasche (f)	kosmetika tassie	[kosmetika tassi]
Puder (m)	gesigpoeier	[χesiχ·pujer]
Puderdose (f)	poeierdosie	[pujer·dosi]
Rouge (n)	blosser	[blossər]

Parfüm (n)	parfuum	[parfɪm]
Duftwasser (n)	reukwater	[røək·vatər]
Lotion (f)	vloeiroom	[flui·roəm]
Kölnischwasser (n)	reukwater	[røək·vatər]

Lidschatten (m)	oogskadu	[oəχ·skadu]
Kajalstift (m)	oogomlyner	[oəχ·omlajnər]
Wimperntusche (f)	maskara	[maskara]

Lippenstift (m)	lipstiffie	[lip·stiffi]
Nagellack (m)	naellak	[naɛl·lak]
Haarlack (m)	haarsproei	[hãrs·prui]
Deodorant (n)	reukweermiddel	[røək·veərmiddəl]

Creme (f)	room	[roəm]
Gesichtscreme (f)	gesigroom	[χesiχ·roəm]
Handcreme (f)	handroom	[hand·roəm]
Anti-Falten-Creme (f)	antirimpelroom	[antirimpəl·roəm]
Tagescreme (f)	dagroom	[daχ·roəm]
Nachtcreme (f)	nagroom	[naχ·roəm]
Tages-	dag-	[daχ-]
Nacht-	nag-	[naχ-]

Tampon (m)	tampon	[tampon]
Toilettenpapier (n)	toiletpapier	[tojlet·papir]
Föhn (m)	haardroër	[hãr·droɛr]

42. Schmuck

Schmuck (m)	juwellersware	[juvelirs·warə]
Edel- (stein)	edel-	[ɛdəl-]
Repunze (f)	waarmerk	[vãrmɛrk]

Ring (m)	ring	[riŋ]
Ehering (m)	trouring	[træʊriŋ]
Armband (n)	armband	[armbant]
Ohrringe (pl)	oorbelle	[oər·bɛllə]

Kette (f)	halssnoer	[hals·snur]
Krone (f)	kroon	[kroen]
Halskette (f)	kraalsnoer	[krāl·snur]

Brillant (m)	diamant	[diamant]
Smaragd (m)	smarag	[smaraχ]
Rubin (m)	robyn	[robajn]
Saphir (m)	saffier	[saffir]
Perle (f)	pêrel	[pærəl]
Bernstein (m)	amber	[ambər]

43. Armbanduhren Uhren

Armbanduhr (f)	polshorlosie	[pols·horlosi]
Zifferblatt (n)	wyserplaat	[vajsər·plāt]
Zeiger (m)	wyster	[vajstər]
Metallarmband (n)	metaal horlosiebandjie	[metāl horlosi·bandʒi]
Uhrenarmband (n)	horlosiebandjie	[horlosi·bandʒi]

Batterie (f)	battery	[battəraj]
verbraucht sein	pap wees	[pap vees]
vorgehen (vi)	voorloop	[foərloəp]
nachgehen (vi)	agterloop	[aχtərloəp]

Wanduhr (f)	muurhorlosie	[mɪr·horlosi]
Sanduhr (f)	uurglas	[ɪr·χlas]
Sonnenuhr (f)	sonwyser	[son·wajsər]
Wecker (m)	wekker	[vɛkkər]
Uhrmacher (m)	horlosiemaker	[horlosi·makər]
reparieren (vt)	herstel	[herstəl]

Essen. Ernährung

44. Essen

Fleisch (n)	vleis	[flæjs]
Hühnerfleisch (n)	hoender	[hundər]
Küken (n)	braaikuiken	[brāj·kœiken]
Ente (f)	eend	[eent]
Gans (f)	gans	[χaŋs]
Wild (n)	wild	[vilt]
Pute (f)	kalkoen	[kalkun]
Schweinefleisch (n)	varkvleis	[fark·flæjs]
Kalbfleisch (n)	kalfsvleis	[kalfs·flæjs]
Hammelfleisch (n)	lamsvleis	[lams·flæjs]
Rindfleisch (n)	beesvleis	[bees·flæjs]
Kaninchenfleisch (n)	konynvleis	[konajn·flæjs]
Wurst (f)	wors	[vors]
Würstchen (n)	Weense worsie	[veɛŋsə vorsi]
Schinkenspeck (m)	spek	[spek]
Schinken (m)	ham	[ham]
Räucherschinken (m)	gerookte ham	[χeroəktə ham]
Pastete (f)	patee	[pateə]
Leber (f)	lewer	[levər]
Hackfleisch (n)	maalvleis	[māl·flæjs]
Zunge (f)	tong	[toŋ]
Ei (n)	eier	[æjer]
Eier (pl)	eiers	[æjers]
Eiweiß (n)	eierwit	[æjer·wit]
Eigelb (n)	dooier	[dojer]
Fisch (m)	vis	[fis]
Meeresfrüchte (pl)	seekos	[seə·kos]
Krebstiere (pl)	skaaldiere	[skāldirə]
Kaviar (m)	kaviaar	[kafiār]
Krabbe (f)	krab	[krap]
Garnele (f)	garnaal	[χarnāl]
Auster (f)	oester	[ustər]
Languste (f)	seekreef	[seə·kreəf]
Krake (m)	seekat	[seə·kat]
Kalmar (m)	pylinkvis	[pajl·inkfis]
Störfleisch (n)	steur	[støer]
Lachs (m)	salm	[salm]
Heilbutt (m)	heilbot	[hæjlbot]
Dorsch (m)	kabeljou	[kabeljæʊ]

Makrele (f)	makriel	[makril]
Tunfisch (m)	tuna	[tuna]
Aal (m)	paling	[paliŋ]

Forelle (f)	forel	[forəl]
Sardine (f)	sardyn	[sardajn]
Hecht (m)	varswatersnoek	[farswatər·snuk]
Hering (m)	haring	[hariŋ]

Brot (n)	brood	[broət]
Käse (m)	kaas	[kãs]
Zucker (m)	suiker	[sœikər]
Salz (n)	sout	[sæʋt]

Reis (m)	rys	[rajs]
Teigwaren (pl)	pasta	[pasta]
Nudeln (pl)	noedels	[nudɛls]

Butter (f)	botter	[bottər]
Pflanzenöl (n)	plantaardige olie	[plantãrdiχə oli]
Sonnenblumenöl (n)	sonblomolie	[sonblom·oli]
Margarine (f)	margarien	[marχarin]

| Oliven (pl) | olywe | [olajvə] |
| Olivenöl (n) | olyfolie | [olajf·oli] |

Milch (f)	melk	[mɛlk]
Kondensmilch (f)	kondensmelk	[kondɛŋs·mɛlk]
Joghurt (m)	jogurt	[joχurt]
saure Sahne (f)	suurroom	[sɪr·roəm]
Sahne (f)	room	[roəm]

| Mayonnaise (f) | mayonnaise | [majonɛs] |
| Buttercreme (f) | crème | [krɛm] |

Grütze (f)	ontbytgraan	[ontbajt·χrãn]
Mehl (n)	meelblom	[meəl·blom]
Konserven (pl)	blikkieskos	[blikkis·kos]

Maisflocken (pl)	mielievlokkies	[mili·flokkis]
Honig (m)	heuning	[høəniŋ]
Marmelade (f)	konfyt	[konfajt]
Kaugummi (m, n)	kougom	[kæʋχom]

45. Getränke

Wasser (n)	water	[vatər]
Trinkwasser (n)	drinkwater	[drink·vatər]
Mineralwasser (n)	mineraalwater	[minerãl·vatər]

still	sonder gas	[sondər χas]
mit Kohlensäure	soda-	[soda-]
mit Gas	bruis-	[brœis-]
Eis (n)	ys	[ajs]

mit Eis	met ys	[met ajs]
alkoholfrei (Adj)	nie-alkoholies	[ni-alkoholis]
alkoholfreies Getränk (n)	koeldrank	[kul·drank]
Erfrischungsgetränk (n)	verfrissende drank	[ferfrissende drank]
Limonade (f)	limonade	[limonade]
Spirituosen (pl)	likeure	[likøere]
Wein (m)	wyn	[vajn]
Weißwein (m)	witwyn	[vit·vajn]
Rotwein (m)	rooiwyn	[roj·vajn]
Likör (m)	likeur	[likøer]
Champagner (m)	sjampanje	[ʃampanje]
Wermut (m)	vermoet	[fermut]
Whisky (m)	whisky	[vhiskaj]
Wodka (m)	vodka	[fodka]
Gin (m)	jenever	[jenefer]
Kognak (m)	brandewyn	[brande·vajn]
Rum (m)	rum	[rum]
Kaffee (m)	koffie	[koffi]
schwarzer Kaffee (m)	swart koffie	[swart koffi]
Milchkaffee (m)	koffie met melk	[koffi met melk]
Cappuccino (m)	capuccino	[kaputʃino]
Pulverkaffee (m)	poeierkoffie	[pujer·koffi]
Milch (f)	melk	[melk]
Cocktail (m)	mengeldrankie	[menχel·dranki]
Milchcocktail (m)	melkskommel	[melk·skommel]
Saft (m)	sap	[sap]
Tomatensaft (m)	tamatiesap	[tamati·sap]
Orangensaft (m)	lemoensap	[lemoen·sap]
frisch gepresster Saft (m)	vars geparste sap	[fars χeparste sap]
Bier (n)	bier	[bir]
Helles (n)	ligte bier	[liχte bir]
Dunkelbier (n)	donker bier	[donker bir]
Tee (m)	tee	[tee]
schwarzer Tee (m)	swart tee	[swart tee]
grüner Tee (m)	groen tee	[χrun tee]

46. Gemüse

Gemüse (n)	groente	[χrunte]
grünes Gemüse (pl)	groente	[χrunte]
Tomate (f)	tamatie	[tamati]
Gurke (f)	komkommer	[komkommer]
Karotte (f)	wortel	[vortel]
Kartoffel (f)	aartappel	[ärtappel]
Zwiebel (f)	ui	[œi]

Knoblauch (m)	knoffel	[knoffəl]
Kohl (m)	kool	[koəl]
Blumenkohl (m)	blomkool	[blom·koəl]
Rosenkohl (m)	Brusselspruite	[brussɛl·sprœitə]
Brokkoli (m)	broccoli	[brokoli]

Rote Bete (f)	beet	[beət]
Aubergine (f)	eiervrug	[æjerfruχ]
Zucchini (f)	vingerskorsie	[fiŋər·skorsi]
Kürbis (m)	pampoen	[pampun]
Rübe (f)	raap	[rãp]

Petersilie (f)	pietersielie	[pitərsili]
Dill (m)	dille	[dillə]
Kopf Salat (m)	slaai	[slãi]
Sellerie (m)	seldery	[selderaj]
Spargel (m)	aspersie	[aspersi]
Spinat (m)	spinasie	[spinasi]

Erbse (f)	ertjie	[ɛrki]
Bohnen (pl)	boontjies	[boənkis]
Mais (m)	mielie	[mili]
weiße Bohne (f)	nierboontjie	[nir·boənki]

Paprika (m)	paprika	[paprika]
Radieschen (n)	radys	[radajs]
Artischocke (f)	artisjok	[artiʃok]

47. Obst. Nüsse

Frucht (f)	vrugte	[fruχtə]
Apfel (m)	appel	[appəl]
Birne (f)	peer	[peər]
Zitrone (f)	suurlemoen	[sɪr·lemun]
Apfelsine (f)	lemoen	[lemun]
Erdbeere (f)	aarbei	[ãrbæj]

Mandarine (f)	nartjie	[narki]
Pflaume (f)	pruim	[prœim]
Pfirsich (m)	perske	[perskə]
Aprikose (f)	appelkoos	[appɛlkoəs]
Himbeere (f)	framboos	[framboəs]
Ananas (f)	pynappel	[pajnappəl]

Banane (f)	piesang	[pisaŋ]
Wassermelone (f)	waatlemoen	[vãtlemun]
Weintrauben (pl)	druif	[drœif]
Kirsche (f)	kersie	[kersi]
Sauerkirsche (f)	suurkersie	[sɪr·kersi]
Süßkirsche (f)	soetkersie	[sut·kersi]
Melone (f)	spanspek	[spaŋspek]

| Grapefruit (f) | pomelo | [pomelo] |
| Avocado (f) | avokado | [afokado] |

Papaya (f)	papaja	[papaja]
Mango (f)	mango	[manχo]
Granatapfel (m)	granaat	[χranät]

rote Johannisbeere (f)	rooi aalbessie	[roj älbɛssi]
schwarze Johannisbeere (f)	swartbessie	[swartbɛssi]
Stachelbeere (f)	appelliefie	[appɛllifi]
Heidelbeere (f)	bosbessie	[bosbɛssi]
Brombeere (f)	braambessie	[brämbɛssi]

Rosinen (pl)	rosyntjie	[rosajnki]
Feige (f)	vy	[faj]
Dattel (f)	dadel	[dadəl]

Erdnuss (f)	grondboontjie	[χront·boənki]
Mandel (f)	amandel	[amandəl]
Walnuss (f)	okkerneut	[okkər·nøət]
Haselnuss (f)	haselneut	[hasɛl·nøət]
Kokosnuss (f)	klapper	[klappər]
Pistazien (pl)	pistachio	[pistatʃio]

48. Brot. Süßigkeiten

Konditorwaren (pl)	soet gebak	[sut χebak]
Brot (n)	brood	[broət]
Keks (m, n)	koekies	[kukis]

Schokolade (f)	sjokolade	[ʃokoladə]
Schokoladen-	sjokolade	[ʃokoladə]
Bonbon (m, n)	lekkers	[lɛkkərs]
Kuchen (m)	koek	[kuk]
Torte (f)	koek	[kuk]

| Kuchen (Apfel-) | pastei | [pastæj] |
| Füllung (f) | vulsel | [fulsəl] |

Konfitüre (f)	konfyt	[konfajt]
Marmelade (f)	marmelade	[marmeladə]
Waffeln (pl)	wafels	[vafɛls]
Eis (n)	roomys	[roəm·ajs]
Pudding (m)	poeding	[pudiŋ]

49. Gerichte

Gericht (n)	gereg	[χerəχ]
Küche (f)	kookkuns	[koək·kuns]
Rezept (n)	resep	[resep]
Portion (f)	porsie	[porsi]

Salat (m)	slaai	[släi]
Suppe (f)	sop	[sop]
Brühe (f), Bouillon (f)	helder sop	[hɛldər sop]

belegtes Brot (n)	toebroodjie	[tubroədʒi]
Spiegelei (n)	gabakte eiers	[χabaktə æjers]

Hamburger (m)	hamburger	[hamburχer]
Beefsteak (n)	biefstuk	[bifstuk]

Beilage (f)	sygereg	[saj·χerəχ]
Spaghetti (pl)	spaghetti	[spaχɛtti]
Kartoffelpüree (n)	kapokaartappels	[kapok·ārtappəls]
Pizza (f)	pizza	[pizza]
Brei (m)	pap	[pap]
Omelett (n)	omelet	[oməlet]

gekocht	gekook	[χekoək]
geräuchert	gerook	[χeroək]
gebraten	gebak	[χebak]
getrocknet	gedroog	[χedroəχ]
tiefgekühlt	gevries	[χefris]
mariniert	gepiekel	[χepikəl]

süß	soet	[sut]
salzig	sout	[sæʊt]
kalt	koud	[kæʊt]
heiß	warm	[varm]
bitter	bitter	[bittər]
lecker	smaaklik	[smãklik]

kochen (vt)	kook in water	[koək in vatər]
zubereiten (vt)	kook	[koək]
braten (vt)	braai	[braj]
aufwärmen (vt)	opwarm	[opwarm]

salzen (vt)	sout	[sæʊt]
pfeffern (vt)	peper	[pepər]
reiben (vt)	rasp	[rasp]
Schale (f)	skil	[skil]
schälen (vt)	skil	[skil]

50. Gewürze

Salz (n)	sout	[sæʊt]
salzig (Adj)	sout	[sæʊt]
salzen (vt)	sout	[sæʊt]

schwarzer Pfeffer (m)	swart peper	[swart pepər]
roter Pfeffer (m)	rooi peper	[roj pepər]
Senf (m)	mosterd	[mostert]
Meerrettich (m)	peperwortel	[peper·wortəl]

Gewürz (n)	smaakmiddel	[smãk·middəl]
Gewürz (n)	spesery	[speseraj]
Soße (f)	sous	[sæʊs]
Essig (m)	asyn	[asajn]
Anis (m)	anys	[anajs]

Basilikum (n)	basilikum	[basilikum]
Nelke (f)	naeltjies	[naɛlkis]
Ingwer (m)	gemmer	[χɛmmər]
Koriander (m)	koljander	[koljandər]
Zimt (m)	kaneel	[kaneəl]

Sesam (m)	sesamsaad	[sesam·sāt]
Lorbeerblatt (n)	lourierblaar	[læʊrir·blār]
Paprika (m)	paprika	[paprika]
Kümmel (m)	komynsaad	[komajnsāt]
Safran (m)	saffraan	[saffrān]

51. Mahlzeiten

| Essen (n) | kos | [kos] |
| essen (vi, vt) | eet | [eət] |

Frühstück (n)	ontbyt	[ontbajt]
frühstücken (vi)	ontbyt	[ontbajt]
Mittagessen (n)	middagete	[middaχ·etə]
zu Mittag essen	gaan eet	[χān eət]
Abendessen (n)	aandete	[āndetə]
zu Abend essen	aandete gebruik	[āndetə χebrœik]

| Appetit (m) | aptyt | [aptajt] |
| Guten Appetit! | Smaaklike ete! | [smāklikə etə!] |

öffnen (vt)	oopmaak	[oəpmāk]
verschütten (vt)	mors	[mors]
verschüttet werden	mors	[mors]

kochen (vi)	kook	[koək]
kochen (Wasser ~)	kook	[koək]
gekocht (Adj)	gekook	[χekoək]
kühlen (vt)	laat afkoel	[lāt afkul]
abkühlen (vi)	afkoel	[afkul]

| Geschmack (m) | smaak | [smāk] |
| Beigeschmack (m) | nasmaak | [nasmāk] |

auf Diät sein	vermaer	[fermaər]
Diät (f)	dieet	[diət]
Vitamin (n)	vitamien	[fitamin]
Kalorie (f)	kalorie	[kalori]
Vegetarier (m)	vegetariër	[feχetariɛr]
vegetarisch (Adj)	vegetaries	[feχetaris]

Fett (n)	vette	[fɛttə]
Protein (n)	proteïen	[proteïen]
Kohlenhydrat (n)	koolhidrate	[koəlhidratə]

Scheibchen (n)	snytjie	[snajki]
Stück (ein ~ Kuchen)	stuk	[stuk]
Krümel (m)	krummel	[krumməl]

52. Gedeck

Löffel (m)	lepel	[lepəl]
Messer (n)	mes	[mes]
Gabel (f)	vurk	[furk]

Tasse (eine ~ Tee)	koppie	[koppi]
Teller (m)	bord	[bort]
Untertasse (f)	piering	[piriŋ]
Serviette (f)	servet	[serfət]
Zahnstocher (m)	tandestokkie	[tandə·stokki]

53. Restaurant

Restaurant (n)	restaurant	[restɔurant]
Kaffeehaus (n)	koffiekroeg	[koffi·kruχ]
Bar (f)	kroeg	[kruχ]
Teesalon (m)	teekamer	[teə·kamər]

Kellner (m)	kelner	[kɛlnər]
Kellnerin (f)	kelnerin	[kɛlnərin]
Barmixer (m)	kroegman	[kruχman]

Speisekarte (f)	spyskaart	[spajs·kārt]
Weinkarte (f)	wyn	[vajn]
einen Tisch reservieren	wynkaart	[vajn·kārt]

Gericht (n)	gereg	[χerəχ]
bestellen (vt)	bestel	[bestəl]
eine Bestellung aufgeben	bestel	[bestəl]

Aperitif (m)	drankie	[dranki]
Vorspeise (f)	voorgereg	[foərχerəχ]
Nachtisch (m)	nagereg	[naχerəχ]

Rechnung (f)	rekening	[rekəniŋ]
Rechnung bezahlen	die rekening betaal	[di rekəniŋ betāl]
das Wechselgeld geben	kleingeld gee	[klæjn·χɛlt χeə]
Trinkgeld (n)	fooitjie	[fojki]

Familie, Verwandte und Freunde

54. Persönliche Informationen. Formulare

Vorname (m)	voornaam	[foərnãm]
Name (m)	van	[fan]
Geburtsdatum (n)	geboortedatum	[χeboərtə·datum]
Geburtsort (m)	geboorteplek	[χeboərtə·plek]
Nationalität (f)	nasionaliteit	[naʃionalitæjt]
Wohnort (m)	woonplek	[voən·plek]
Land (n)	land	[lant]
Beruf (m)	beroep	[berup]
Geschlecht (n)	geslag	[χeslaχ]
Größe (f)	lengte	[leŋtə]
Gewicht (n)	gewig	[χeveχ]

55. Familienmitglieder. Verwandte

Mutter (f)	moeder	[mudər]
Vater (m)	vader	[fadər]
Sohn (m)	seun	[søən]
Tochter (f)	dogter	[doχtər]
jüngste Tochter (f)	jonger dogter	[joŋər doχtər]
jüngste Sohn (m)	jonger seun	[joŋər søən]
ältere Tochter (f)	oudste dogter	[æʊdstə doχtər]
älterer Sohn (m)	oudste seun	[æʊdstə søən]
Bruder (m)	broer	[brur]
älterer Bruder (m)	ouer broer	[æʊer brur]
jüngerer Bruder (m)	jonger broer	[joŋər brur]
Schwester (f)	suster	[sustər]
ältere Schwester (f)	ouer suster	[æʊer sustər]
jüngere Schwester (f)	jonger suster	[joŋər sustər]
Cousin (m)	neef	[neəf]
Cousine (f)	neef	[neəf]
Mama (f)	ma	[ma]
Papa (m)	pa	[pa]
Eltern (pl)	ouers	[æʊers]
Kind (n)	kind	[kint]
Kinder (pl)	kinders	[kindərs]
Großmutter (f)	ouma	[æʊma]
Großvater (m)	oupa	[æʊpa]

Enkel (m)	kleinseun	[klæjn·søən]
Enkelin (f)	kleindogter	[klæjn·doχtər]
Enkelkinder (pl)	kleinkinders	[klæjn·kindərs]

Onkel (m)	oom	[oəm]
Tante (f)	tante	[tantə]
Neffe (m)	neef	[neəf]
Nichte (f)	nig	[niχ]

Schwiegermutter (f)	skoonma	[skoən·ma]
Schwiegervater (m)	skoonpa	[skoən·pa]
Schwiegersohn (m)	skoonseun	[skoən·søən]
Stiefmutter (f)	stiefma	[stifma]
Stiefvater (m)	stiefpa	[stifpa]

Säugling (m)	baba	[baba]
Kleinkind (n)	baba	[baba]
Kleine (m)	seuntjie	[søənki]

Frau (f)	vrou	[fræʊ]
Mann (m)	man	[man]
Ehemann (m)	eggenoot	[εχχenoət]
Gemahlin (f)	eggenote	[εχχenotə]

verheiratet (Ehemann)	getroud	[χetræʊt]
verheiratet (Ehefrau)	getroud	[χetræʊt]
ledig	ongetroud	[onχetræʊt]
Junggeselle (m)	vrygesel	[frajχesəl]
geschieden (Adj)	geskei	[χeskæj]
Witwe (f)	weduwee	[veduveə]
Witwer (m)	wedunaar	[vedunãr]

Verwandte (m)	familielid	[famililit]
naher Verwandter (m)	na familie	[na famili]
entfernter Verwandter (m)	ver familie	[fer famili]
Verwandte (pl)	familielede	[famililedə]

Waisenjunge (m)	weeskind	[veəskint]
Waisenmädchen (f)	weeskind	[veəskint]
Vormund (m)	voog	[foəχ]
adoptieren (einen Jungen)	aanneem	[ãnneəm]
adoptieren (ein Mädchen)	aanneem	[ãnneəm]

56. Freunde. Arbeitskollegen

Freund (m)	vriend	[frint]
Freundin (f)	vriendin	[frindin]
Freundschaft (f)	vriendskap	[frindskap]
befreundet sein	bevriend wees	[befrint veəs]

Freund (m)	maat	[mãt]
Freundin (f)	vriendin	[frindin]
Partner (m)	maat	[mãt]
Chef (m)	baas	[bãs]

Vorgesetzte (m)	baas	[bãs]
Besitzer (m)	eienaar	[æjenãr]
Untergeordnete (m)	ondergeskikte	[ondərχeskiktə]
Kollege (m), Kollegin (f)	kollega	[kolleχa]
Bekannte (m)	kennis	[kɛnnis]
Reisegefährte (m)	medereisiger	[medə·ræjsiχər]
Mitschüler (m)	klasmaat	[klas·mãt]
Nachbar (m)	buurman	[bɪrman]
Nachbarin (f)	buurvrou	[bɪrfræʊ]
Nachbarn (pl)	bure	[burə]

57. Mann. Frau

Frau (f)	vrou	[fræʊ]
Mädchen (n)	meisie	[mæjsi]
Braut (f)	bruid	[brœit]
schöne	mooi	[moj]
große	groot	[χroət]
schlanke	slank	[slank]
kleine (~ Frau)	kort	[kort]
Blondine (f)	blondine	[blondinə]
Brünette (f)	brunet	[brunet]
Damen-	dames-	[dames-]
Jungfrau (f)	maagd	[mãχt]
schwangere	swanger	[swaŋər]
Mann (m)	man	[man]
Blonde (m)	blond	[blont]
Brünette (m)	brunet	[brunet]
hoch	groot	[χroət]
klein	kort	[kort]
grob	onbeskof	[onbeskof]
untersetzt	frisgebou	[frisχebæʊ]
robust	frisgebou	[frisχebæʊ]
stark	sterk	[sterk]
Kraft (f)	sterkte	[sterktə]
dick	vet	[fet]
dunkelhäutig	blas	[blas]
schlank	slank	[slank]
elegant	elegant	[ɛleχant]

58. Alter

Alter (n)	ouderdom	[æʊderdom]
Jugend (f)	jeug	[jøəχ]

jung	jong	[joŋ]
jünger (~ als Sie)	jonger	[joŋər]
älter (~ als ich)	ouer	[æʊer]
Junge (m)	jongman	[joŋman]
Teenager (m)	tiener	[tinər]
Bursche (m)	ou	[æʊ]
Greis (m)	ou man	[æʊ man]
alte Frau (f)	ou vrou	[æʊ fræʊ]
Erwachsene (m)	volwasse	[folwassə]
in mittleren Jahren	middeljarig	[middəl·jarəχ]
älterer (Adj)	bejaard	[bejārt]
alt (Adj)	oud	[æʊt]
Ruhestand (m)	pensioen	[pɛnsiun]
in Rente gehen	met pensioen gaan	[met pɛnsiun χān]
Rentner (m)	pensioenaris	[pɛnsiunaris]

59. Kinder

Kind (n)	kind	[kint]
Kinder (pl)	kinders	[kindərs]
Zwillinge (pl)	tweeling	[tweeliŋ]
Wiege (f)	wiegie	[viχi]
Rassel (f)	rammelaar	[rammelār]
Windel (f)	luier	[lœiər]
Schnuller (m)	fopspeen	[fopspeen]
Kinderwagen (m)	kinderwaentjie	[kindər·waenki]
Kindergarten (m)	kindertuin	[kindər·tœin]
Kinderfrau (f)	babasitter	[babasittər]
Kindheit (f)	kinderdae	[kindərdae]
Puppe (f)	pop	[pop]
Spielzeug (n)	speelgoed	[speel·χut]
Baukasten (m)	boudoos	[bæʊ·does]
wohlerzogen	goed opgevoed	[χut opχəfut]
ungezogen	sleg opgevoed	[sleχ opχəfut]
verwöhnt	bederf	[bederf]
unartig sein	stout wees	[stæʊt vees]
unartig	ondeuend	[ondøent]
Unart (f)	ondeuendheid	[ondøenthæjt]
Schelm (m)	rakker	[rakkər]
gehorsam	gehoorsaam	[χehoersām]
ungehorsam	ongehoorsaam	[onχehoersām]
fügsam	soet	[sut]
klug	slim	[slim]
Wunderkind (n)	wonderkind	[vondərkint]

60. Ehepaare. Familienleben

küssen (vt)	soen	[sun]
sich küssen	mekaar soen	[mekãr sun]
Familie (f)	familie	[famili]
Familien-	gesins-	[χesins-]
Paar (n)	paartjie	[pãrki]
Ehe (f)	huwelik	[huvelik]
Heim (n)	tuiste	[tœistə]
Dynastie (f)	dinastie	[dinasti]

Rendezvous (n)	datum	[datum]
Kuss (m)	soen	[sun]

Liebe (f)	liefde	[lifdə]
lieben (vt)	liefhë	[lifhɛ:]
geliebt	geliefde	[χelifdə]

Zärtlichkeit (f)	teerheid	[teərhæjt]
zärtlich	teer	[teər]
Treue (f)	trou	[træʊ]
treu (Adj)	trou	[træʊ]
Fürsorge (f)	sorg	[sorχ]
sorgsam	sorgsaam	[sorχsãm]

Frischvermählte (pl)	pasgetroudes	[pas·χetræʊdes]
Flitterwochen (pl)	wittebroodsdae	[vittebroəds·daə]
heiraten (einen Mann ~)	trou	[træʊ]
heiraten (ein Frau ~)	trou	[træʊ]

Hochzeit (f)	bruilof	[brœilof]
goldene Hochzeit (f)	goue bruilof	[χæʊə brœilof]
Jahrestag (m)	verjaardag	[ferjãr·daχ]

Geliebte (m)	minnaar	[minnãr]
Geliebte (f)	minnares	[minnares]

Ehebruch (m)	owerspel	[overspel]
Ehebruch begehen	owerspel pleeg	[overspel pleeχ]
eifersüchtig	jaloers	[jalurs]
eifersüchtig sein	jaloers wees	[jalurs veəs]
Scheidung (f)	egskeiding	[ɛχskæjdiŋ]
sich scheiden lassen	skei	[skæj]

streiten (vi)	baklei	[baklæj]
sich versöhnen	versoen	[fersun]
zusammen (Adv)	saam	[sãm]
Sex (m)	seks	[seks]

Glück (n)	geluk	[χeluk]
glücklich	gelukkig	[χelukkəχ]
Unglück (n)	ongeluk	[onχeluk]
unglücklich	ongelukkig	[onχelukkəχ]

Charakter. Empfindungen. Gefühle

61. Empfindungen. Gefühle

Gefühl (n)	gevoel	[χeful]
Gefühle (pl)	gevoelens	[χefulɛŋs]
fühlen (vt)	voel	[ful]
Hunger (m)	honger	[hoŋər]
hungrig sein	honger wees	[hoŋər veəs]
Durst (m)	dors	[dors]
Durst haben	dors wees	[dors veəs]
Schläfrigkeit (f)	slaperigheid	[slaperiχæjt]
schlafen wollen	vaak voel	[fāk ful]
Müdigkeit (f)	moegheid	[muχæjt]
müde	moeg	[muχ]
müde werden	moeg word	[muχ vort]
Laune (f)	stemming	[stɛmmiŋ]
Langeweile (f)	verveling	[ferfeliŋ]
sich langweilen	verveeld wees	[ferveəlt veəs]
Zurückgezogenheit (n)	afsondering	[afsondəriŋ]
sich zurückziehen	jou afsonder	[jæʊ afsondər]
beunruhigen (vt)	bekommerd maak	[bekommərt māk]
sorgen (vi)	bekommerd wees	[bekommərt veəs]
Besorgnis (f)	kommerwekkend	[kommər·wɛkkent]
Angst (~ um …)	vrees	[freəs]
besorgt (Adj)	behep	[behep]
nervös sein	senuweeagtig wees	[senuveə·aχteχ veəs]
in Panik verfallen (vi)	paniekerig raak	[panikereχ rāk]
Hoffnung (f)	hoop	[hoəp]
hoffen (vi)	hoop	[hoəp]
Sicherheit (f)	sekerheid	[sekərhæjt]
sicher	seker	[sekər]
Unsicherheit (f)	onsekerheid	[ɔŋsekərhæjt]
unsicher	onseker	[ɔŋsekər]
betrunken	dronk	[dronk]
nüchtern	nugter	[nuχtər]
schwach	swak	[swak]
glücklich	gelukkig	[χelukkəχ]
erschrecken (vt)	bang maak	[baŋ māk]
Wut (f)	kwaadheid	[kwādhæjt]
Rage (f)	woede	[vudə]
Depression (f)	depressie	[deprɛssi]
Unbehagen (n)	ongemak	[onχəmak]

Komfort (m)	gemak	[χemak]
bedauern (vt)	jammer wees	[jammər vees]
Bedauern (n)	spyt	[spajt]
Missgeschick (n)	teëspoed	[teɛsput]
Kummer (m)	droefheid	[drufhæjt]

Scham (f)	skaamte	[skãmtə]
Freude (f)	vreugde	[frøəχdə]
Begeisterung (f)	entoesiasme	[ɛntusiasmə]
Enthusiast (m)	entoesiasties	[ɛntusiastis]
Begeisterung zeigen	begeestering toon	[beχeəsteriŋ toən]

62. Charakter. Persönlichkeit

Charakter (m)	karakter	[karaktər]
Charakterfehler (m)	karakterfout	[karaktər·fæut]
Verstand (m)	verstand	[ferstant]
Vernunft (f)	verstand	[ferstant]

Gewissen (n)	gewete	[χevetə]
Gewohnheit (f)	gewoonte	[χevoentə]
Fähigkeit (f)	talent	[talent]
können (v mod)	kan	[kan]

geduldig	geduldig	[χeduldəχ]
ungeduldig	ongeduldig	[onχəduldəχ]
neugierig	nuuskierig	[nɪskirəχ]
Neugier (f)	nuuskierigheid	[nɪskiriχæjt]

Bescheidenheit (f)	beskeidenheid	[beskæjdenhæjt]
bescheiden	beskeie	[beskæje]
unbescheiden	onbeskeie	[onbeskæje]

Faulheit (f)	luiheid	[lœihæjt]
faul	lui	[lœi]
Faulenzer (m)	luiaard	[lœiārt]

Listigkeit (f)	sluheid	[sluhæjt]
listig	slu	[slu]
Misstrauen (n)	wantroue	[vantræʋə]
misstrauisch	agterdogtig	[aχtərdoχtəχ]

Freigebigkeit (f)	gulheid	[χulhæjt]
freigebig	gulhartig	[χulhartəχ]
talentiert	talentvol	[talentfol]
Talent (n)	talent	[talent]

tapfer	moedig	[mudəχ]
Tapferkeit (f)	moed	[mut]
ehrlich	eerlik	[eərlik]
Ehrlichkeit (f)	eerlikheid	[eərlikhæjt]

vorsichtig	versigtig	[fersiχtəχ]
tapfer	dapper	[dappər]

| ernst | ernstig | [ɛrnstəχ] |
| streng | streng | [streŋ] |

entschlossen	vasberade	[fasberadə]
unentschlossen	besluiteloos	[beslœiteloəs]
schüchtern	skaam	[skãm]
Schüchternheit (f)	skaamheid	[skãmhæjt]

Vertrauen (n)	vertroue	[fertræʊə]
vertrauen (vi)	vertrou	[fertræʊ]
vertrauensvoll	goedgelowig	[χudχəlovəχ]

aufrichtig (Adv)	opreg	[opreχ]
aufrichtig (Adj)	opregte	[opreχtə]
Aufrichtigkeit (f)	opregtheid	[opreχthæjt]
offen	oop	[oəp]

still (Adj)	kalm	[kalm]
freimütig	openhartig	[openhartəχ]
naiv	naïef	[naïef]
zerstreut	verstrooid	[ferstrojt]
drollig, komisch	snaaks	[snãks]

Gier (f)	hebsug	[hebsuχ]
habgierig	hebsugtig	[hebsuχtəχ]
geizig	gierig	[χirəχ]
böse	boos	[boəs]
hartnäckig	hardnekkig	[hardnɛkkəχ]
unangenehm	onaangenaam	[onãnχənãm]

Egoist (m)	selfsugtig	[sɛlfsuχtəχ]
egoistisch	selfsugtig	[sɛlfsuχtəχ]
Feigling (m)	laffaard	[laffãrt]
feige	lafhartig	[lafhartəχ]

63. Schlaf. Träume

schlafen (vi)	slaap	[slãp]
Schlaf (m)	slaap	[slãp]
Traum (m)	droom	[droəm]
träumen (im Schlaf)	droom	[droəm]
verschlafen	vaak	[fãk]

Bett (n)	bed	[bet]
Matratze (f)	matras	[matras]
Decke (f)	kombers	[kombers]
Kissen (n)	kussing	[kussiŋ]
Laken (n)	laken	[laken]

Schlaflosigkeit (f)	slaaploosheid	[slãploəshæjt]
schlaflos	slaaploos	[slãploəs]
Schlafmittel (n)	slaappil	[slãp·pil]
schlafen wollen	vaak voel	[fãk ful]
gähnen (vi)	gaap	[χãp]

schlafen gehen	gaan slaap	[χãn slãp]
das Bett machen	die bed opmaak	[di bet opmãk]
einschlafen (vi)	aan die slaap raak	[ãn di slãp rãk]

Alptraum (m)	nagmerrie	[naχmerri]
Schnarchen (n)	gesnork	[χesnork]
schnarchen (vi)	snork	[snork]

Wecker (m)	wekker	[vɛkkər]
aufwecken (vt)	wakker maak	[vakkər mãk]
erwachen (vi)	wakker word	[vakkər vort]
aufstehen (vi)	opstaan	[opstãn]
sich waschen	jou was	[jæʊ vas]

64. Humor. Lachen. Freude

Humor (m)	humor	[humor]
Sinn (m) für Humor	humorsin	[humorsin]
sich amüsieren	jouself geniet	[jæʊsɛlf χenit]
froh (Adj)	vrolik	[frolik]
Fröhlichkeit (f)	pret	[pret]

Lächeln (n)	glimlag	[χlimlaχ]
lächeln (vi)	glimlag	[χlimlaχ]
auflachen (vi)	begin lag	[beχin laχ]
lachen (vi)	lag	[laχ]
Lachen (n)	lag	[laχ]

Anekdote, Witz (m)	anekdote	[anekdotə]
lächerlich	snaaks	[snãks]
komisch	snaaks	[snãks]

Witz machen	grappies maak	[χrappis mãk]
Spaß (m)	grappie	[χrappi]
Freude (f)	vreugde	[frøəχdə]
sich freuen	bly wees	[blaj veəs]
froh (Adj)	bly	[blaj]

65. Diskussion, Unterhaltung. Teil 1

| Kommunikation (f) | kommunikasie | [kommunikasi] |
| kommunizieren (vi) | kommunikeer | [kommunikeər] |

Konversation (f)	gesprek	[χesprek]
Dialog (m)	dialoog	[dialoəχ]
Diskussion (f)	diskussie	[diskussi]
Streitgespräch (n)	dispuut	[dispɪt]
streiten (vi)	debatteer	[debatteər]

Gesprächspartner (m)	gespreksgenoot	[χespreks·χenoət]
Thema (n)	onderwerp	[ondərwerp]
Gesichtspunkt (m)	standpunt	[stand·punt]

Meinung (f)	opinie	[opini]
Rede (f)	toespraak	[tuspräk]

Besprechung (f)	bespreking	[besprekiŋ]
besprechen (vt)	bespreek	[bespreek]
Gespräch (n)	gesprek	[χesprek]
Gespräche führen	gesels	[χesɛls]
Treffen (n)	ontmoeting	[ontmutiŋ]
sich treffen	ontmoet	[ontmut]

Sprichwort (n)	spreekwoord	[spreek·woərt]
Redensart (f)	gesegde	[χeseχdə]
Rätsel (n)	raaisel	[räjsəl]
Parole (f)	wagwoord	[vaχ·woərt]
Geheimnis (n)	geheim	[χəhæjm]

Eid (m), Schwur (m)	eed	[eət]
schwören (vi, vt)	sweer	[sweər]
Versprechen (n)	belofte	[beloftə]
versprechen (vt)	beloof	[beloəf]

Rat (m)	raad	[rät]
raten (vt)	aanraai	[änräi]
einen Rat befolgen	raad volg	[rät folχ]
gehorchen (jemandem ~)	luister na	[lœistər na]

Neuigkeit (f)	nuus	[nɪs]
Sensation (f)	sensasie	[sɛŋsasi]
Informationen (pl)	inligting	[inliχtiŋ]
Schlussfolgerung (f)	slotsom	[slotsom]
Stimme (f)	stem	[stem]
Kompliment (n)	kompliment	[kompliment]
freundlich	gaaf	[χäf]

Wort (n)	woord	[voərt]
Phrase (f)	frase	[frasə]
Antwort (f)	antwoord	[antwoərt]

Wahrheit (f)	waarheid	[värhæjt]
Lüge (f)	leuen	[løəen]

Gedanke (m)	gedagte	[χedaχtə]
Idee (f)	idee	[ideə]
Phantasie (f)	verbeelding	[ferbeəldiŋ]

66. Diskussion, Unterhaltung. Teil 2

angesehen (Adj)	gerespekteer	[χerespekteər]
respektieren (vt)	respekteer	[respekteər]
Respekt (m)	respek	[respek]
Sehr geehrter ...	Geagte ...	[χeaχtə ...]

bekannt machen	voorstel	[foərstəl]
kennenlernen (vt)	kennismaak	[kɛnnismäk]

Absicht (f)	voorneme	[foərnemə]
beabsichtigen (vt)	voornemens wees	[foərnemɛŋs veəs]
Wunsch (m)	wens	[vɛŋs]
wünschen (vt)	wens	[vɛŋs]
Staunen (n)	verrassing	[ferrassiŋ]
erstaunen (vt)	verras	[ferras]
staunen (vi)	verbaas wees	[ferbãs veəs]
geben (vt)	gee	[χeə]
nehmen (vt)	vat	[fat]
herausgeben (vt)	teruggee	[teruχeə]
zurückgeben (vt)	terugvat	[teruχfat]
sich entschuldigen	verskoning vra	[ferskoniŋ fra]
Entschuldigung (f)	verskoning	[ferskoniŋ]
verzeihen (vt)	vergewe	[ferχevə]
sprechen (vi)	praat	[prãt]
hören (vt), zuhören (vi)	luister	[lœistər]
sich anhören	aanhoor	[ãnhoər]
verstehen (vt)	verstaan	[ferstãn]
zeigen (vt)	wys	[vajs]
ansehen (vt)	kyk na ...	[kajk na ...]
rufen (vt)	roep	[rup]
belästigen (vt)	aflei	[aflæj]
stören (vt)	steur	[støər]
übergeben (vt)	deurgee	[døərχeə]
Bitte (f)	versoek	[fersuk]
bitten (vt)	versoek	[fersuk]
Verlangen (n)	eis	[æjs]
verlangen (vt)	eis	[æjs]
necken (vt)	terg	[terχ]
spotten (vi)	terg	[terχ]
Spott (m)	spot	[spot]
Spitzname (m)	bynaam	[bajnãm]
Andeutung (f)	sinspeling	[sinspeliŋ]
andeuten (vt)	sinspeel	[sinspeəl]
meinen (vt)	impliseer	[impliseər]
Beschreibung (f)	beskrywing	[beskrajviŋ]
beschreiben (vt)	beskryf	[beskrajf]
Lob (n)	lof	[lof]
loben (vt)	loof	[loəf]
Enttäuschung (f)	teleurstelling	[teløərstɛlliŋ]
enttäuschen (vt)	teleurstel	[teløərstəl]
enttäuscht sein	teleurgestel	[teløərχestəl]
Vermutung (f)	veronderstelling	[feronderstɛlliŋ]
vermuten (vt)	veronderstel	[feronderstəl]
Warnung (f)	waarskuwing	[vãrskuviŋ]
warnen (vt)	waarsku	[vãrsku]

67. Diskussion, Unterhaltung. Teil 3

überreden (vt)	ompraat	[omprãt]
beruhigen (vt)	kalmeer	[kalmeer]
Schweigen (n)	stilte	[stiltə]
schweigen (vi)	stilbly	[stilblaj]
flüstern (vt)	fluister	[flœistər]
Flüstern (n)	gefluister	[χeflœistər]
offen (Adv)	openlik	[openlik]
meiner Meinung nach ...	volgens my ...	[folχɛŋs maj ...]
Detail (n)	besonderhede	[besondərhedə]
ausführlich (Adj)	gedetailleerd	[χedetajlleərt]
ausführlich (Adv)	in detail	[in detajl]
Tipp (m)	wenk	[vɛnk]
Blick (m)	kykie	[kajki]
anblicken (vt)	kyk	[kajk]
starr (z.B. -en Blick)	strak	[strak]
blinzeln (mit den Augen)	knipper	[knippər]
zwinkern (mit den Augen)	knipoog	[knipoəχ]
nicken (vi)	knik	[knik]
Seufzer (m)	sug	[suχ]
aufseufzen (vi)	sug	[suχ]
zusammenzucken (vi)	huiwer	[hœivər]
Geste (f)	gebaar	[χebãr]
berühren (vt)	aanraak	[ãnrãk]
ergreifen (vt)	vat	[fat]
klopfen (vt)	op die skouer tik	[op di skæuər tik]
Vorsicht!	Oppas!	[oppas!]
Wirklich?	Regtig?	[reχtəχ?]
Sind Sie sicher?	Is jy seker?	[is jaj sekər?]
Viel Glück!	Voorspoed!	[foərspud!]
Klar!	Ek sien!	[ɛk sin!]
Schade!	Jammer!	[jammər!]

68. Zustimmung. Ablehnung

Einverständnis (n)	toelating	[tulatiŋ]
zustimmen (vi)	toelaat	[tulãt]
Billigung (f)	goedkeuring	[χudkøəriŋ]
billigen (vt)	goedkeur	[χudkøər]
Absage (f)	weiering	[væjeriŋ]
sich weigern	weier	[væjer]
Ausgezeichnet!	Wonderlik!	[vondərlik!]
Ganz recht!	Goed!	[χud!]
Gut! Okay!	OK!	[okej!]
verboten (Adj)	verbode	[ferbodə]

Es ist verboten	dit is verbode	[dit is ferbodə]
Es ist unmöglich	dis onmoontlik	[dis onmoentlik]
falsch	onjuis	[onjœis]

ablehnen (vt)	verwerp	[ferwerp]
unterstützen (vt)	steun	[støən]
akzeptieren (vt)	aanvaar	[ānfār]

bestätigen (vt)	bevestig	[befestəχ]
Bestätigung (f)	bevestiging	[befestəχiŋ]
Erlaubnis (f)	toelating	[tulatiŋ]
erlauben (vt)	toelaat	[tulāt]
Entscheidung (f)	besluit	[beslœit]
schweigen (nicht antworten)	stilbly	[stilblaj]

Bedingung (f)	voorwaarde	[foərwārdə]
Ausrede (f)	verskoning	[ferskoniŋ]
Lob (n)	lof	[lof]
loben (vt)	loof	[loəf]

69. Erfolg. Alles Gute. Misserfolg

Erfolg (m)	sukses	[suksɛs]
erfolgreich (Adv)	suksesvol	[suksɛsfol]
erfolgreich (Adj)	suksesvol	[suksɛsfol]

Glück (Glücksfall)	geluk	[χeluk]
Viel Glück!	Voorspoed!	[foərspud!]
Glücks- (z.B. -tag)	geluks-	[χeluks-]
glücklich (Adj)	gelukkig	[χelukkəχ]

Misserfolg (m)	mislukking	[mislukkiŋ]
Missgeschick (n)	teëspoed	[teɛsput]
Unglück (n)	teëspoed	[teɛsput]
missglückt (Adj)	onsuksesvol	[ɔŋsuksɛsfol]
Katastrophe (f)	katastrofe	[katastrofə]

Stolz (m)	trots	[trots]
stolz	trots	[trots]
stolz sein	trots wees	[trots veəs]

Sieger (m)	wenner	[vɛnnər]
siegen (vi)	wen	[ven]
verlieren (Spiel usw.)	verloor	[ferloər]
Versuch (m)	probeerslag	[probeərslaχ]
versuchen (vt)	probeer	[probeər]
Chance (f)	kans	[kaŋs]

70. Streit. Negative Gefühle

Schrei (m)	skreeu	[skriʊ]
schreien (vi)	skreeu	[skriʊ]

beginnen zu schreien	begin skreeu	[beχin skriʊ]
Zank (m)	rusie	[rusi]
sich zanken	baklei	[baklæj]
Riesenkrach (m)	stryery	[strajeraj]
Krach haben	spektakel maak	[spektakəl mãk]
Konflikt (m)	konflik	[konflik]
Missverständnis (n)	misverstand	[misferstant]

Kränkung (f)	belediging	[beledəχiŋ]
kränken (vt)	beledig	[beledəχ]
gekränkt (Adj)	beledig	[beledəχ]
Beleidigung (f)	gekrenktheid	[χekrɛnkthæjt]
beleidigen (vt)	beledig	[beledəχ]
sich beleidigt fühlen	gekrenk voel	[χekrɛnk ful]

Empörung (f)	verontwaardiging	[ferontwãrdəχiŋ]
sich empören	verontwaardig wees	[ferontwãrdəχ veəs]
Klage (f)	klag	[klaχ]
klagen (vi)	kla	[kla]

Entschuldigung (f)	verskoning	[ferskoniŋ]
sich entschuldigen	verskoning vra	[ferskoniŋ fra]
um Entschuldigung bitten	om verskoning vra	[om ferskoniŋ fra]

Kritik (f)	kritiek	[kritik]
kritisieren (vt)	kritiseer	[kritiseər]
Anklage (f)	beskuldiging	[beskuldəχiŋ]
anklagen (vt)	beskuldig	[beskuldəχ]

Rache (f)	wraak	[vrãk]
rächen (vt)	wreek	[vreək]
sich rächen	wraak neem	[vrãk neəm]

Verachtung (f)	minagting	[minaχtiŋ]
verachten (vt)	minag	[minaχ]
Hass (m)	haat	[hãt]
hassen (vt)	haat	[hãt]

nervös	senuweeagtig	[senuveə·aχtəχ]
nervös sein	senuweeagtig wees	[senuveə·aχtəχ veəs]
verärgert	kwaad	[kwãt]
ärgern (vt)	kwaad maak	[kwãt mãk]

Erniedrigung (f)	vernedering	[fernedəriŋ]
erniedrigen (vt)	verneder	[fernedər]
sich erniedrigen	jouself verneder	[jæʊsɛlf fernedər]

| Schock (m) | skok | [skok] |
| schockieren (vt) | skok | [skok] |

| Ärger (m) | probleme | [probləmə] |
| unangenehm | onaangenaam | [onãnχənãm] |

Angst (f)	vrees	[freəs]
furchtbar (z.B. -e Sturm)	verskriklik	[ferskriklik]
schrecklich	vreesaanjaend	[freəsãnjaent]

Entsetzen (n)	afgryse	[afχrajsə]
entsetzlich	vreeslik	[freəslik]

zittern (vi)	begin beef	[beχin beəf]
weinen (vi)	huil	[hœil]
anfangen zu weinen	begin huil	[beχin hœil]
Träne (f)	traan	[trān]

Schuld (f)	skuld	[skult]
Schuldgefühl (n)	skuldgevoel	[skultχəful]
Schmach (f)	skande	[skandə]
Protest (m)	protes	[protes]
Stress (m)	stres	[stres]

stören (vt)	steur	[støər]
sich ärgern	woedend wees	[vudent veəs]
ärgerlich	kwaad	[kwāt]
abbrechen (vi)	beëindig	[beɛindəχ]
schelten (vi)	sweer	[sweər]

erschrecken (vi)	skrik	[skrik]
schlagen (vt)	slaan	[slān]
sich prügeln	baklei	[baklæj]

beilegen (Konflikt usw.)	besleg	[besleχ]
unzufrieden	ontevrede	[ontefredə]
wütend	woedend	[vudent]

Das ist nicht gut!	Dis nie goed nie!	[dis ni χut ni!]
Das ist schlecht!	Dis sleg!	[dis sleχ!]

Medizin

71. Krankheiten

Krankheit (f)	siekte	[siktə]
krank sein	siek wees	[sik veəs]
Gesundheit (f)	gesondheid	[χesonthæjt]
Schnupfen (m)	loopneus	[loəpnøəs]
Angina (f)	keelontsteking	[keəl·ontstekiŋ]
Erkältung (f)	verkoue	[ferkæυə]
Bronchitis (f)	bronchitis	[bronχitis]
Lungenentzündung (f)	longontsteking	[loŋ·ontstekiŋ]
Grippe (f)	griep	[χrip]
kurzsichtig	bysiende	[bajsində]
weitsichtig	versiende	[fersində]
Schielen (n)	skeelheid	[skeəlhæjt]
schielend (Adj)	skeel	[skeəl]
grauer Star (m)	katarak	[katarak]
Glaukom (n)	gloukoom	[χlæυkoəm]
Schlaganfall (m)	beroerte	[berurtə]
Infarkt (m)	hartaanval	[hart·ānfal]
Herzinfarkt (m)	hartinfark	[hart·infark]
Lähmung (f)	verlamming	[ferlammiŋ]
lähmen (vt)	verlam	[ferlam]
Allergie (f)	allergie	[allerχi]
Asthma (n)	asma	[asma]
Diabetes (m)	suikersiekte	[sœikər·siktə]
Zahnschmerz (m)	tandpyn	[tand·pajn]
Karies (f)	tandbederf	[tand·bederf]
Durchfall (m)	diarree	[diarreə]
Verstopfung (f)	hardlywigheid	[hardlajviχæjt]
Magenverstimmung (f)	maagongesteldheid	[māχ·oŋəstɛldhæjt]
Vergiftung (f)	voedselvergiftiging	[fudsəl·ferχiftəχiŋ]
Vergiftung bekommen	voedselvergiftiging kry	[fudsəl·ferχiftəχiŋ kraj]
Arthritis (f)	artritis	[artritis]
Rachitis (f)	Engelse siekte	[ɛŋəlsə siktə]
Rheumatismus (m)	reumatiek	[røəmatik]
Atherosklerose (f)	artrosklerose	[artrosklerosə]
Gastritis (f)	maagontsteking	[māχ·ontstekiŋ]
Blinddarmentzündung (f)	blindedermontsteking	[blindəderm·ontstekiŋ]
Cholezystitis (f)	galblaasontsteking	[χalblās·ontstekiŋ]

Geschwür (n)	maagsweer	[mãχsweǝr]
Masern (pl)	masels	[masɛls]
Röteln (pl)	Duitse masels	[dœitsǝ masɛls]
Gelbsucht (f)	geelsug	[χeǝlsuχ]
Hepatitis (f)	hepatitis	[hepatitis]

Schizophrenie (f)	skisofrenie	[skisofreni]
Tollwut (f)	hondsdolheid	[hondsdolhæjt]
Neurose (f)	neurose	[nøǝrosǝ]
Gehirnerschütterung (f)	harsingskudding	[harsiŋ·skuddiŋ]

Krebs (m)	kanker	[kankǝr]
Sklerose (f)	sklerose	[sklerosǝ]
multiple Sklerose (f)	veelvuldige sklerose	[feǝlfuldiχǝ sklerosǝ]

Alkoholismus (m)	alkoholisme	[alkoholismǝ]
Alkoholiker (m)	alkoholikus	[alkoholikus]
Syphilis (f)	sifilis	[sifilis]
AIDS	VIGS	[vigs]

Tumor (m)	tumor	[tumor]
bösartig	kwaadaardig	[kwãdãrdǝχ]
gutartig	goedaardig	[χudãrdǝχ]

Fieber (n)	koors	[koǝrs]
Malaria (f)	malaria	[malaria]
Gangrän (f, n)	gangreen	[χanχreǝn]
Seekrankheit (f)	seesiekte	[seǝ·siktǝ]
Epilepsie (f)	epilepsie	[ɛpilepsi]

Epidemie (f)	epidemie	[ɛpidemi]
Typhus (m)	tifus	[tifus]
Tuberkulose (f)	tuberkulose	[tuberkulosǝ]
Cholera (f)	cholera	[χolera]
Pest (f)	pes	[pes]

72. Symptome. Behandlungen. Teil 1

Symptom (n)	simptoom	[simptoǝm]
Temperatur (f)	temperatuur	[temperatɪr]
Fieber (n)	koors	[koǝrs]
Puls (m)	polsslag	[pols·slaχ]

Schwindel (m)	duiseligheid	[dœiseliχæjt]
heiß (Stirne usw.)	warm	[varm]
Schüttelfrost (m)	koue rillings	[kæʊǝ rilliŋs]
blass (z.B. -es Gesicht)	bleek	[bleǝk]

Husten (m)	hoes	[hus]
husten (vi)	hoes	[hus]
niesen (vi)	nies	[nis]
Ohnmacht (f)	floute	[flæʊtǝ]
ohnmächtig werden	flou word	[flæʊ vort]
blauer Fleck (m)	blou kol	[blæʊ kol]

Beule (f)	knop	[knop]
sich stoßen	stamp	[stamp]
Prellung (f)	besering	[beseriŋ]

hinken (vi)	hink	[hink]
Verrenkung (f)	ontwrigting	[ontwriχtiŋ]
ausrenken (vt)	ontwrig	[ontwrəχ]
Fraktur (f)	breuk	[brøək]
brechen (Arm usw.)	n breuk hê	[n brøək hɛ:]

Schnittwunde (f)	sny	[snaj]
sich schneiden	jouself sny	[jæʊsɛlf snaj]
Blutung (f)	bloeding	[bludiŋ]

Verbrennung (f)	brandwond	[brant·vont]
sich verbrennen	jouself brand	[jæʊsɛlf brant]

stechen (vt)	prik	[prik]
sich stechen	jouself prik	[jæʊsɛlf prik]
verletzen (vt)	seermaak	[seərmāk]
Verletzung (f)	besering	[beseriŋ]
Wunde (f)	wond	[vont]
Trauma (n)	trauma	[trɔuma]

irrereden (vi)	yl	[ajl]
stottern (vi)	stotter	[stottər]
Sonnenstich (m)	sonsteek	[sɔŋ·steək]

73. Symptome. Behandlungen. Teil 2

Schmerz (m)	pyn	[pajn]
Splitter (m)	splinter	[splintər]

Schweiß (m)	sweet	[sweət]
schwitzen (vi)	sweet	[sweət]
Erbrechen (n)	braak	[brāk]
Krämpfe (pl)	stuiptrekkings	[stœip·trɛkkiŋs]

schwanger	swanger	[swaŋər]
geboren sein	gebore word	[χeborə vort]
Geburt (f)	geboorte	[χeboərtə]
gebären (vt)	baar	[bār]
Abtreibung (f)	aborsie	[aborsi]

Atem (m)	asemhaling	[asemhaliŋ]
Atemzug (m)	inaseming	[inasemiŋ]
Ausatmung (f)	uitaseming	[œitasemiŋ]
ausatmen (vt)	uitasem	[œitasem]
einatmen (vt)	inasem	[inasem]

Invalide (m)	invalide	[infalidə]
Krüppel (m)	kreupel	[krøəpəl]
Drogenabhängiger (m)	dwelmslaaf	[dwɛlm·slāf]
taub	doof	[doəf]

| stumm | stom | [stom] |
| taubstumm | doofstom | [doəf·stom] |

verrückt (Adj)	swaksinnig	[swaksinnəχ]
Irre (m)	kranksinnige	[kranksinniχə]
Irre (f)	kranksinnige	[kranksinniχə]
den Verstand verlieren	kranksinnig word	[kranksinnəχ vort]

Gen (n)	geen	[χeən]
Immunität (f)	immuniteit	[immunitæjt]
erblich	erflik	[ɛrflik]
angeboren	aangebore	[ānχəborə]

Virus (m, n)	virus	[firus]
Mikrobe (f)	mikrobe	[mikrobə]
Bakterie (f)	bakterie	[bakteri]
Infektion (f)	infeksie	[infeksi]

74. Symptome. Behandlungen. Teil 3

| Krankenhaus (n) | hospitaal | [hospitāl] |
| Patient (m) | pasiënt | [pasiɛnt] |

Diagnose (f)	diagnose	[diaχnosə]
Heilung (f)	genesing	[χenesiŋ]
Behandlung (f)	mediese behandeling	[medisə behandəliŋ]
Behandlung bekommen	behandeling kry	[behandəliŋ kraj]
behandeln (vt)	behandel	[behandəl]
pflegen (Kranke)	versorg	[fersorχ]
Pflege (f)	versorging	[fersorχiŋ]

Operation (f)	operasie	[operasi]
verbinden (vt)	verbind	[ferbint]
Verband (m)	verband	[ferbant]
Impfung (f)	inenting	[inɛntiŋ]
impfen (vt)	inent	[inɛnt]
Spritze (f)	inspuiting	[inspœitiŋ]

Anfall (m)	aanval	[ānfal]
Amputation (f)	amputasie	[amputasi]
amputieren (vt)	amputeer	[amputeər]
Koma (n)	koma	[koma]
Reanimation (f)	intensiewe sorg	[intɛnsivə sorχ]

genesen von ... (vi)	herstel	[herstəl]
Zustand (m)	kondisie	[kondisi]
Bewusstsein (n)	bewussyn	[bevussajn]
Gedächtnis (n)	geheue	[χəhøe]

ziehen (einen Zahn ~)	trek	[trek]
Plombe (f)	vulsel	[fulsəl]
plombieren (vt)	vul	[ful]
Hypnose (f)	hipnose	[hipnosə]
hypnotisieren (vt)	hipnotiseer	[hipnotiseər]

75. Ärzte

Arzt (m)	dokter	[doktər]
Krankenschwester (f)	verpleegster	[ferpleəχ·stər]
Privatarzt (m)	lyfarts	[lajf·arts]
Zahnarzt (m)	tandarts	[tand·arts]
Augenarzt (m)	oogarts	[oəχ·arts]
Internist (m)	internis	[internis]
Chirurg (m)	chirurg	[ʃirurχ]
Psychiater (m)	psigiater	[psiχiatər]
Kinderarzt (m)	kinderdokter	[kindər·doktər]
Psychologe (m)	sielkundige	[silkundiχə]
Frauenarzt (m)	ginekoloog	[χinekoloəχ]
Kardiologe (m)	kardioloog	[kardioloəχ]

76. Medizin. Medikamente. Accessoires

Arznei (f)	medisyn	[medisajn]
Heilmittel (n)	geneesmiddel	[χeneəs·middəl]
verschreiben (vt)	voorskryf	[foərskrajf]
Rezept (n)	voorskrif	[foərskrif]
Tablette (f)	pil	[pil]
Salbe (f)	salf	[salf]
Ampulle (f)	ampul	[ampul]
Mixtur (f)	mengsel	[meŋsəl]
Sirup (m)	stroop	[stroəp]
Pille (f)	pil	[pil]
Pulver (n)	poeier	[pujer]
Verband (m)	verband	[ferbant]
Watte (f)	watte	[vattə]
Jod (n)	iodium	[iodium]
Pflaster (n)	pleister	[plæjstər]
Pipette (f)	oogdrupper	[oəχ·druppər]
Thermometer (n)	termometer	[termometər]
Spritze (f)	spuitnaald	[spœit·nãlt]
Rollstuhl (m)	rolstoel	[rol·stul]
Krücken (pl)	krukke	[krukkə]
Betäubungsmittel (n)	pynstiller	[pajn·stillər]
Abführmittel (n)	lakseermiddel	[lakseər·middəl]
Spiritus (m)	spiritus	[spiritus]
Heilkraut (n)	geneeskragtige kruie	[χeneəs·kraχtiχə krœiə]
Kräuter- (z.B. Kräutertee)	kruie-	[krœie-]

77. Rauchen. Tabakwaren

Tabak (m)	tabak	[tabak]
Zigarette (f)	sigaret	[siχaret]
Zigarre (f)	sigaar	[siχār]
Pfeife (f)	pyp	[pajp]
Packung (f)	pakkie	[pakki]
Streichhölzer (pl)	vuurhoutjies	[fɪrhæʊkis]
Streichholzschachtel (f)	vuurhoutjiedosie	[fɪrhæʊki·dosi]
Feuerzeug (n)	aansteker	[āŋstekər]
Aschenbecher (m)	asbak	[asbak]
Zigarettenetui (n)	sigarethouer	[siχaret·hæʊər]
Mundstück (n)	sigaretpypie	[siχaret·pajpi]
Filter (n)	filter	[filtər]
rauchen (vi, vt)	rook	[roək]
anrauchen (vt)	aansteek	[āŋsteək]
Rauchen (n)	rook	[roək]
Raucher (m)	roker	[rokər]
Stummel (m)	stompie	[stompi]
Rauch (m)	rook	[roək]
Asche (f)	as	[as]

LEBENSRAUM DES MENSCHEN

Stadt

78. Stadt. Leben in der Stadt

Stadt (f)	stad	[stat]
Hauptstadt (f)	hoofstad	[hoef·stat]
Dorf (n)	dorp	[dorp]

Stadtplan (m)	stadskaart	[stats·kārt]
Stadtzentrum (n)	sentrum	[sentrum]
Vorort (m)	voorstad	[foərstat]
Vorort-	voorstedelik	[foərstedelik]

Stadtrand (m)	buitewyke	[bœitəvajkə]
Umgebung (f)	omgewing	[omχeviŋ]
Stadtviertel (n)	stadswyk	[stats·wajk]
Wohnblock (m)	woonbuurt	[voənbɪrt]

Straßenverkehr (m)	verkeer	[ferkeər]
Ampel (f)	robot	[robot]
Stadtverkehr (m)	openbare vervoer	[openbarə ferfur]
Straßenkreuzung (f)	kruispunt	[krœis·punt]

Übergang (m)	sebraoorgang	[sebra·oərχaŋ]
Fußgängerunterführung (f)	voetgangertonnel	[futχaŋər·tonnəl]
überqueren (vt)	oorsteek	[oərsteək]
Fußgänger (m)	voetganger	[futχaŋər]
Gehweg (m)	sypaadjie	[saj·pādʒi]

Brücke (f)	brug	[bruχ]
Kai (m)	wal	[val]
Springbrunnen (m)	fontein	[fontæjn]

Allee (f)	laning	[laniŋ]
Park (m)	park	[park]
Boulevard (m)	boulevard	[bulefar]
Platz (m)	plein	[plæjn]
Avenue (f)	laan	[lān]
Straße (f)	straat	[strāt]
Gasse (f)	systraat	[saj·strāt]
Sackgasse (f)	doodloopstraat	[doədloəp·strāt]

Haus (n)	huis	[hœis]
Gebäude (n)	gebou	[χebæʊ]
Wolkenkratzer (m)	wolkekrabber	[volke·krabbər]
Fassade (f)	gewel	[χevəl]
Dach (n)	dak	[dak]

Fenster (n)	venster	[fɛŋstər]
Bogen (m)	arkade	[arkadə]
Säule (f)	kolom	[kolom]
Ecke (f)	hoek	[huk]

Schaufenster (n)	uitstalraam	[œitstalrām]
Firmenschild (n)	reklamebord	[reklame·bort]
Anschlag (m)	plakkaat	[plakkāt]
Werbeposter (m)	reklameplakkaat	[reklame·plakkāt]
Werbeschild (n)	aanplakbord	[ānplakbort]

Müll (m)	vullis	[fullis]
Mülleimer (m)	vullisbak	[fullis·bak]
Abfall wegwerfen	rommel strooi	[rommel stroj]
Mülldeponie (f)	vullishoop	[fullis·hoəp]

Telefonzelle (f)	telefoonhokkie	[telefoən·hokki]
Straßenlaterne (f)	lamppaal	[lamp·pāl]
Bank (Park-)	bank	[bank]

Polizist (m)	polisieman	[polisi·man]
Polizei (f)	polisie	[polisi]
Bettler (m)	bedelaar	[bedelār]
Obdachlose (m)	daklose	[daklose]

79. Innerstädtische Einrichtungen

Laden (m)	winkel	[vinkəl]
Apotheke (f)	apteek	[apteək]
Optik (f)	optisiën	[optisiɛn]
Einkaufszentrum (n)	winkelsentrum	[vinkəl·sentrum]
Supermarkt (m)	supermark	[supermark]

Bäckerei (f)	bakkery	[bakkeraj]
Bäcker (m)	bakker	[bakkər]
Konditorei (f)	banketbakkery	[banket·bakkeraj]
Lebensmittelladen (m)	kruidenierswinkel	[krœidenirs·vinkəl]
Metzgerei (f)	slagter	[slaχtər]

| Gemüseladen (m) | groentewinkel | [χruntə·vinkəl] |
| Markt (m) | mark | [mark] |

Kaffeehaus (n)	koffiekroeg	[koffi·kruχ]
Restaurant (n)	restaurant	[restourant]
Bierstube (f)	kroeg	[kruχ]
Pizzeria (f)	pizzeria	[pizzeria]

Friseursalon (m)	haarsalon	[hār·salon]
Post (f)	poskantoor	[pos·kantoər]
chemische Reinigung (f)	droogskoonmakers	[droəχ·skoən·makers]
Fotostudio (n)	fotostudio	[foto·studio]

| Schuhgeschäft (n) | skoenwinkel | [skun·vinkəl] |
| Buchhandlung (f) | boekhandel | [buk·handəl] |

Sportgeschäft (n)	sportwinkel	[sport·vinkəl]
Kleiderreparatur (f)	klereherstelwinkel	[klerə·herstəl·vinkəl]
Bekleidungsverleih (m)	klereverhuurwinkel	[klerə·ferhɪr·vinkəl]
Videothek (f)	videowinkel	[video·vinkəl]

Zirkus (m)	sirkus	[sirkus]
Zoo (m)	dieretuin	[dirə·tœin]
Kino (n)	bioskoop	[bioskoəp]
Museum (n)	museum	[musøəm]
Bibliothek (f)	biblioteek	[biblioteək]

Theater (n)	teater	[teatər]
Opernhaus (n)	opera	[opera]
Nachtklub (m)	nagklub	[naχ·klup]
Kasino (n)	kasino	[kasino]

Moschee (f)	moskee	[moskeə]
Synagoge (f)	sinagoge	[sinaχoχə]
Kathedrale (f)	katedraal	[katedrāl]
Tempel (m)	tempel	[tempəl]
Kirche (f)	kerk	[kerk]

Institut (n)	kollege	[kolledʒ]
Universität (f)	universiteit	[unifersitæjt]
Schule (f)	skool	[skoəl]

Präfektur (f)	stadhuis	[stat·hœis]
Rathaus (n)	stadhuis	[stat·hœis]
Hotel (n)	hotel	[hotəl]
Bank (f)	bank	[bank]

Botschaft (f)	ambassade	[ambassadə]
Reisebüro (n)	reisagentskap	[ræjs·aχentskap]
Informationsbüro (n)	inligtingskantoor	[inliχtiŋs·kantoər]
Wechselstube (f)	wisselkantoor	[vissəl·kantoər]

| U-Bahn (f) | metro | [metro] |
| Krankenhaus (n) | hospitaal | [hospitāl] |

| Tankstelle (f) | petrolstasie | [petrol·stasi] |
| Parkplatz (m) | parkeerterrein | [parkeer·terræjn] |

80. Schilder

Firmenschild (n)	reklamebord	[reklame·bort]
Aufschrift (f)	kennisgewing	[kɛnnis·χeviŋ]
Plakat (n)	plakkaat	[plakkāt]
Wegweiser (m)	rigtingwyser	[riχtiŋ·wajsər]
Pfeil (m)	pyl	[pajl]

Vorsicht (f)	waarskuwing	[vārskuviŋ]
Warnung (f)	waarskuwingsbord	[vārskuviŋs·bort]
warnen (vt)	waarsku	[vārsku]
freier Tag (m)	rusdag	[rusdaχ]

| Fahrplan (m) | diensrooster | [diŋs·roester] |
| Öffnungszeiten (pl) | besigheidsure | [besiχæjts·ure] |

HERZLICH WILLKOMMEN!	WELKOM!	[vɛlkom!]
EINGANG	INGANG	[inχaŋ]
AUSGANG	UITGANG	[œitχaŋ]

DRÜCKEN	STOOT	[stoet]
ZIEHEN	TREK	[trek]
GEÖFFNET	OOP	[oep]
GESCHLOSSEN	GESLUIT	[χeslœit]

| DAMEN, FRAUEN | DAMES | [dames] |
| HERREN, MÄNNER | MANS | [maŋs] |

AUSVERKAUF	AFSLAG	[afslaχ]
REDUZIERT	UITVERKOPING	[œitferkopiŋ]
NEU!	NUUT!	[nɪt!]
GRATIS	GRATIS	[χratis]

ACHTUNG!	PAS OP!	[pas op!]
ZIMMER BELEGT	VOLBESPREEK	[folbespreek]
RESERVIERT	BESPREEK	[bespreek]

| VERWALTUNG | ADMINISTRASIE | [administrasi] |
| NUR FÜR PERSONAL | SLEGS PERSONEEL | [sleχs personeel] |

VORSICHT BISSIGER HUND	PAS OP VIR DIE HOND!	[pas op fir di hont!]
RAUCHEN VERBOTEN!	ROOK VERBODE	[roek ferbode]
BITTE NICHT BERÜHREN	NIE AANRAAK NIE!	[ni ānrāk ni!]

GEFÄHRLICH	GEVAARLIK	[χefārlik]
VORSICHT!	GEVAAR	[χefār]
HOCHSPANNUNG	HOOGSPANNING	[hoeχ·spanniŋ]
BADEN VERBOTEN	NIE SWEM NIE	[ni swem ni]
AUßER BETRIEB	BUITE WERKING	[bœite verkiŋ]

LEICHTENTZÜNDLICH	ONTVLAMBAAR	[ontflambār]
VERBOTEN	VERBODE	[ferbode]
DURCHGANG VERBOTEN	TOEGANG VERBODE!	[tuχaŋ ferbode!]
FRISCH GESTRICHEN	NAT VERF	[nat ferf]

81. Innerstädtischer Transport

Bus (m)	bus	[bus]
Straßenbahn (f)	trem	[trem]
Obus (m)	trembus	[trembus]
Linie (f)	busroete	[bus·rute]
Nummer (f)	nommer	[nommer]

mit ... fahren	ry per ...	[raj per ...]
einsteigen (vi)	inklim	[inklim]
aussteigen (aus dem Bus)	uitklim ...	[œitklim ...]

Haltestelle (f)	halte	[haltə]
nächste Haltestelle (f)	volgende halte	[folχendə haltə]
Endhaltestelle (f)	eindpunt	[æjnd·punt]
Fahrplan (m)	diensrooster	[diŋs·roəstər]
warten (vi, vt)	wag	[vaχ]

| Fahrkarte (f) | kaartjie | [kārki] |
| Fahrpreis (m) | reistarief | [ræjs·tarif] |

Kassierer (m)	kaartjieverkoper	[kārki·ferkopər]
Fahrkartenkontrolle (f)	kaartjiekontrole	[kārki·kontrolə]
Fahrkartenkontrolleur (m)	kontroleur	[kontroløər]

sich verspäten	laat wees	[lāt veəs]
versäumen (Zug usw.)	mis	[mis]
sich beeilen	haastig wees	[hāstəχ veəs]

Taxi (n)	taxi	[taksi]
Taxifahrer (m)	taxibestuurder	[taksi·bestɪrdər]
mit dem Taxi	per taxi	[pər taksi]
Taxistand (m)	taxistaanplek	[taksi·stānplek]

Straßenverkehr (m)	verkeer	[ferkeər]
Stau (m)	verkeersknoop	[ferkeərs·knoəp]
Hauptverkehrszeit (f)	spitsuur	[spits·ɪr]
parken (vi)	parkeer	[parkeər]
parken (vt)	parkeer	[parkeər]
Parkplatz (m)	parkeerterrein	[parkeər·terræjn]

U-Bahn (f)	metro	[metro]
Station (f)	stasie	[stasi]
mit der U-Bahn fahren	die metro vat	[di metro fat]
Zug (m)	trein	[træjn]
Bahnhof (m)	treinstasie	[træjn·stasi]

82. Sehenswürdigkeiten

Denkmal (n)	monument	[monument]
Festung (f)	fort	[fort]
Palast (m)	paleis	[palæjs]
Schloss (n)	kasteel	[kasteəl]
Turm (m)	toring	[toriŋ]
Mausoleum (n)	mausoleum	[mɔusoløəm]

Architektur (f)	argitektuur	[arχitektɪr]
mittelalterlich	Middeleeus	[middeliʊs]
alt (antik)	oud	[æʊt]
national	nasionaal	[naʃionāl]
berühmt	bekend	[bekent]

Tourist (m)	toeris	[turis]
Fremdenführer (m)	gids	[χids]
Ausflug (m)	uitstappie	[œitstappi]
zeigen (vt)	wys	[vajs]

erzählen (vt)	vertel	[fertəl]
finden (vt)	vind	[fint]
sich verlieren	verdwaal	[ferdwāl]
Karte (U-Bahn ~)	kaart	[kārt]
Karte (Stadt-)	kaart	[kārt]

Souvenir (n)	aandenking	[āndenkiŋ]
Souvenirladen (m)	geskenkwinkel	[χeskɛnk·vinkəl]
fotografieren (vt)	fotografeer	[fotoχrafeər]
sich fotografieren	jou portret laat maak	[jæʊ portret lāt māk]

83. Shopping

kaufen (vt)	koop	[koəp]
Einkauf (m)	aankoop	[ānkoəp]
einkaufen gehen	inkopies doen	[inkopis dʊn]
Einkaufen (n)	inkoop	[inkoəp]

offen sein (Laden)	oop wees	[oəp veəs]
zu sein	toe wees	[tu veəs]

Schuhe (pl)	skoeisel	[skuisəl]
Kleidung (f)	klere	[klerə]
Kosmetik (f)	kosmetika	[kosmetika]
Lebensmittel (pl)	voedingsware	[fudiŋs·warə]
Geschenk (n)	present	[present]

Verkäufer (m)	verkoper	[ferkopər]
Verkäuferin (f)	verkoopsdame	[ferkoəps·damə]

Kasse (f)	kassier	[kassir]
Spiegel (m)	spieël	[spiɛl]
Ladentisch (m)	toonbank	[toən·bank]
Umkleidekabine (f)	paskamer	[pas·kamər]

anprobieren (vt)	aanpas	[ānpas]
passen (Schuhe, Kleid)	pas	[pas]
gefallen (vi)	hou van	[hæʊ fan]

Preis (m)	prys	[prajs]
Preisschild (n)	pryskaartjie	[prajs·kārki]
kosten (vt)	kos	[kos]
Wie viel?	Hoeveel?	[hufeəl?]
Rabatt (m)	afslag	[afslaχ]

preiswert	billik	[billik]
billig	goedkoop	[χudkoəp]
teuer	duur	[dɪr]
Das ist teuer	dis duur	[dis dɪr]

Verleih (m)	verhuur	[ferhɪr]
leihen, mieten (ein Auto usw.)	verhuur	[ferhɪr]
Kredit (m), Darlehen (n)	krediet	[kredit]
auf Kredit	op krediet	[op kredit]

84. Geld

Geld (n)	geld	[χɛlt]
Austausch (m)	valutaruil	[faluta·rœil]
Kurs (m)	wisselkoers	[vissəl·kurs]
Geldautomat (m)	OTM	[o·te·em]
Münze (f)	muntstuk	[muntstuk]
Dollar (m)	dollar	[dollar]
Euro (m)	euro	[øəro]
Lira (f)	lira	[lira]
Mark (f)	Duitse mark	[dœitsə mark]
Franken (m)	frank	[frank]
Pfund Sterling (n)	pond sterling	[pont sterliŋ]
Yen (m)	yen	[jɛn]
Schulden (pl)	skuld	[skult]
Schuldner (m)	skuldenaar	[skuldenãr]
leihen (vt)	uitleen	[œitleən]
leihen, borgen (Geld usw.)	leen	[leən]
Bank (f)	bank	[bank]
Konto (n)	rekening	[rekəniŋ]
einzahlen (vt)	deponeer	[deponeər]
abheben (vt)	trek	[trek]
Kreditkarte (f)	kredietkaart	[kredit·kãrt]
Bargeld (n)	kontant	[kontant]
Scheck (m)	tjek	[ʧek]
Scheckbuch (n)	tjekboek	[ʧek·buk]
Geldtasche (f)	beursie	[bøərsi]
Geldbeutel (m)	muntstukbeursie	[muntstuk·bøərsi]
Safe (m)	brandkas	[brant·kas]
Erbe (m)	erfgenaam	[ɛrfχənãm]
Erbschaft (f)	erfenis	[ɛrfenis]
Vermögen (n)	fortuin	[fortœin]
Pacht (f)	huur	[hɪr]
Miete (f)	huur	[hɪr]
mieten (vt)	huur	[hɪr]
Preis (m)	prys	[prajs]
Kosten (pl)	prys	[prajs]
Summe (f)	som	[som]
ausgeben (vt)	spandeer	[spandeər]
Ausgaben (pl)	onkoste	[onkostə]
sparen (vt)	besuinig	[besœinəχ]
sparsam	ekonomies	[ɛkonomis]
zahlen (vt)	betaal	[betãl]
Lohn (m)	betaling	[betaliŋ]

Wechselgeld (n)	wisselgeld	[vissəl·χɛlt]
Steuer (f)	belasting	[belastiŋ]
Geldstrafe (f)	boete	[butə]
bestrafen (vt)	beboet	[bebut]

85. Post. Postdienst

Post (Postamt)	poskantoor	[pos·kantoər]
Post (Postsendungen)	pos	[pos]
Briefträger (m)	posbode	[pos·bodə]
Öffnungszeiten (pl)	besigheidsure	[besiχæjts·urə]

Brief (m)	brief	[brif]
Einschreibebrief (m)	geregistreerde brief	[χereχistreerdə brif]
Postkarte (f)	poskaart	[pos·kārt]
Telegramm (n)	telegram	[teleχram]
Postpaket (n)	pakkie	[pakki]
Geldanweisung (f)	geldoorplasing	[χɛld·oərplasiŋ]

bekommen (vt)	ontvang	[ontfaŋ]
abschicken (vt)	stuur	[stʏr]
Absendung (f)	versending	[fersendiŋ]

Postanschrift (f)	adres	[adres]
Postleitzahl (f)	poskode	[pos·kodə]
Absender (m)	sender	[sendər]
Empfänger (m)	ontvanger	[ontfaŋər]

| Vorname (m) | voornaam | [foərnām] |
| Nachname (m) | van | [fan] |

Tarif (m)	postarief	[pos·tarif]
Standard- (Tarif)	standaard	[standārt]
Spar- (-tarif)	ekonomies	[ɛkonomis]

Gewicht (n)	gewig	[χeveχ]
abwiegen (vt)	weeg	[veəχ]
Briefumschlag (m)	koevert	[kufert]
Briefmarke (f)	posseël	[pos·seɛl]

Wohnung. Haus. Zuhause

86. Haus. Wohnen

Haus (n)	huis	[hœis]
zu Hause	tuis	[tœis]
Hof (m)	werf	[vɐrf]
Zaun (m)	omheining	[omhæjniŋ]
Ziegel (m)	baksteen	[baksteən]
Ziegel-	baksteen-	[baksteən-]
Stein (m)	klip	[klip]
Stein-	klip-	[klip-]
Beton (m)	beton	[beton]
Beton-	beton-	[beton-]
neu	nuut	[nɪt]
alt	ou	[æʊ]
baufällig	vervalle	[ferfallə]
modern	moderne	[modernə]
mehrstöckig	multiverdieping-	[multi·ferdipiŋ-]
hoch	hoë	[hoɛ]
Stock (m)	verdieping	[ferdipiŋ]
einstöckig	enkelverdieping	[ɛnkəl·ferdipiŋ]
Erdgeschoß (n)	eerste verdieping	[eərstə ferdipiŋ]
oberster Stock (m)	boonste verdieping	[boəŋstə verdipiŋ]
Dach (n)	dak	[dak]
Schlot (m)	skoorsteen	[skoərsteən]
Dachziegel (m)	dakteëls	[dakteɛls]
Dachziegel-	geteël	[χeteɛl]
Dachboden (m)	solder	[soldər]
Fenster (n)	venster	[fɛŋstər]
Glas (n)	glas	[χlas]
Fensterbrett (n)	vensterbank	[fɛŋstər·bank]
Fensterläden (pl)	luik	[lœik]
Wand (f)	muur	[mɪr]
Balkon (m)	balkon	[balkon]
Regenfallrohr (n)	reënpyp	[reɛn·pajp]
nach oben	bo	[bo]
hinaufgehen (vi)	boontoe gaan	[boentu χān]
herabsteigen (vi)	afkom	[afkom]
umziehen (vi)	verhuis	[ferhœis]

87. Haus. Eingang. Lift

Eingang (m)	ingang	[inχaŋ]
Treppe (f)	trap	[trap]
Stufen (pl)	treetjies	[treəkis]
Geländer (n)	leuning	[løəniŋ]
Halle (f)	voorportaal	[foər·portāl]

Briefkasten (m)	posbus	[pos·bus]
Müllkasten (m)	vullisblik	[fullis·blik]
Müllschlucker (m)	vullisgeut	[fullis·χøət]

Aufzug (m)	hysbak	[hajsbak]
Lastenaufzug (m)	vraghysbak	[fraχ·hajsbak]
Aufzugkabine (f)	hysbak	[hajsbak]
Aufzug nehmen	hysbak neem	[hajsbak neəm]

Wohnung (f)	woonstel	[voəŋstəl]
Mieter (pl)	bewoners	[bevoners]
Nachbar (m)	buurman	[bɪrman]
Nachbarin (f)	buurvrou	[bɪrfræʊ]
Nachbarn (pl)	bure	[burə]

88. Haus. Elektrizität

Elektrizität (f)	krag, elektrisiteit	[kraχ], [elektrisitæjt]
Glühbirne (f)	gloeilamp	[χlui·lamp]
Schalter (m)	skakelaar	[skakəlār]
Sicherung (f)	sekering	[sekəriŋ]

Draht (m)	kabel	[kabəl]
Leitung (f)	bedrading	[bedradiŋ]
Stromzähler (m)	kragmeter	[kraχ·metər]
Zählerstand (m)	lesings	[lesiŋs]

89. Haus. Türen. Schlösser

Tür (f)	deur	[døər]
Tor (der Villa usw.)	hek	[hek]
Griff (m)	deurknop	[døər·knop]
aufschließen (vt)	oopsluit	[oəpslœit]
öffnen (vt)	oopmaak	[oəpmāk]
schließen (vt)	sluit	[slœit]

Schlüssel (m)	sleutel	[sløətəl]
Bündel (n)	bos	[bos]
knarren (vi)	kraak	[krāk]
Knarren (n)	gekraak	[χekrāk]
Türscharnier (n)	skarnier	[skarnir]
Fußmatte (f)	deurmat	[døər·mat]
Schloss (n)	deurslot	[døər·slot]

Schlüsselloch (n)	sleutelgat	[sløətəl·χat]
Türriegel (m)	grendel	[χrendəl]
kleiner Türriegel (m)	deurknip	[døər·knip]
Vorhängeschloss (n)	hangslot	[haŋslot]
klingeln (vi)	lui	[lœi]
Klingel (Laut)	gelui	[χelœi]
Türklingel (f)	deurklokkie	[døər·klokki]
Knopf (m)	belknoppie	[bɛl·knoppi]
Klopfen (n)	klop	[klop]
anklopfen (vi)	klop	[klop]
Code (m)	kode	[kodə]
Zahlenschloss (n)	kombinasieslot	[kombinasi·slot]
Sprechanlage (f)	interkom	[interkom]
Nummer (f)	nommer	[nommər]
Türschild (n)	naambordjie	[nãm·bordʒi]
Türspion (m)	loergaatjie	[lurχãki]

90. Landhaus

Dorf (n)	dorp	[dorp]
Gemüsegarten (m)	groentetuin	[χruntə·tœin]
Zaun (m)	heining	[hæjniŋ]
Lattenzaun (m)	spitspaalheining	[spitspāl·hæjniŋ]
Zauntür (f)	tuinhekkie	[tœin·hɛkki]
Speicher (m)	graanstoorplek	[χrāŋ·stoərplek]
Keller (m)	wortelkelder	[vortəl·keldər]
Schuppen (m)	tuinhuisie	[tœin·hœisi]
Brunnen (m)	waterput	[vatər·put]
Ofen (m)	houtkaggel	[hæʊt·kaχχəl]
heizen (Ofen ~)	die houtkaggel stook	[di hæʊt·kaχχəl stoək]
Holz (n)	brandhout	[brant·hæʊt]
Holzscheit (n)	stomp	[stomp]
Veranda (f)	stoep	[stup]
Terrasse (f)	dek	[dek]
Außentreppe (f)	ingangstrappie	[inχaŋs·trappi]
Schaukel (f)	swaai	[swãi]

91. Villa. Schloss

Landhaus (n)	buitewoning	[bœitə·voniŋ]
Villa (f)	landhuis	[land·hœis]
Flügel (m)	vleuel	[fløəəl]
Garten (m)	tuin	[tœin]
Park (m)	park	[park]
Orangerie (f)	tropiese kweekhuis	[tropisə kweək·hœis]
pflegen (Garten usw.)	versorg	[fersorχ]

Schwimmbad (n)	swembad	[swem·bat]
Kraftraum (m)	gim	[χim]
Tennisplatz (m)	tennisbaan	[tɛnnis·bān]
Heimkinoraum (m)	huisteater	[hœis·teatər]
Garage (f)	garage	[χaraʒə]

Privateigentum (n)	privaat besit	[prifāt besit]
Privatgrundstück (n)	privaateiendom	[prifāt·æjendom]

Warnung (f)	waarskuwing	[vārskuviŋ]
Warnschild (n)	waarskuwingsbord	[vārskuviŋs·bort]

Bewachung (f)	sekuriteit	[sekuritæjt]
Wächter (m)	veiligheidswag	[fæjliχæjts·waχ]
Alarmanlage (f)	diefalarm	[dif·alarm]

92. Burg. Palast

Schloss (n)	kasteel	[kasteəl]
Palast (m)	paleis	[palæjs]
Festung (f)	fort	[fort]

Mauer (f)	ringmuur	[riŋ·mɪr]
Turm (m)	toring	[toriŋ]
Bergfried (m)	toring	[toriŋ]

Fallgatter (n)	valhek	[falhek]
Tunnel (n)	tonnel	[tonnəl]
Graben (m)	grag	[χraχ]
Kette (f)	ketting	[kɛttiŋ]
Schießscharte (f)	skietgat	[skitχat]

großartig, prächtig	pragtig	[praχtəχ]
majestätisch	majestueus	[majestuøəs]
unnahbar	onneembaar	[onneəmbār]
mittelalterlich	Middeleeus	[middeliʊs]

93. Wohnung

Wohnung (f)	woonstel	[voəŋstəl]
Zimmer (n)	kamer	[kamər]
Schlafzimmer (n)	slaapkamer	[slāp·kamər]
Esszimmer (n)	eetkamer	[eet·kamər]
Wohnzimmer (n)	sitkamer	[sit·kamər]
Arbeitszimmer (n)	studeerkamer	[studeər·kamər]
Vorzimmer (n)	ingangsportaal	[inχaŋs·portāl]
Badezimmer (n)	badkamer	[bad·kamər]
Toilette (f)	toilet	[tojlet]

Decke (f)	plafon	[plafon]
Fußboden (m)	vloer	[flur]
Ecke (f)	hoek	[huk]

94. Wohnung. Saubermachen

aufräumen (vt)	skoonmaak	[skoɘnmāk]
weglegen (vt)	bêre	[bærɘ]
Staub (m)	stof	[stof]
staubig	stoffig	[stoffɘχ]
Staub abwischen	afstof	[afstof]
Staubsauger (m)	stofsuier	[stof·sœiɘr]
Staub saugen	stofsuig	[stofsœiχ]
kehren, fegen (vt)	vee	[feɘ]
Kehricht (m, n)	veegsel	[feɘχsɘl]
Ordnung (f)	orde	[ordɘ]
Unordnung (f)	wanorde	[vanordɘ]
Schrubber (m)	mop	[mop]
Lappen (m)	stoflap	[stoflap]
Besen (m)	kort besem	[kort besem]
Kehrichtschaufel (f)	skoppie	[skoppi]

95. Möbel. Innenausstattung

Möbel (n)	meubels	[møɘbɛls]
Tisch (m)	tafel	[tafel]
Stuhl (m)	stoel	[stul]
Bett (n)	bed	[bet]
Sofa (n)	rusbank	[rusbank]
Sessel (m)	gemakstoel	[χemak·stul]
Bücherschrank (m)	boekkas	[buk·kas]
Regal (n)	rak	[rak]
Schrank (m)	klerekas	[klerɘ·kas]
Hakenleiste (f)	kapstok	[kapstok]
Kleiderständer (m)	kapstok	[kapstok]
Kommode (f)	laaikas	[lājkas]
Couchtisch (m)	koffietafel	[koffi·tafɘl]
Spiegel (m)	spieël	[spiɛl]
Teppich (m)	mat	[mat]
Matte (kleiner Teppich)	matjie	[maki]
Kamin (m)	vuurherd	[fɪr·hert]
Kerze (f)	kers	[kers]
Kerzenleuchter (m)	kandelaar	[kandelār]
Vorhänge (pl)	gordyne	[χordajnɘ]
Tapete (f)	muurpapier	[mɪr·papir]
Jalousie (f)	blindings	[blindiŋs]
Tischlampe (f)	tafellamp	[tafel·lamp]
Leuchte (f)	muurlamp	[mɪr·lamp]

| Stehlampe (f) | staanlamp | [stān·lamp] |
| Kronleuchter (m) | kroonlugter | [kroǝn·luχtǝr] |

Bein (Tischbein usw.)	poot	[poǝt]
Armlehne (f)	armleuning	[arm·løǝniŋ]
Lehne (f)	rugleuning	[ruχ·løǝniŋ]
Schublade (f)	laai	[lāi]

96. Bettwäsche

Bettwäsche (f)	beddegoed	[beddǝ·χut]
Kissen (n)	kussing	[kussiŋ]
Kissenbezug (m)	kussingsloop	[kussiŋ·sloǝp]
Bettdecke (f)	duvet	[dufet]
Laken (n)	laken	[laken]
Tagesdecke (f)	bedsprei	[bed·spræj]

97. Küche

Küche (f)	kombuis	[kombœis]
Gas (n)	gas	[χas]
Gasherd (m)	gasstoof	[χas·stoǝf]
Elektroherd (m)	elektriese stoof	[elektrisǝ stoǝf]
Backofen (m)	oond	[oent]
Mikrowellenherd (m)	mikrogolfoond	[mikroχolf·oent]

Kühlschrank (m)	yskas	[ajs·kas]
Tiefkühltruhe (f)	vrieskas	[friskas]
Geschirrspülmaschine (f)	skottelgoedwasser	[skottɛlχud·wassǝr]

Fleischwolf (m)	vleismeul	[flæjs·møǝl]
Saftpresse (f)	versapper	[fersappǝr]
Toaster (m)	broodrooster	[broǝd·roǝstǝr]
Mixer (m)	menger	[meŋǝr]

Kaffeemaschine (f)	koffiemasjien	[koffi·maʃin]
Kaffeekanne (f)	koffiepot	[koffi·pot]
Kaffeemühle (f)	koffiemeul	[koffi·møǝl]

Wasserkessel (m)	fluitketel	[flœit·ketǝl]
Teekanne (f)	teepot	[teǝ·pot]
Deckel (m)	deksel	[deksǝl]
Teesieb (n)	teesiffie	[teǝ·siffi]

Löffel (m)	lepel	[lepǝl]
Teelöffel (m)	teelepeltjie	[teǝ·lepǝlki]
Esslöffel (m)	soplepel	[sop·lepǝl]
Gabel (f)	vurk	[furk]
Messer (n)	mes	[mes]

| Geschirr (n) | tafelgerei | [tafel·χeræj] |
| Teller (m) | bord | [bort] |

Untertasse (f)	piering	[pirin]
Schnapsglas (n)	likeurglas	[likøǝr·χlas]
Glas (n)	glas	[χlas]
Tasse (f)	koppie	[koppi]

Zuckerdose (f)	suikerpot	[sœikǝr·pot]
Salzstreuer (m)	soutvaatjie	[sæʊt·fāki]
Pfefferstreuer (m)	pepervaatjie	[pepǝr·fāki]
Butterdose (f)	botterbakkie	[bottǝr·bakki]

Kochtopf (m)	soppot	[sop·pot]
Pfanne (f)	braaipan	[brāj·pan]
Schöpflöffel (m)	opskeplepel	[opskep·lepǝl]
Durchschlag (m)	vergiet	[ferχit]
Tablett (n)	skinkbord	[skink·bort]

Flasche (f)	bottel	[bottǝl]
Glas (Einmachglas)	fles	[fles]
Dose (f)	blikkie	[blikki]

Flaschenöffner (m)	botteloopmaker	[bottǝl·oǝpmakǝr]
Dosenöffner (m)	blikoopmaker	[blik·oǝpmakǝr]
Korkenzieher (m)	kurktrekker	[kurk·trɛkkǝr]
Filter (n)	filter	[filtǝr]
filtern (vt)	filter	[filtǝr]

| Müll (m) | vullis | [fullis] |
| Mülleimer, Treteimer (m) | vullisbak | [fullis·bak] |

98. Bad

Badezimmer (n)	badkamer	[bad·kamǝr]
Wasser (n)	water	[vatǝr]
Wasserhahn (m)	kraan	[krǎn]
Warmwasser (n)	warme water	[varmǝ vatǝr]
Kaltwasser (n)	koue water	[kæʊǝ vatǝr]

Zahnpasta (f)	tandepasta	[tandǝ·pasta]
Zähne putzen	tande borsel	[tandǝ borsǝl]
Zahnbürste (f)	tandeborsel	[tandǝ·borsǝl]

sich rasieren	skeer	[skeǝr]
Rasierschaum (m)	skeerroom	[skeǝr·roǝm]
Rasierer (m)	skeermes	[skeǝr·mes]

waschen (vt)	was	[vas]
sich waschen	bad	[bat]
Dusche (f)	stort	[stort]
sich duschen	stort	[stort]

Badewanne (f)	bad	[bat]
Klosettbecken (n)	toilet	[tojlet]
Waschbecken (n)	wasbak	[vas·bak]
Seife (f)	seep	[seǝp]

Seifenschale (f)	seepbakkie	[seəp·bakki]
Schwamm (m)	spons	[spɔŋs]
Shampoo (n)	sjampoe	[ʃampu]
Handtuch (n)	handdoek	[handduk]
Bademantel (m)	badjas	[batjas]

Wäsche (f)	was	[vas]
Waschmaschine (f)	wasmasjien	[vas·maʃin]
waschen (vt)	die wasgoed was	[di vasχut vas]
Waschpulver (n)	waspoeier	[vas·pujer]

99. Haushaltsgeräte

Fernseher (m)	TV-stel	[te·fe·stəl]
Tonbandgerät (n)	bandspeler	[band·speler]
Videorekorder (m)	videomasjien	[video·maʃin]
Empfänger (m)	radio	[radio]
Player (m)	speler	[speler]

Videoprojektor (m)	videoprojektor	[video·projektor]
Heimkino (n)	tuisfliekteater	[tœis·flik·teater]
DVD-Player (m)	DVD-speler	[de·fe·de-speler]
Verstärker (m)	versterker	[fersterker]
Spielkonsole (f)	videokonsole	[video·kɔŋsole]

Videokamera (f)	videokamera	[video·kamera]
Kamera (f)	kamera	[kamera]
Digitalkamera (f)	digitale kamera	[diχitale kamera]

Staubsauger (m)	stofsuier	[stof·sœier]
Bügeleisen (n)	strykyster	[strajk·ajster]
Bügelbrett (n)	strykplank	[strajk·plank]

Telefon (n)	telefoon	[telefoən]
Mobiltelefon (n)	selfoon	[sɛlfoən]
Schreibmaschine (f)	tikmasjien	[tik·maʃin]
Nähmaschine (f)	naaimasjien	[naj·maʃin]

Mikrophon (n)	mikrofoon	[mikrofoən]
Kopfhörer (m)	koptelefoon	[kop·telefoən]
Fernbedienung (f)	afstandsbeheer	[afstands·beheer]

CD (f)	CD	[se·de]
Kassette (f)	kasset	[kasset]
Schallplatte (f)	plaat	[plät]

100. Reparaturen. Renovierung

Renovierung (f)	opknapwerk	[opknap·werk]
renovieren (vt)	opknap	[opknap]
reparieren (vt)	herstel	[herstel]
in Ordnung bringen	aan kant maak	[än kant mäk]

noch einmal machen	oordoen	[oərdun]
Farbe (f)	verf	[ferf]
streichen (vt)	verf	[ferf]
Anstreicher (m)	skilder	[skildər]
Pinsel (m)	verfborsel	[ferf·borsəl]

Kalkfarbe (f)	witkalk	[vitkalk]
weißen (vt)	wit	[vit]

Tapete (f)	muurpapier	[mɪr·papir]
tapezieren (vt)	behang	[behaŋ]
Lack (z.B. Parkettlack)	vernis	[fernis]
lackieren (vt)	vernis	[fernis]

101. Rohrleitungen

Wasser (n)	water	[vatər]
Warmwasser (n)	warme water	[varmə vatər]
Kaltwasser (n)	koue water	[kæʊə vatər]
Wasserhahn (m)	kraan	[krãn]

Tropfen (m)	druppel	[druppəl]
tropfen (vi)	drup	[drup]
durchsickern (vi)	lek	[lek]
Leck (n)	lekkasie	[lɛkkasi]
Lache (f)	poeletjie	[puləki]

Rohr (n)	pyp	[pajp]
Ventil (n)	kraan	[krãn]
sich verstopfen	verstop raak	[ferstop rãk]

Werkzeuge (pl)	gereedskap	[χereədskap]
Engländer (m)	skroefsleutel	[skruf·sløətəl]
abdrehen (vt)	losskroef	[losskruf]
zudrehen (vt)	vasskroef	[fasskruf]

reinigen (Rohre ~)	oopmaak	[oəpmãk]
Klempner (m)	loodgieter	[loədχitər]
Keller (m)	kelder	[kɛldər]
Kanalisation (f)	riolering	[rioleriŋ]

102. Feuer. Brand

Feuer (n)	brand	[brant]
Flamme (f)	vlam	[flam]
Funke (m)	vonk	[fonk]
Rauch (m)	rook	[roək]
Fackel (f)	fakkel	[fakkel]
Lagerfeuer (n)	kampvuur	[kampfɪr]

Benzin (n)	petrol	[petrol]
Kerosin (n)	kerosien	[kerosin]

brennbar	ontvambaar	[ontfambār]
explosiv	ontplofbaar	[ontplofbār]
RAUCHEN VERBOTEN!	ROOK VERBODE	[roek ferbodə]
Sicherheit (f)	veiligheid	[fæjliχæjt]
Gefahr (f)	gevaar	[χefār]
gefährlich	gevaarlik	[χefārlik]
sich entflammen	vlam vat	[flam fat]
Explosion (f)	ontploffing	[ontploffiŋ]
in Brand stecken	aan die brand steek	[ān di brant steək]
Brandstifter (m)	brandstigter	[brant·stiχtər]
Brandstiftung (f)	brandstigting	[brant·stiχtiŋ]
flammen (vi)	brand	[brant]
brennen (vi)	brand	[brant]
verbrennen (vi)	afbrand	[afbrant]
die Feuerwehr rufen	die brandweer roep	[di brantveər rup]
Feuerwehrmann (m)	brandweerman	[brantveər·man]
Feuerwehrauto (n)	brandweerwa	[brantveər·wa]
Feuerwehr (f)	brandweer	[brantveər]
Drehleiter (f)	brandweerwaleer	[brantveər·wa·leər]
Feuerwehrschlauch (m)	brandslang	[brant·slaŋ]
Feuerlöscher (m)	brandblusser	[brant·blussər]
Helm (m)	helmet	[hɛlmet]
Sirene (f)	sirene	[sirenə]
schreien (vi)	skreeu	[skriʊ]
um Hilfe rufen	hulp roep	[hulp rup]
Retter (m)	redder	[rɛddər]
retten (vt)	red	[ret]
ankommen (vi)	aankom	[ānkom]
löschen (vt)	blus	[blus]
Wasser (n)	water	[vatər]
Sand (m)	sand	[sant]
Trümmer (pl)	ruïnes	[ruïnes]
zusammenbrechen (vi)	instort	[instort]
einfallen (vi)	val	[fal]
einstürzen (Decke)	instort	[instort]
Bruchstück (n)	brokstukke	[brokstukkə]
Asche (f)	as	[as]
ersticken (vi)	verstik	[ferstik]
ums Leben kommen	omkom	[omkom]

AKTIVITÄTEN DES MENSCHEN

Beruf. Geschäft. Teil 1

103. Büro. Arbeiten im Büro

Büro (Firmensitz)	kantoor	[kantoər]
Büro (~ des Direktors)	kantoor	[kantoər]
Rezeption (f)	ontvangs	[ontfaŋs]
Sekretär (m)	sekretaris	[sekretaris]
Sekretärin (f)	sekretaresse	[sekretarɛssə]
Direktor (m)	direkteur	[direktøər]
Manager (m)	bestuurder	[bestɪrdər]
Buchhalter (m)	boekhouer	[bukhæʊər]
Mitarbeiter (m)	werknemer	[verknemər]
Möbel (n)	meubels	[møəbɛls]
Tisch (m)	lessenaar	[lɛssenãr]
Schreibtischstuhl (m)	draaistoel	[drãj·stul]
Rollcontainer (m)	laaikas	[lãjkas]
Kleiderständer (m)	kapstok	[kapstok]
Computer (m)	rekenaar	[rekenãr]
Drucker (m)	drukker	[drukkər]
Fax (n)	faksmasjien	[faks·maʃin]
Kopierer (m)	fotostaatmasjien	[fotostãt·maʃin]
Papier (n)	papier	[papir]
Büromaterial (n)	kantoorbenodigdhede	[kantoər·benodiχdhedə]
Mousepad (n)	muismatjie	[mœis·maki]
Blatt (n) Papier	blaai	[blãi]
Ordner (m)	binder	[bindər]
Katalog (m)	katalogus	[kataloχus]
Adressbuch (n)	telefoongids	[telefoən·χids]
Dokumentation (f)	dokumentasie	[dokumentasi]
Broschüre (f)	brosjure	[broʃurə]
Flugblatt (n)	strooibiljet	[stroj·biljet]
Muster (n)	monsterkaart	[mɔŋstər·kãrt]
Training (n)	opleidingsvergadering	[oplæjdiŋs·ferχaderiŋ]
Meeting (n)	vergadering	[ferχaderiŋ]
Mittagspause (f)	middagpouse	[middaχ·pæʊsə]
vervielfältigen (vt)	aantal kopieë maak	[ãntal kopiɛ mãk]
anrufen (vt)	bel	[bəl]
antworten (vi)	antwoord	[antwoərt]
verbinden (vt)	deursit	[døərsit]

ausmachen (vt)	reël	[reɛl]
demonstrieren (vt)	demonstreer	[demɔŋstreǝr]
fehlen (am Arbeitsplatz ~)	afwesig wees	[afwesǝχ veǝs]
Abwesenheit (f)	afwesigheid	[afwesiχæjt]

104. Geschäftsabläufe. Teil 1

Geschäft (n) (z.B. ~ in Wolle)	besigheid	[besiχæjt]
Angelegenheit (f)	beroep	[berup]

Firma (f)	firma	[firma]
Gesellschaft (f)	maatskappy	[mãtskappaj]
Konzern (m)	korporasie	[korporasi]
Unternehmen (n)	onderneming	[ondǝrnemiŋ]
Agentur (f)	agentskap	[aχentskap]

Vereinbarung (f)	ooreenkoms	[oereǝnkoms]
Vertrag (m)	kontrak	[kontrak]
Geschäft (Transaktion)	transaksie	[traŋsaksi]
Auftrag (Bestellung)	bestelling	[bestɛlliŋ]
Bedingung (f)	voorwaarde	[foǝrwãrdǝ]

en gros (im Großen)	groothandels-	[χroǝt·handǝls-]
Großhandels-	groothandels-	[χroǝt·handǝls-]
Großhandel (m)	groothandel	[χroǝt·handǝl]
Einzelhandels-	kleinhandels-	[klæjn·handǝls-]
Einzelhandel (m)	kleinhandel	[klæjn·handǝl]

Konkurrent (m)	konkurrent	[konkurrent]
Konkurrenz (f)	konkurrensie	[konkurreŋsi]
konkurrieren (vi)	kompeteer	[kompeteǝr]

Partner (m)	vennoot	[fɛnnoǝt]
Partnerschaft (f)	vennootskap	[fɛnnoǝtskap]

Krise (f)	krisis	[krisis]
Bankrott (m)	bankrotskap	[bankrotskap]
Bankrott machen	bankrot speel	[bankrot speǝl]
Schwierigkeit (f)	moeilikheid	[muilikhæjt]
Problem (n)	probleem	[probleǝm]
Katastrophe (f)	katastrofe	[katastrofǝ]

Wirtschaft (f)	ekonomie	[ɛkonomi]
wirtschaftlich	ekonomiese	[ɛkonomisǝ]
Rezession (f)	ekonomiese agteruitgang	[ɛkonomisǝ aχtǝr·œitχaŋ]

Ziel (n)	doel	[dul]
Aufgabe (f)	opdrag	[opdraχ]

handeln (Handel treiben)	handel	[handǝl]
Netz (Verkaufs-)	netwerk	[netwerk]
Lager (n)	voorraad	[foǝrrãt]
Sortiment (n)	reeks	[reǝks]
führende Unternehmen (n)	leier	[læjer]

groß (-e Firma)	groot	[χroət]
Monopol (n)	monopolie	[monopoli]

Theorie (f)	teorie	[teori]
Praxis (f)	praktyk	[praktajk]
Erfahrung (f)	ervaring	[ɛrfariŋ]
Tendenz (f)	tendens	[tendɛŋs]
Entwicklung (f)	ontwikkeling	[ontwikkeliŋ]

105. Geschäftsabläufe. Teil 2

Vorteil (m)	wins	[vins]
vorteilhaft	voordelig	[foərdeləχ]

Delegation (f)	delegasie	[deleχasi]
Lohn (m)	salaris	[salaris]
korrigieren (vt)	korrigeer	[korriχeər]
Dienstreise (f)	sakereis	[sakeræjs]
Kommission (f)	kommissie	[kommissi]

kontrollieren (vt)	kontroleer	[kontroleər]
Konferenz (f)	konferensie	[konferɛŋsi]
Lizenz (f)	lisensie	[lisɛŋsi]
zuverlässig	betroubaar	[betræubãr]

Initiative (f)	inisiatief	[inisiatif]
Norm (f)	norm	[norm]
Umstand (m)	omstandigheid	[omstandiχæjt]
Pflicht (f)	taak	[tãk]

Unternehmen (n)	organisasie	[orχanisasi]
Organisation (Prozess)	organisasie	[orχanisasi]
organisiert (Adj)	georganiseer	[χeorχaniseər]
Abschaffung (f)	kansellering	[kaŋsɛlleriŋ]
abschaffen (vt)	kanselleer	[kaŋsɛlleər]
Bericht (m)	verslag	[ferslaχ]

Patent (n)	patent	[patent]
patentieren (vt)	patenteer	[patenteər]
planen (vt)	beplan	[beplan]

Prämie (f)	bonus	[bonus]
professionell	professioneel	[profɛssioneəl]
Prozedur (f)	prosedure	[prosedurə]

prüfen (Vertrag ~)	ondersoek	[ondərsuk]
Berechnung (f)	berekening	[berekeniŋ]
Ruf (m)	reputasie	[reputasi]
Risiko (n)	risiko	[risiko]

leiten (vt)	beheer	[beheər]
Informationen (pl)	informasie	[informasi]
Eigentum (n)	eiendom	[æjendom]
Bund (m)	unie	[uni]

Lebensversicherung (f)	lewensversekering	[levɛŋs·fersekeriŋ]
versichern (vt)	verseker	[fersekər]
Versicherung (f)	versekering	[fersekeriŋ]

Auktion (f)	veiling	[fæjliŋ]
benachrichtigen (vt)	laat weet	[lãt veət]
Verwaltung (f)	beheer	[beheər]
Dienst (m)	diens	[diŋs]

Forum (n)	forum	[forum]
funktionieren (vi)	funksioneer	[funksioneər]
Etappe (f)	stadium	[stadium]
juristisch	regs-	[reχs-]
Jurist (m)	regsgeleerde	[reχs·χeleərdə]

106. Fertigung. Arbeiten

Werk (n)	fabriek	[fabrik]
Fabrik (f)	fabriek	[fabrik]
Werkstatt (f)	werkplek	[verkplek]
Betrieb (m)	bedryf	[bedrajf]

Industrie (f)	industrie	[industri]
Industrie-	industrieel	[industriəl]
Schwerindustrie (f)	swaar industrie	[swãr industri]
Leichtindustrie (f)	ligte industrie	[liχtə industri]

Produktion (f)	produkte	[produktə]
produzieren (vt)	produseer	[produseər]
Rohstoff (m)	grondstowwe	[χront·stowə]

Vorarbeiter (m), Meister (m)	voorman	[foərman]
Arbeitsteam (n)	werkspan	[verks·pan]
Arbeiter (m)	werker	[verkər]

Arbeitstag (m)	werksdag	[verks·daχ]
Pause (f)	pouse	[pæusə]
Versammlung (f)	vergadering	[ferχaderiŋ]
besprechen (vt)	bespreek	[bespreək]

Plan (m)	plan	[plan]
den Plan erfüllen	die plan uitvoer	[di plan œitfur]
Arbeitsertrag (m)	produksienorm	[produksi·norm]
Qualität (f)	kwaliteit	[kwalitæjt]
Prüfung, Kontrolle (f)	kontrole	[kontrolə]
Gütekontrolle (f)	kwaliteitskontrole	[kwalitæjts·kontrolə]

Arbeitsplatzsicherheit (f)	werkplekveiligheid	[verkplek·fæjliχæjt]
Disziplin (f)	dissipline	[dissiplinə]
Übertretung (f)	oortreding	[oərtrediŋ]
übertreten (vt)	oortree	[oərtreə]

| Streik (m) | staking | [stakiŋ] |
| Streikender (m) | staker | [stakər] |

streiken (vi)	staak	[stãk]
Gewerkschaft (f)	vakbond	[fakbont]
erfinden (vt)	uitvind	[œitfint]
Erfindung (f)	uitvinding	[œitfindiŋ]
Erforschung (f)	navorsing	[naforsiŋ]
verbessern (vt)	verbeter	[ferbetər]
Technologie (f)	tegnologie	[teχnoloχi]
technische Zeichnung (f)	tegniese tekening	[teχnisə tekəniŋ]
Ladung (f)	vrag	[fraχ]
Ladearbeiter (m)	laaier	[lãjer]
laden (vt)	laai	[lãi]
Beladung (f)	laai	[lãi]
entladen (vt)	uitlaai	[œitlãi]
Entladung (f)	uitlaai	[œitlãi]
Transport (m)	vervoer	[ferfur]
Transportunternehmen (n)	vervoermaatskappy	[ferfur·mãtskappaj]
transportieren (vt)	vervoer	[ferfur]
Güterwagen (m)	trok	[trok]
Zisterne (f)	tenk	[tɛnk]
Lastkraftwagen (m)	vragmotor	[fraχ·motor]
Werkzeugmaschine (f)	werktuigmasjien	[verktœiχ·maʃin]
Mechanismus (m)	meganisme	[meχanismə]
Industrieabfälle (pl)	industriële afval	[industriɛlə affal]
Verpacken (n)	verpakking	[ferpakkiŋ]
verpacken (vt)	verpak	[ferpak]

107. Vertrag. Zustimmung

Vertrag (m), Auftrag (m)	kontrak	[kontrak]
Vereinbarung (f)	ooreenkoms	[oəreənkoms]
Anhang (m)	addendum	[addendum]
Unterschrift (f)	handtekening	[hand·tekəniŋ]
unterschreiben (vt)	onderteken	[ondərtekən]
Stempel (m)	stempel	[stempəl]
Vertragsgegenstand (m)	onderwerp van ooreenkoms	[ondərwerp fan oəreənkoms]
Punkt (m)	klousule	[klæʊsulə]
Parteien (pl)	partye	[partaje]
rechtmäßige Anschrift (f)	wetlike adres	[vetlikə adres]
Vertrag brechen	die kontrak verbreek	[di kontrak ferbreək]
Verpflichtung (f)	verpligting	[ferpliχtiŋ]
Verantwortlichkeit (f)	verantwoordelikheid	[ferant·voərdelikhæjt]
Force majeure (f)	oormag	[oərmaχ]
Streit (m)	geskil	[χeskil]
Strafsanktionen (pl)	boete	[butə]

108. Import & Export

Import (m)	invoer	[infur]
Importeur (m)	invoerder	[infurdər]
importieren (vt)	invoer	[infur]
Import-	invoer-	[infur-]
Export (m)	uitvoer	[œitfur]
Exporteur (m)	uitvoerder	[œitfurdər]
exportieren (vt)	uitvoer	[œitfur]
Export-	uitvoer-	[œitfur-]
Waren (pl)	goedere	[χudərə]
Partie (f), Ladung (f)	besending	[besendiŋ]
Gewicht (n)	gewig	[χevəχ]
Volumen (n)	volume	[folumə]
Kubikmeter (m)	kubieke meter	[kubikə metər]
Hersteller (m)	produsent	[produsent]
Transportunternehmen (n)	vervoermaatskappy	[ferfur·mätskappaj]
Container (m)	houer	[hæʋər]
Grenze (f)	grens	[χrɛŋs]
Zollamt (n)	doeane	[duanə]
Zoll (m)	doeanereg	[duanə·reχ]
Zollbeamter (m)	doeanebeampte	[duanə·beamptə]
Schmuggel (m)	smokkel	[smokkəl]
Schmuggelware (f)	smokkelgoed	[smokkəl·χut]

109. Finanzen

Aktie (f)	aandeel	[ãndeəl]
Obligation (f)	obligasie	[obliχasi]
Wechsel (m)	promesse	[promɛssə]
Börse (f)	beurs	[bøərs]
Aktienkurs (m)	aandeelkoers	[ãndeəl·kurs]
billiger werden	daal	[dãl]
teuer werden	styg	[stajχ]
Anteil (m)	aandeel	[ãndeəl]
Mehrheitsbeteiligung (f)	meerderheidsbelang	[meərderhæjts·belaŋ]
Investitionen (pl)	belegging	[beleχχiŋ]
investieren (vt)	belê	[belɛ:]
Prozent (n)	persent	[persent]
Zinsen (pl)	rente	[rentə]
Gewinn (m)	wins	[vins]
gewinnbringend	voordelig	[foərdeləχ]
Steuer (f)	belasting	[belastiŋ]

97

Währung (f)	valuta	[faluta]
Landes-	nasionaal	[naʃionãl]
Geldumtausch (m)	wissel	[vissəl]

Buchhalter (m)	boekhouer	[bukhæʊər]
Buchhaltung (f)	boekhouding	[bukhæʊdiŋ]

Bankrott (m)	bankrotskap	[bankrotskap]
Zusammenbruch (m)	ineenstorting	[inɛŋstortiŋ]
Pleite (f)	bankrotskap	[bankrotskap]
pleite gehen	geruïneer wees	[χeruïneər veəs]
Inflation (f)	inflasie	[inflasi]
Abwertung (f)	devaluasie	[defaluasi]

Kapital (n)	kapitaal	[kapitãl]
Einkommen (n)	inkomste	[inkomstə]
Umsatz (m)	omset	[omset]
Mittel (Reserven)	hulpbronne	[hulpbronnə]
Geldmittel (pl)	monetêre hulpbronne	[monetærə hulpbronnə]
Gemeinkosten (pl)	oorhoofse koste	[oərhoəfsə kostə]
reduzieren (vt)	verminder	[fermindər]

110. Marketing

Marketing (n)	bemarking	[bemarkiŋ]
Markt (m)	mark	[mark]
Marktsegment (n)	marksegment	[mark·seχment]
Produkt (n)	produk	[produk]
Waren (pl)	goedere	[χudere]

Schutzmarke (f)	merk	[merk]
Handelsmarke (f)	handelsmerk	[handəls·merk]
Firmenzeichen (n)	logo	[loχo]
Logo (n)	logo	[loχo]

Nachfrage (f)	vraag	[frãχ]
Angebot (n)	aanbod	[ãnbot]
Bedürfnis (n)	behoefte	[behuftə]
Verbraucher (m)	verbruiker	[ferbrœikər]
Analyse (f)	analise	[analisə]
analysieren (vt)	analiseer	[analiseər]
Positionierung (f)	plasing	[plasiŋ]
positionieren (vt)	plaas	[plãs]

Preis (m)	prys	[prajs]
Preispolitik (f)	prysbeleid	[prajs·belæjt]
Preisbildung (f)	prysvorming	[prajs·formiŋ]

111. Werbung

Werbung (f)	reklame	[reklamə]
werben (vt)	adverteer	[adferteər]

Budget (n)	begroting	[beχrotiŋ]
Werbeanzeige (f)	advertensie	[adfertɛŋsi]
Fernsehwerbung (f)	TV-advertensie	[te·fe-adfertɛŋsi]
Radiowerbung (f)	radioreklame	[radio·reklamə]
Außenwerbung (f)	buitereklame	[bœitə·reklamə]

Massenmedien (pl)	massamedia	[massa·media]
Zeitschrift (f)	tydskrif	[tajdskrif]
Image (n)	imago	[imaχo]

Losung (f)	slagspreuk	[slaχ·sprøək]
Motto (n)	motto	[motto]

Kampagne (f)	veldtog	[fɛldtoχ]
Werbekampagne (f)	reklameveldtog	[reklamə·fɛldtoχ]
Zielgruppe (f)	doelgroep	[dul·χrup]

Visitenkarte (f)	besigheidskaartjie	[besiχæjts·kārki]
Flugblatt (n)	strooibiljet	[stroj·biljet]
Broschüre (f)	brosjure	[broʃurə]
Faltblatt (n)	pamflet	[pamflet]
Informationsblatt (n)	nuusbrief	[nɪsbrif]

Firmenschild (n)	reklamebord	[reklamə·bort]
Plakat (n)	plakkaat	[plakkāt]
Werbeschild (n)	aanplakbord	[ānplakbort]

112. Bankgeschäft

Bank (f)	bank	[bank]
Filiale (f)	tak	[tak]

Berater (m)	bankklerk	[bank·klerk]
Leiter (m)	bestuurder	[bestɪrdər]

Konto (n)	bankrekening	[bank·rekəniŋ]
Kontonummer (f)	rekeningnommer	[rekəniŋ·nommər]
Kontokorrent (n)	tjekrekening	[tʃek·rekəniŋ]
Sparkonto (n)	spaarrekening	[spār·rekəniŋ]

das Konto schließen	die rekening sluit	[di rekəniŋ slœit]
abheben (vt)	trek	[trek]

Einzahlung (f)	deposito	[deposito]
Überweisung (f)	telegrafiese oorplasing	[teleχrafise oərplasiŋ]
überweisen (vt)	oorplaas	[oərplās]

Summe (f)	som	[som]
Wieviel?	Hoeveel?	[hufeəl?]

Unterschrift (f)	handtekening	[hand·tekəniŋ]
unterschreiben (vt)	onderteken	[ondərtekən]
Kreditkarte (f)	kredietkaart	[kredit·kārt]
Code (m)	kode	[kodə]

Kreditkartennummer (f)	kredietkaartnommer	[kredit·kārt·nommər]
Geldautomat (m)	OTM	[o·te·em]

Scheck (m)	tjek	[ʧek]
Scheckbuch (n)	tjekboek	[ʧek·buk]

Darlehen (m)	lening	[leniŋ]
Sicherheit (f)	waarborg	[vārborχ]

113. Telefon. Telefongespräche

Telefon (n)	telefoon	[telefoən]
Mobiltelefon (n)	selfoon	[sɛlfoən]
Anrufbeantworter (m)	antwoordmasjien	[antwoərt·maʃin]

anrufen (vt)	bel	[bəl]
Anruf (m)	oproep	[oprup]

Hallo!	Hallo!	[hallo!]
fragen (vt)	vra	[fra]
antworten (vi)	antwoord	[antwoərt]

hören (vt)	hoor	[hoər]
gut (~ aussehen)	goed	[χut]
schlecht (Adv)	nie goed nie	[ni χut ni]
Störungen (pl)	steurings	[støəriŋs]

Hörer (m)	gehoorstuk	[χehoərstuk]
den Hörer abnehmen	optel	[optəl]
auflegen (den Hörer ~)	afskakel	[afskakəl]

besetzt	besig	[besəχ]
läuten (vi)	lui	[lœi]
Telefonbuch (n)	telefoongids	[telefoən·χids]

Orts-	lokale	[lokalə]
Ortsgespräch (n)	lokale oproep	[lokalə oprup]
Auslands-	internasionale	[internaʃionalə]
Auslandsgespräch (n)	internasionale oproep	[internaʃionalə oprup]
Fern-	langafstand	[lanχ·afstant]
Ferngespräch (n)	langafstand oproep	[lanχ·afstant oprup]

114. Mobiltelefon

Mobiltelefon (n)	selfoon	[sɛlfoən]
Display (n)	skerm	[skerm]
Knopf (m)	knoppie	[knoppi]
SIM-Karte (f)	SIMkaart	[sim·kārt]

Batterie (f)	battery	[battəraj]
leer sein (Batterie)	pap wees	[pap vees]
Ladegerät (n)	batterylaaier	[battəraj·lajer]

Menü (n)	spyskaart	[spajs·kãrt]
Einstellungen (pl)	instellings	[instɛliŋs]
Melodie (f)	wysie	[vajsi]
auswählen (vt)	kies	[kis]

Rechner (m)	sakrekenaar	[sakrekənãr]
Anrufbeantworter (m)	stempos	[stem·pos]
Wecker (m)	wekker	[vɛkkər]
Kontakte (pl)	kontakte	[kontaktə]

| SMS-Nachricht (f) | SMS | [es·em·es] |
| Teilnehmer (m) | intekenaar | [intekənãr] |

115. Bürobedarf

| Kugelschreiber (m) | bolpen | [bol·pen] |
| Federhalter (m) | vulpen | [ful·pen] |

Bleistift (m)	potlood	[potloət]
Faserschreiber (m)	merkpen	[merk·pen]
Filzstift (m)	viltpen	[filt·pen]

| Notizblock (m) | notaboekie | [nota·buki] |
| Terminkalender (m) | dagboek | [daχ·buk] |

Lineal (n)	liniaal	[liniãl]
Rechner (m)	sakrekenaar	[sakrekənãr]
Radiergummi (m)	uitveër	[œitfeɛr]
Reißzwecke (f)	duimspyker	[dœim·spajkər]
Heftklammer (f)	skuifspeld	[skœif·spɛlt]

Klebstoff (m)	gom	[χom]
Hefter (m)	krammasjien	[kram·maʃin]
Locher (m)	ponsmasjien	[pɔŋs·maʃin]
Bleistiftspitzer (m)	skerpmaker	[skerp·makər]

116. Verschiedene Dokumente

Bericht (m)	verslag	[ferslaχ]
Abkommen (n)	ooreenkoms	[oəreənkoms]
Anmeldeformular (n)	aansoekvorm	[ãŋsuk·form]
Original-	outentiek	[æʊtentik]
Namensschild (n)	lapelkaart	[lapəl·kãrt]
Visitenkarte (f)	besigheidskaartjie	[besiχæjts·kãrki]

Zertifikat (n)	sertifikaat	[sertifikãt]
Scheck (m)	tjek	[tʃek]
Rechnung (im Restaurant)	rekening	[rekəniŋ]
Verfassung (f)	grondwet	[χront·wet]

| Vertrag (m) | kontrak | [kontrak] |
| Kopie (f) | kopie | [kopi] |

Kopie (~ des Vertrages)	kopie	[kopi]
Zolldeklaration (f)	doeaneverklaring	[duanə·ferklariŋ]
Dokument (n)	dokument	[dokument]
Führerschein (m)	bestuurslisensie	[bestɪrs·lisɛŋsi]
Anlage (f)	addendum	[addendum]
Fragebogen (m)	vorm	[form]

Ausweis (m)	identiteitskaart	[identitæjts·kãrt]
Anfrage (f)	navraag	[nafrãχ]
Einladungskarte (f)	uitnodiging	[œitnodəχiŋ]
Rechnung (von Firma)	rekening	[rekəniŋ]

Gesetz (n)	wet	[vet]
Brief (m)	brief	[brif]
Briefbogen (n)	briefhoof	[brifhoəf]
Liste (schwarze ~)	lys	[lajs]
Manuskript (n)	manuskrip	[manuskrip]
Informationsblatt (n)	nuusbrief	[nɪsbrif]
Zettel (m)	briefie	[brifi]

Passierschein (m)	lapelkaart	[lapəl·kãrt]
Pass (m)	paspoort	[paspoərt]
Erlaubnis (f)	permit	[permit]
Lebenslauf (m)	curriculum vitae	[kurrikulum fitaə]
Schuldschein (m)	skuldbekentenis	[skuld·bekentənis]
Quittung (f)	kwitansie	[kwitaŋsi]
Kassenzettel (m)	strokie	[stroki]
Bericht (m)	verslag	[ferslaχ]

vorzeigen (vt)	wys	[vajs]
unterschreiben (vt)	onderteken	[ondərtekən]
Unterschrift (f)	handtekening	[hand·tekəniŋ]
Stempel (m)	stempel	[stempəl]
Text (m)	teks	[teks]
Eintrittskarte (f)	kaartjie	[kãrki]

streichen (vt)	doodtrek	[doədtrek]
ausfüllen (vt)	invul	[inful]

Frachtbrief (m)	vragbrief	[fraχ·brif]
Testament (n)	testament	[testament]

117. Geschäftsarten

Buchführung (f)	boekhoudienste	[bukhæʊ·diŋstə]
Werbung (f)	reklame	[reklamə]
Werbeagentur (f)	reklameburo	[reklamə·buro]
Klimaanlagen (pl)	lugversorger	[luχfersorχər]
Fluggesellschaft (f)	lugredery	[luχrederaj]

Spirituosen (pl)	alkoholiese dranke	[alkoholisə drankə]
Antiquitäten (pl)	antiek	[antik]
Kunstgalerie (f)	kunsgalery	[kuns·χaleraj]
Rechnungsprüfung (f)	ouditeursdienste	[æʊditøərs·diŋstə]

Bankwesen (n)	bankwese	[bankwesə]
Bar (f)	kroeg	[kruχ]
Schönheitssalon (m)	skoonheidssalon	[skoənhæjts·salon]
Buchhandlung (f)	boekhandel	[buk·handəl]
Bierbrauerei (f)	brouery	[bræʋeraj]
Bürogebäude (n)	sakesentrum	[sakə·sentrum]
Business-Schule (f)	besigheidsskool	[besiχæjts·skoəl]

Kasino (n)	kasino	[kasino]
Bau (m)	boubedryf	[bæʋbedrajf]
Beratung (f)	advieskantoor	[adfis·kantoər]

Stomatologie (f)	tandekliniek	[tandə·klinik]
Design (n)	ontwerp	[ontwerp]
Apotheke (f)	apteek	[apteək]
chemische Reinigung (f)	droogskoonmakers	[droəχ·skoən·makers]
Personalagentur (f)	arbeidsburo	[arbæjds·buro]

Finanzdienstleistungen (pl)	finansiële dienste	[finaŋsiɛlə diŋstə]
Nahrungsmittel (pl)	voedingsware	[fudiŋs·warə]
Bestattungsinstitut (n)	begrafnisonderneming	[beχrafnis·ondərnemiŋ]
Möbel (n)	meubels	[møəbɛls]
Kleidung (f)	klerasie	[klerasi]
Hotel (n)	hotel	[hotəl]

Eis (n)	roomys	[roəm·ajs]
Industrie (f)	industrie	[industri]
Versicherung (f)	versekering	[fersekeriŋ]
Internet (n)	internet	[internet]
Investitionen (pl)	investerings	[infesteriŋs]

Juwelier (m)	juwelier	[juvelir]
Juwelierwaren (pl)	juweliersware	[juvelirs·warə]
Wäscherei (f)	wassery	[vasseraj]
Rechtsberatung (f)	regsadviseur	[reχs·adfisøər]
Leichtindustrie (f)	ligte industrie	[liχtə industri]

Zeitschrift (f)	tydskrif	[tajdskrif]
Versandhandel (m)	posorderbedryf	[pos·ordər·bedrajf]
Medizin (f)	geneesmiddels	[χeneəs·middəls]
Kino (Filmtheater)	bioskoop	[bioskoəp]
Museum (n)	museum	[musøəm]

Nachrichtenagentur (f)	nuusagentskap	[nɪs·aχentskap]
Zeitung (f)	koerant	[kurant]
Nachtklub (m)	nagklub	[naχ·klup]

Erdöl (n)	olie	[oli]
Kurierdienst (m)	koerierdienste	[kurir·diŋstə]
Pharmaindustrie (f)	farmasie	[farmasi]
Druckindustrie (f)	drukkery	[drukkəraj]
Verlag (m)	uitgewery	[œitχeʋeraj]

Rundfunk (m)	radio	[radio]
Immobilien (pl)	eiendom	[æjendom]
Restaurant (n)	restaurant	[restourant]

Sicherheitsagentur (f)	sekuriteitsfirma	[sekuritæjts·firma]
Sport (m)	sport	[sport]
Börse (f)	beurs	[bøərs]
Laden (m)	winkel	[vinkəl]
Supermarkt (m)	supermark	[supermark]
Schwimmbad (n)	swembad	[swem·bat]
Atelier (n)	kleremaker	[klerə·makər]
Fernsehen (n)	televisie	[telefisi]
Theater (n)	teater	[teatər]
Handel (m)	handel	[handəl]
Transporte (pl)	vervoer	[ferfur]
Reisen (pl)	reisbedryf	[ræjs·bedrajf]
Tierarzt (m)	veearts	[fee·arts]
Warenlager (n)	pakhuis	[pak·hœis]
Müllabfuhr (f)	afvalinsameling	[affal·insameliŋ]

Arbeit. Geschäft. Teil 2

118. Show. Ausstellung

Ausstellung (f)	skou	[skæʊ]
Handelsausstellung (f)	handelsskou	[handəls·skæʊ]
Teilnahme (f)	deelneming	[deəlnemiŋ]
teilnehmen (vi)	deelneem	[deəlneəm]
Teilnehmer (m)	deelnemer	[deəlnemər]
Direktor (m)	bestuurder	[bestɪrdər]
Messeverwaltung (f)	organisasiekantoor	[orχanisasi·kantoər]
Organisator (m)	organiseerder	[orχaniseərdər]
veranstalten (vt)	organiseer	[orχaniseər]
Anmeldeformular (n)	deelnemingsvorm	[deəlnemiŋs·form]
ausfüllen (vt)	invul	[inful]
Details (pl)	besonderhede	[besondərhedə]
Information (f)	informasie	[informasi]
Preis (m)	prys	[prajs]
einschließlich	insluitend	[inslœitent]
einschließen (vt)	insluit	[inslœit]
zahlen (vt)	betaal	[betāl]
Anmeldegebühr (f)	registrasiefooi	[reχistrasi·foj]
Eingang (m)	ingang	[inχaŋ]
Pavillon (m)	paviljoen	[pafiljun]
registrieren (vt)	registreer	[reχistreər]
Namensschild (n)	lapelkaart	[lapəl·kārt]
Stand (m)	stalletjie	[stalləki]
reservieren (vt)	bespreek	[bespreək]
Vitrine (f)	uistalkas	[œistalkas]
Strahler (m)	kollig	[kolləχ]
Design (n)	ontwerp	[ontwerp]
stellen (vt)	sit	[sit]
gelegen sein	geplaas wees	[χeplās veəs]
Distributor (m)	verdeler	[ferdelər]
Lieferant (m)	verskaffer	[ferskaffər]
liefern (vt)	verskaf	[ferskaf]
Land (n)	land	[lant]
ausländisch	buitelands	[bœitəlands]
Produkt (n)	produk	[produk]
Assoziation (f)	vereniging	[ferenəχiŋ]
Konferenzraum (m)	konferensiesaal	[konferɛŋsi·sāl]

| Kongress (m) | kongres | [konχres] |
| Wettbewerb (m) | wedstryd | [vedstrajt] |

Besucher (m)	besoeker	[besukər]
besuchen (vt)	besoek	[besuk]
Auftraggeber (m)	kliënt	[kliɛnt]

119. Massenmedien

Zeitung (f)	koerant	[kurant]
Zeitschrift (f)	tydskrif	[tajdskrif]
Presse (f)	pers	[pers]
Rundfunk (m)	radio	[radio]
Rundfunkstation (f)	omroep	[omrup]
Fernsehen (n)	televisie	[telefisi]

Moderator (m)	aanbieder	[ānbidər]
Sprecher (m)	nuusleser	[nɪslesər]
Kommentator (m)	kommentator	[kommentator]

Journalist (m)	joernalis	[jurnalis]
Korrespondent (m)	korrespondent	[korrespondɛnt]
Bildberichterstatter (m)	persfotograaf	[pers·fotoχrāf]
Reporter (m)	verslaggewer	[ferslaχ·χevər]

| Redakteur (m) | redakteur | [redaktøər] |
| Chefredakteur (m) | hoofredakteur | [hoəf·redaktøər] |

abonnieren (vt)	inteken op ...	[intekən op ...]
Abonnement (n)	intekening	[intekəniŋ]
Abonnent (m)	intekenaar	[intekənār]
lesen (vi, vt)	lees	[leəs]
Leser (m)	leser	[lesər]

Auflage (f)	oplaag	[oplāχ]
monatlich (Adj)	maandeliks	[māndəliks]
wöchentlich (Adj)	weekliks	[veəkliks]
Ausgabe (Zeitschrift)	nommer	[nommər]
neueste (~ Ausgabe)	nuwe	[nuvə]

Titel (m)	opskrif	[opskrif]
Notiz (f)	kort artikel	[kort artikəl]
Rubrik (f)	kolom	[kolom]
Artikel (m)	artikel	[artikəl]
Seite (f)	bladsy	[bladsaj]

Reportage (f)	veslag	[feslaχ]
Ereignis (n)	gebeurtenis	[χebøərtenis]
Sensation (f)	sensasie	[sɛŋsasi]
Skandal (m)	skandaal	[skandāl]
skandalös	skandelik	[skandəlik]
groß (-er Skandal)	groot	[χroət]
Sendung (f)	program	[proχram]
Interview (n)	onderhoud	[ondərhæʊt]

| Live-Übertragung (f) | regstreekse uitsending | [rɛχstreəksə œitsendiɳ] |
| Kanal (m) | kanaal | [kanãl] |

120. Landwirtschaft

Landwirtschaft (f)	landbou	[landbæʊ]
Bauer (m)	boer	[bur]
Bäuerin (f)	boervrou	[bur·fræʊ]
Farmer (m)	boer	[bur]

| Traktor (m) | trekker | [trɛkkər] |
| Mähdrescher (m) | stroper | [stropər] |

Pflug (m)	ploeg	[pluχ]
pflügen (vt)	ploeg	[pluχ]
Acker (m)	ploegland	[pluχlant]
Furche (f)	voor	[foər]

säen (vt)	saai	[sãi]
Sämaschine (f)	saaier	[sãjer]
Saat (f)	saai	[sãi]

| Sense (f) | sens | [sɛɳs] |
| mähen (vt) | maai | [mãi] |

| Schaufel (f) | graaf | [χrãf] |
| graben (vt) | omspit | [omspit] |

Hacke (f)	skoffel	[skoffəl]
jäten (vt)	skoffel	[skoffəl]
Unkraut (n)	onkruid	[onkrœit]

Gießkanne (f)	gieter	[χitər]
gießen (vt)	nat gooi	[nat χoj]
Bewässerung (f)	nat gooi	[nat χoj]

| Heugabel (f) | gaffel | [χaffəl] |
| Rechen (m) | hark | [hark] |

Dünger (m)	misstof	[misstof]
düngen (vt)	bemes	[bemes]
Mist (m)	misstof	[misstof]

Feld (n)	veld	[fɛlt]
Wiese (f)	weiland	[væjlant]
Gemüsegarten (m)	groentetuin	[χrunte·tœin]
Obstgarten (m)	boord	[boərt]

weiden (vt)	wei	[væj]
Hirt (m)	herder	[herdər]
Weide (f)	weiland	[væjlant]

| Viehzucht (f) | veeboerdery | [fee·burderaj] |
| Schafzucht (f) | skaapboerdery | [skãp·burderaj] |

Plantage (f)	aanplanting	[ānplantiŋ]
Beet (n)	bedding	[beddiŋ]
Treibhaus (n)	broeikas	[bruikas]

| Dürre (f) | droogte | [droəχtə] |
| dürr, trocken | droog | [droəχ] |

Getreide (n)	graan	[χrān]
Getreidepflanzen (pl)	graangewasse	[χrān·χəwassə]
ernten (vt)	oes	[us]

Müller (m)	meulenaar	[møəlenār]
Mühle (f)	meul	[møəl]
mahlen (vt)	maal	[māl]
Mehl (n)	meelblom	[meəl·blom]
Stroh (n)	strooi	[stroj]

121. Gebäude. Bauabwicklung

Baustelle (f)	bouperseel	[bæʊ·perseəl]
bauen (vt)	bou	[bæʊ]
Bauarbeiter (m)	bouwerker	[bæʊ·verkər]

Projekt (n)	projek	[projek]
Architekt (m)	argitek	[arχitek]
Arbeiter (m)	werker	[verkər]

Fundament (n)	fondament	[fondament]
Dach (n)	dak	[dak]
Pfahl (m)	heipaal	[hæjpāl]
Wand (f)	muur	[mɪr]

| Bewehrungsstahl (m) | betonstaal | [betɔŋ·stāl] |
| Gerüst (n) | steiers | [stæjers] |

Beton (m)	beton	[beton]
Granit (m)	graniet	[χranit]
Stein (m)	klip	[klip]
Ziegel (m)	baksteen	[baksteən]

Sand (m)	sand	[sant]
Zement (m)	sement	[sement]
Putz (m)	pleister	[plæjstər]
verputzen (vt)	pleister	[plæjstər]

Farbe (f)	verf	[ferf]
färben (vt)	verf	[ferf]
Fass (n), Tonne (f)	drom	[drom]

Kran (m)	kraan	[krān]
aufheben (vt)	optel	[optəl]
herunterlassen (vt)	laat sak	[lāt sak]
Planierraupe (f)	stootskraper	[stoət·skrapər]
Bagger (m)	graafmasjien	[χrāf·maʃin]

Baggerschaufel (f)	bak	[bak]
graben (vt)	grawe	[χravə]
Schutzhelm (m)	helmet	[hɛlmet]

122. Wissenschaft. Forschung. Wissenschaftler

Wissenschaft (f)	wetenskap	[vetɛŋskap]
wissenschaftlich	wetenskaplik	[vetɛŋskaplik]
Wissenschaftler (m)	wetenskaplike	[vetɛŋskaplikə]
Theorie (f)	teorie	[teori]

Axiom (n)	aksioma	[aksioma]
Analyse (f)	analise	[analisə]
analysieren (vt)	analiseer	[analiseər]
Argument (n)	argument	[arχument]
Substanz (f)	substansie	[substaŋsi]

Hypothese (f)	hipotese	[hipotesə]
Dilemma (n)	dilemma	[dilɛmma]
Dissertation (f)	proefskrif	[prufskrif]
Dogma (n)	dogma	[doχma]

Doktrin (f)	doktrine	[doktrinə]
Forschung (f)	navorsing	[naforsiŋ]
forschen (vi)	navors	[nafors]
Kontrolle (f)	toetse	[tutsə]
Labor (n)	laboratorium	[laboratorium]

Methode (f)	metode	[metodə]
Molekül (n)	molekule	[molekulə]
Monitoring (n)	monitering	[moniteriŋ]
Entdeckung (f)	ontdekking	[ontdɛkkiŋ]

Postulat (n)	postulaat	[postulāt]
Prinzip (n)	beginsel	[beχinsəl]
Prognose (f)	voorspelling	[foərspɛlliŋ]
prognostizieren (vt)	voorspel	[foərspəl]

Synthese (f)	sintese	[sintesə]
Tendenz (f)	tendens	[tendɛŋs]
Theorem (n)	stelling	[stɛlliŋ]

| Lehre (Doktrin) | leer | [leər] |
| Tatsache (f) | feit | [fæjt] |

| Expedition (f) | ekspedisie | [ɛkspedisi] |
| Experiment (n) | eksperiment | [ɛksperiment] |

Akademiemitglied (n)	akademikus	[akademikus]
Bachelor (m)	baccalaureus	[bakalɔurøəs]
Doktor (m)	doktor	[doktor]
Dozent (m)	medeprofessor	[medə·profɛssor]
Magister (m)	Magister	[maχistər]
Professor (m)	professor	[profɛssor]

Berufe und Tätigkeiten

123. Arbeitsuche. Kündigung

Arbeit (f), Stelle (f)	baantjie	[bãnki]
Belegschaft (f)	personeel	[personeəl]
Personal (n)	personeel	[personeəl]
Karriere (f)	loopbaan	[loəpbãn]
Perspektive (f)	vooruitsigte	[foərœit·siχtə]
Können (n)	meesterskap	[meesterskap]
Auswahl (f)	seleksie	[seleksi]
Personalagentur (f)	arbeidsburo	[arbæjds·buro]
Lebenslauf (m)	curriculum vitae	[kurrikulum fitaə]
Vorstellungsgespräch (n)	werksonderhoud	[werk·onderhæʋt]
Vakanz (f)	vakature	[fakaturə]
Gehalt (n)	salaris	[salaris]
festes Gehalt (n)	vaste salaris	[fastə salaris]
Arbeitslohn (m)	loon	[loən]
Stellung (f)	posisie	[posisi]
Pflicht (f)	taak	[tãk]
Aufgabenspektrum (n)	reeks opdragte	[reeks opdraχtə]
beschäftigt	besig	[besəχ]
kündigen (vt)	afdank	[afdank]
Kündigung (f)	afdanking	[afdankiŋ]
Arbeitslosigkeit (f)	werkloosheid	[verkloəshæjt]
Arbeitslose (m)	werkloos	[verkloəs]
Rente (f), Ruhestand (m)	pensioen	[pɛnsiun]
in Rente gehen	met pensioen gaan	[met pɛnsiun χãn]

124. Geschäftsleute

Direktor (m)	direkteur	[direktøər]
Leiter (m)	bestuurder	[bestɪrdər]
Boss (m)	baas	[bãs]
Vorgesetzte (m)	hoof	[hoəf]
Vorgesetzten (pl)	hoofde	[hoəfdə]
Präsident (m)	direkteur	[direktøər]
Vorsitzende (m)	voorsitter	[foərsittər]
Stellvertreter (m)	adjunk	[adjunk]
Helfer (m)	assistent	[assistent]

Sekretär (m)	sekretaris	[sekretaris]
Privatsekretär (m)	persoonlike assistent	[persoənlike assistent]

Geschäftsmann (m)	sakeman	[sakəman]
Unternehmer (m)	entrepreneur	[ɛntrəprənøər]
Gründer (m)	stigter	[stiχtər]
gründen (vt)	stig	[stiχ]

Gründungsmitglied (n)	stigter	[stiχtər]
Partner (m)	vennoot	[fɛnnoət]
Aktionär (m)	aandeelhouer	[ãndeəl·hæʋər]

Millionär (m)	miljoenêr	[miljunær]
Milliardär (m)	miljardêr	[miljardær]
Besitzer (m)	eienaar	[æjenär]
Landbesitzer (m)	grondeienaar	[χront·æjenär]

Kunde (m)	kliënt	[kliɛnt]
Stammkunde (m)	vaste kliënt	[fastə kliɛnt]
Käufer (m)	koper	[kopər]
Besucher (m)	besoeker	[besukər]

Fachmann (m)	professioneel	[profɛssioneəl]
Experte (m)	kenner	[kɛnnər]
Spezialist (m)	spesialis	[spesialis]

Bankier (m)	bankier	[bankir]
Makler (m)	makelaar	[makəlär]

Kassierer (m)	kassier	[kassir]
Buchhalter (m)	boekhouer	[bukhæʋər]
Wächter (m)	veiligheidswag	[fæjliχæjts·waχ]

Investor (m)	belegger	[beleχər]
Schuldner (m)	skuldenaar	[skuldenär]
Gläubiger (m)	krediteur	[kreditøər]
Kreditnehmer (m)	lener	[lenər]

Importeur (m)	invoerder	[infurdər]
Exporteur (m)	uitvoerder	[œitfurdər]

Hersteller (m)	produsent	[produsent]
Distributor (m)	verdeler	[ferdelər]
Vermittler (m)	tussenpersoon	[tussən·persoən]

Berater (m)	raadgewer	[rät·χevər]
Vertreter (m)	verkoopsagent	[ferkoəps·aχent]
Agent (m)	agent	[aχent]
Versicherungsagent (m)	versekeringsagent	[fersəkeriŋs·aχent]

125. Dienstleistungsberufe

Koch (m)	kok	[kok]
Chefkoch (m)	sjef	[ʃef]

Bäcker (m)	bakker	[bakkər]
Barmixer (m)	kroegman	[kruχman]
Kellner (m)	kelner	[kɛlnər]
Kellnerin (f)	kelnerin	[kɛlnərin]

Rechtsanwalt (m)	advokaat	[adfokãt]
Jurist (m)	prokureur	[prokurøər]
Notar (m)	notaris	[notaris]

Elektriker (m)	elektrisiën	[ɛlektrisiɛn]
Klempner (m)	loodgieter	[loədχitər]
Zimmermann (m)	timmerman	[timmerman]

Masseur (m)	masseerder	[masseərdər]
Masseurin (f)	masseerster	[masseərstər]
Arzt (m)	dokter	[doktər]

Taxifahrer (m)	taxibestuurder	[taksi·bestɪrdər]
Fahrer (m)	bestuurder	[bestɪrdər]
Ausfahrer (m)	koerier	[kurir]

Zimmermädchen (n)	kamermeisie	[kamər·mæejsi]
Wächter (m)	veiligheidswag	[fæejliχæejts·waχ]
Flugbegleiterin (f)	lugwaardin	[luχ·wãrdin]

Lehrer (m)	onderwyser	[ondərwajsər]
Bibliothekar (m)	bibliotekaris	[bibliotekaris]
Übersetzer (m)	vertaler	[fertalər]
Dolmetscher (m)	tolk	[tolk]
Fremdenführer (m)	gids	[χids]

Friseur (m)	haarkapper	[hãr·kappər]
Briefträger (m)	posbode	[pos·bodə]
Verkäufer (m)	verkoper	[ferkopər]

Gärtner (m)	tuinman	[tœin·man]
Diener (m)	bediende	[bedində]
Magd (f)	bediende	[bedində]
Putzfrau (f)	skoonmaakster	[skoən·mãkstər]

126. Militärdienst und Ränge

einfacher Soldat (m)	soldaat	[soldãt]
Feldwebel (m)	sersant	[sersant]
Leutnant (m)	luitenant	[lœitənant]
Hauptmann (m)	kaptein	[kaptæejn]

Major (m)	majoor	[majoər]
Oberst (m)	kolonel	[kolonəl]
General (m)	generaal	[χenerãl]
Marschall (m)	maarskalk	[mãrskalk]
Admiral (m)	admiraal	[admirãl]
Militärperson (f)	leër	[leɛr]
Soldat (m)	soldaat	[soldãt]

| Offizier (m) | offisier | [offisir] |
| Kommandeur (m) | kommandant | [kommandant] |

Grenzsoldat (m)	grenswag	[χrɛŋs·waχ]
Funker (m)	radio-operateur	[radio-operatøər]
Aufklärer (m)	verkenner	[ferkɛnnər]
Pionier (m)	sappeur	[sappøər]
Schütze (m)	skutter	[skuttər]
Steuermann (m)	navigator	[nafiχator]

127. Beamte. Priester

| König (m) | koning | [koniŋ] |
| Königin (f) | koningin | [koniŋin] |

| Prinz (m) | prins | [prins] |
| Prinzessin (f) | prinses | [prinsəs] |

| Zar (m) | tsaar | [tsãr] |
| Zarin (f) | tsarina | [tsarina] |

Präsident (m)	president	[president]
Minister (m)	minister	[ministər]
Ministerpräsident (m)	eerste minister	[eerstə ministər]
Senator (m)	senator	[senator]

Diplomat (m)	diplomaat	[diplomãt]
Konsul (m)	konsul	[kɔŋsul]
Botschafter (m)	ambassadeur	[ambassadøər]
Ratgeber (m)	adviseur	[adfisøər]

Beamte (m)	amptenaar	[amptənar]
Präfekt (m)	prefek	[prefek]
Bürgermeister (m)	burgermeester	[burgər·meestər]

| Richter (m) | regter | [reχtər] |
| Staatsanwalt (m) | aanklaer | [ãnklaər] |

Missionar (m)	sendeling	[sendəliŋ]
Mönch (m)	monnik	[monnik]
Abt (m)	ab	[ap]
Rabbiner (m)	rabbi	[rabbi]

Wesir (m)	visier	[fisir]
Schah (n)	sjah	[ʃah]
Scheich (m)	sjeik	[ʃæjk]

128. Landwirtschaftliche Berufe

Bienenzüchter (m)	byeboer	[bajebur]
Hirt (m)	herder	[herdər]
Agronom (m)	landboukundige	[landbæʊ·kundiχə]

| Viehzüchter (m) | veeteler | [feə·telər] |
| Tierarzt (m) | veearts | [feə·arts] |

Farmer (m)	boer	[bur]
Winzer (m)	wynmaker	[vajn·makər]
Zoologe (m)	dierkundige	[dir·kundiχə]
Cowboy (m)	cowboy	[kovboj]

129. Künstler

| Schauspieler (m) | akteur | [aktøər] |
| Schauspielerin (f) | aktrise | [aktrisə] |

| Sänger (m) | sanger | [saŋər] |
| Sängerin (f) | sangeres | [saŋəres] |

| Tänzer (m) | danser | [daŋsər] |
| Tänzerin (f) | danseres | [daŋsəres] |

| Künstler (m) | verhoogkunstenaar | [ferhoəχ·kunstənār] |
| Künstlerin (f) | verhoogkunstenares | [ferhoəχ·kunstənares] |

Musiker (m)	musikant	[musikant]
Pianist (m)	pianis	[pianis]
Gitarrist (m)	kitaarspeler	[kitār·spelər]

Dirigent (m)	dirigent	[diriχent]
Komponist (m)	komponis	[komponis]
Manager (m)	impresario	[impresario]

Regisseur (m)	filmregisseur	[film·reχissøər]
Produzent (m)	produsent	[produsent]
Drehbuchautor (m)	draaiboekskrywer	[drājbuk·skrajvər]
Kritiker (m)	kritikus	[kritikus]

Schriftsteller (m)	skrywer	[skrajvər]
Dichter (m)	digter	[diχtər]
Bildhauer (m)	beeldhouer	[beəldhæuər]
Maler (m)	kunstenaar	[kunstenār]

Jongleur (m)	jongleur	[jonχløər]
Clown (m)	hanswors	[haŋswors]
Akrobat (m)	akrobaat	[akrobāt]
Zauberkünstler (m)	goëlaar	[χoɛlār]

130. Verschiedene Berufe

Arzt (m)	dokter	[doktər]
Krankenschwester (f)	verpleegster	[ferpleəχ·stər]
Psychiater (m)	psigiater	[psiχiatər]
Zahnarzt (m)	tandarts	[tand·arts]
Chirurg (m)	chirurg	[ʃirurχ]

Astronaut (m)	astronout	[astronæʊt]
Astronom (m)	astronoom	[astronoəm]
Pilot (m)	piloot	[piloət]

Fahrer (Taxi-)	bestuurder	[bestɪrdər]
Lokomotivführer (m)	treindrywer	[træjn·drajvər]
Mechaniker (m)	werktuigkundige	[verktœiχ·kundiχə]

Bergarbeiter (m)	mynwerker	[majn·werkər]
Arbeiter (m)	werker	[verkər]
Schlosser (m)	slotmaker	[slot·makər]
Tischler (m)	skrynwerker	[skrajn·werkər]
Dreher (m)	draaibankwerker	[drãjbank·werkər]
Bauarbeiter (m)	bouwerker	[bæʊ·verkər]
Schweißer (m)	sweiser	[swæjsər]

Professor (m)	professor	[profɛssor]
Architekt (m)	argitek	[arχitek]
Historiker (m)	historikus	[historikus]
Wissenschaftler (m)	wetenskaplike	[vetɛŋskaplikə]
Physiker (m)	fisikus	[fisikus]
Chemiker (m)	skeikundige	[skæjkundiχə]

Archäologe (m)	argeoloog	[arχeoloəχ]
Geologe (m)	geoloog	[χeoloəχ]
Forscher (m)	navorser	[naforsər]

| Kinderfrau (f) | babasitter | [babasittər] |
| Lehrer (m) | onderwyser | [ondərwajsər] |

Redakteur (m)	redakteur	[redaktøər]
Chefredakteur (m)	hoofredakteur	[hoəf·redaktøər]
Korrespondent (m)	korrespondent	[korrespondɛnt]
Schreibkraft (f)	tikster	[tikstər]

Designer (m)	ontwerper	[ontwerpər]
Computerspezialist (m)	rekenaarkenner	[rekənãr·kɛnnər]
Programmierer (m)	programmeur	[proχrammøər]
Ingenieur (m)	ingenieur	[inχeniøər]

Seemann (m)	matroos	[matroəs]
Matrose (m)	seeman	[seəman]
Retter (m)	redder	[rɛddər]

Feuerwehrmann (m)	brandweerman	[brantveər·man]
Polizist (m)	polisieman	[polisi·man]
Nachtwächter (m)	bewaker	[bevakər]
Detektiv (m)	speurder	[spøərdər]

Zollbeamter (m)	doeanebeampte	[duanə·beamptə]
Leibwächter (m)	lyfwag	[lajf·waχ]
Gefängniswärter (m)	tronkbewaarder	[tronk·bevãrdər]
Inspektor (m)	inspekteur	[inspektøər]

| Sportler (m) | sportman | [sportman] |
| Trainer (m) | breier | [bræjer] |

Fleischer (m)	**slagter**	[slaχtər]
Schuster (m)	**skoenmaker**	[skun·makər]
Geschäftsmann (m)	**handelaar**	[handəlãr]
Ladearbeiter (m)	**laaier**	[lãjer]

Modedesigner (m)	**modeontwerper**	[modə·ontwerpər]
Modell (n)	**model**	[modəl]

131. Beschäftigung. Sozialstatus

Schüler (m)	**skoolseun**	[skoəl·søən]
Student (m)	**student**	[student]

Philosoph (m)	**filosoof**	[filosoəf]
Ökonom (m)	**ekonoom**	[ɛkonoəm]
Erfinder (m)	**uitvinder**	[œitfindər]

Arbeitslose (m)	**werkloos**	[verkloəs]
Rentner (m)	**pensioentrekker**	[pɛnsiun·trɛkkər]
Spion (m)	**spioen**	[spiun]

Gefangene (m)	**gevangene**	[χefaŋənə]
Streikender (m)	**staker**	[stakər]
Bürokrat (m)	**burokraat**	[burokrãt]
Reisende (m)	**reisiger**	[ræjsiχər]

Homosexuelle (m)	**gay**	[χaaj]
Hacker (m)	**kuberkraker**	[kubər·krakər]
Hippie (m)	**hippie**	[hippi]

Bandit (m)	**bandiet**	[bandit]
Killer (m)	**huurmoordenaar**	[hɪr·moərdenãr]
Drogenabhängiger (m)	**dwelmslaaf**	[dwɛlm·slãf]
Drogenhändler (m)	**dwelmhandelaar**	[dwɛlm·handelãr]
Prostituierte (f)	**prostituut**	[prostitɪt]
Zuhälter (m)	**pooier**	[pojer]

Zauberer (m)	**towenaar**	[tovenãr]
Zauberin (f)	**heks**	[heks]
Seeräuber (m)	**piraat, seerower**	[pirãt], [see·rovər]
Sklave (m)	**slaaf**	[slãf]
Samurai (m)	**samoerai**	[samuraj]
Wilde (m)	**wilde**	[vildə]

Sport

132. Sportarten. Persönlichkeiten des Sports

Sportler (m)	sportman	[sportman]
Sportart (f)	sportsoorte	[sport·soərtə]
Basketball (m)	basketbal	[basketbal]
Basketballspieler (m)	basketbalspeler	[basketbal·spelər]
Baseball (m, n)	bofbal	[bofbal]
Baseballspieler (m)	bofbalspeler	[bofbal·spelər]
Fußball (m)	sokker	[sokkər]
Fußballspieler (m)	sokkerspeler	[sokkər·spelər]
Torwart (m)	doelwagter	[dul·waχtər]
Eishockey (n)	hokkie	[hokki]
Eishockeyspieler (m)	hokkiespeler	[hokki·spelər]
Volleyball (m)	vlugbal	[fluχbal]
Volleyballspieler (m)	vlugbalspeler	[fluχbal·spelər]
Boxen (n)	boks	[boks]
Boxer (m)	bokser	[boksər]
Ringen (n)	stoei	[stui]
Ringkämpfer (m)	stoeier	[stujer]
Karate (n)	karate	[karatə]
Karatekämpfer (m)	karatevegter	[karatə·feχtər]
Judo (n)	judo	[judo]
Judoka (m)	judoka	[judoka]
Tennis (n)	tennis	[tɛnnis]
Tennisspieler (m)	tennisspeler	[tɛnnis·spelər]
Schwimmen (n)	swem	[swem]
Schwimmer (m)	swemmer	[swemmər]
Fechten (n)	skerm	[skerm]
Fechter (m)	skermer	[skermər]
Schach (n)	skaak	[skāk]
Schachspieler (m)	skaakspeler	[skāk·spelər]
Bergsteigen (n)	alpinisme	[alpinismə]
Bergsteiger (m)	alpinis	[alpinis]
Lauf (m)	hardloop	[hardloəp]

Läufer (m)	hardloper	[hardlopər]
Leichtathletik (f)	atletiek	[atletik]
Athlet (m)	atleet	[atleət]

| Pferdesport (m) | perdry | [perdraj] |
| Reiter (m) | ruiter | [rœitər] |

Eiskunstlauf (m)	kunsskaats	[kuns·skāts]
Eiskunstläufer (m)	kunsskaatser	[kuns·skātsər]
Eiskunstläuferin (f)	kunsskaatser	[kuns·skātsər]

| Gewichtheben (n) | gewigoptel | [χeviχ·optəl] |
| Gewichtheber (m) | gewigopteller | [χeviχ·optɛllər] |

| Autorennen (n) | motorwedren | [motor·wedrən] |
| Rennfahrer (m) | renjaer | [renjaər] |

| Radfahren (n) | fiets | [fits] |
| Radfahrer (m) | fietser | [fitsər] |

Weitsprung (m)	verspring	[fer·spriŋ]
Stabhochsprung (m)	polsstokspring	[polsstok·spriŋ]
Springer (m)	springer	[spriŋər]

133. Sportarten. Verschiedenes

American Football (m)	sokker	[sokkər]
Federballspiel (n)	pluimbal	[plœimbal]
Biathlon (n)	tweekamp	[tweəkamp]
Billard (n)	biljart	[biljart]

Bob (m)	bobslee	[bobsleə]
Bodybuilding (n)	liggaamsbou	[liχχāmsbæʊ]
Wasserballspiel (n)	waterpolo	[vatər·polo]
Handball (m)	handbal	[handbal]
Golf (n)	gholf	[golf]

Rudern (n)	roei	[rui]
Tauchen (n)	duik	[dœik]
Skilanglauf (m)	veldski	[fɛlt·ski]
Tischtennis (n)	tafeltennis	[tafel·tɛnnis]

Segelsport (m)	seil	[sæjl]
Rallye (f, n)	tydren jaag	[tajdren jāχ]
Rugby (n)	rugby	[ragbi]
Snowboard (n)	sneeuplankry	[sniʊ·plankraj]
Bogenschießen (n)	boogskiet	[boəχ·skit]

134. Fitnessstudio

| Hantel (f) | staafgewig | [stāf·χevəχ] |
| Hanteln (pl) | handgewigte | [hand·χeviχtə] |

Trainingsgerät (n)	oefenmasjien	[ufen·maʃin]
Fahrradtrainer (m)	oefenfiets	[ufen·fits]
Laufband (n)	trapmeul	[trapmøəl]

Reck (n)	rekstok	[rekstok]
Barren (m)	brug	[bruχ]
Sprungpferd (n)	springperd	[spriŋ·pert]
Matte (f)	oefenmat	[ufen·mat]

Sprungseil (n)	springtou	[spriŋ·tæʊ]
Aerobic (n)	aërobiese oefeninge	[aɛrobisə ufeniŋə]
Yoga (m)	joga	[joga]

135. Hockey

Eishockey (n)	hokkie	[hokki]
Eishockeyspieler (m)	hokkiespeler	[hokki·speler]
Hockey spielen	hokkie speel	[hokki speəl]
Eis (n)	ys	[ajs]

Puck (m)	skyf	[skajf]
Hockeyschläger (m)	hokkiestok	[hokki·stok]
Schlittschuhe (pl)	ysskaatse	[ajs·skātsə]

Bord (m)	bord	[bort]
Schuss (m)	skoot	[skoet]

Torwart (m)	doelwagter	[dul·waχter]
Tor (n)	doelpunt	[dulpunt]

Drittel (n)	periode	[periodə]
zweites Drittel (n)	tweede periode	[tweedə periodə]
Ersatzbank (f)	plaasvervangersbank	[plās·ferfaŋərs·bank]

136. Fußball

Fußball (m)	sokker	[sokkər]
Fußballspieler (m)	sokkerspeler	[sokkər·speler]
Fußball spielen	sokker speel	[sokkər speəl]

Oberliga (f)	seniorliga	[senior·liχa]
Fußballclub (m)	sokkerklub	[sokkər·klup]
Trainer (m)	breier	[bræjer]
Besitzer (m)	eienaar	[æjenār]

Mannschaft (f)	span	[span]
Mannschaftskapitän (m)	spankaptein	[spanə·kaptæjn]
Spieler (m)	speler	[speler]
Ersatzspieler (m)	plaasvervanger	[plās·ferfaŋer]

Stürmer (m)	voorspeler	[foer·speler]
Mittelstürmer (m)	middelvoorspeler	[middəlfoer·speler]

Torjäger (m)	doelpuntmaker	[dulpunt·makər]
Verteidiger (m)	verdediger	[ferdediχər]
Läufer (m)	middelveldspeler	[middəlfɛld·spelər]

Spiel (n)	wedstryd	[vedstrajt]
sich begegnen	ontmoet	[ontmut]
Finale (n)	finale	[finalə]
Halbfinale (n)	semi-finale	[semi-finalə]
Meisterschaft (f)	kampioenskap	[kampiunskap]

Halbzeit (f)	helfte	[hɛlftə]
erste Halbzeit (f)	eerste helfte	[eərstə hɛlftə]
Halbzeit (Pause)	rustyd	[rustajt]

Tor (n)	doel	[dul]
Torwart (m)	doelwagter	[dul·waχtər]
Torpfosten (m)	doelpale	[dul·palə]
Torlatte (f)	dwarslat	[dwars·lat]
Netz (n)	net	[net]

Ball (m)	bal	[bal]
Pass (m)	deurgee	[døərχeə]
Schuss (m)	skop	[skop]
schießen (vi)	skop	[skop]
Freistoß (m)	vryskop	[frajskop]
Eckball (m)	hoekskop	[hukskop]

Attacke (f)	aanval	[ānfal]
Gegenangriff (m)	teenaanval	[teən·ānfal]
Kombination (f)	kombinasie	[kombinasi]

Schiedsrichter (m)	skeidsregter	[skæjds·reχtər]
pfeifen (vi)	die fluitjie blaas	[di flœiki blās]
Pfeife (f)	fluitsienjaal	[flœit·sinjāl]
Foul (n)	oortreding	[oərtrediŋ]
vom Platz verweisen	van die veld stuur	[fan di fɛlt stɪr]

gelbe Karte (f)	geel kaart	[χeəl kārt]
rote Karte (f)	rooi kaart	[roj kārt]
Disqualifizierung (f)	diskwalifikasie	[diskvalifikasi]
disqualifizieren (vt)	diskwalifiseer	[diskvalifiseər]

Elfmeter (m)	strafskop	[strafskop]
Mauer (f)	muur	[mɪr]
schießen (ein Tor ~)	doel aanteken	[dul āntekən]
Tor (n)	doelpunt	[dulpunt]

Wechsel (m)	plaasvervanging	[plās·ferfaŋiŋ]
ersetzen (vt)	vervang	[ferfaŋ]
Regeln (pl)	reëls	[reɛls]
Taktik (f)	taktiek	[taktik]

Stadion (n)	stadion	[stadion]
Tribüne (f)	tribune	[tribunə]
Anhänger (m)	ondersteuner	[ondərstøənər]
schreien (vi)	skreeu	[skriʊ]

| Anzeigetafel (f) | telbord | [tɛlbort] |
| Ergebnis (n) | stand | [stant] |

Niederlage (f)	nederlaag	[nedərlāχ]
verlieren (vt)	verloor	[ferloər]
Unentschieden (n)	gelykspel	[χelajkspəl]
unentschieden spielen	gelykop speel	[χelajkop speəl]

Sieg (m)	oorwinning	[oərwinniŋ]
gewinnen (vt)	wen	[ven]
Meister (m)	kampioen	[kampiun]
der beste	beste	[bestə]
gratulieren (vi)	gelukwens	[χelukwɛns]

Kommentator (m)	kommentator	[kommentator]
kommentieren (vt)	verslag lewer	[ferslaχ levər]
Übertragung (f)	uitsending	[œitsendiŋ]

137. Ski alpin

Ski laufen	ski	[ski]
Skiort (m)	berg ski-oord	[berχ ski-oərt]
Skilift (m)	skihysbak	[ski·hajsbak]

Skistöcke (pl)	skistokke	[ski·stokkə]
Abhang (m)	helling	[hɛlliŋ]
Slalom (m)	slalom	[slalom]

138. Tennis Golf

Golf (n)	gholf	[golf]
Golfklub (m)	gholfklub	[golf·klup]
Golfspieler (m)	gholfspeler	[golf·spelər]

Loch (n)	putjie	[puki]
Schläger (m)	gholfstok	[golf·stok]
Golfwagen (m)	gholfkarretjie	[golf·karrəki]

Tennis (n)	tennis	[tɛnnis]
Tennisplatz (m)	tennisbaan	[tɛnnis·bān]
Aufschlag (m)	afslaan	[afslān]
angeben (vt)	afslaan	[afslān]
Tennisschläger (m)	raket	[raket]
Netz (n)	net	[net]
Ball (m)	bal	[bal]

139. Schach

| Schach (n) | skaak | [skāk] |
| Schachfiguren (pl) | skaakstukke | [skāk·stukkə] |

Schachspieler (m)	skaakspeler	[skāk·speler]
Schachbrett (n)	skaakbord	[skāk·bort]
Figur (f)	stuk	[stuk]

Weißen (pl)	wit	[vit]
Schwarze (pl)	swart	[swart]

Bauer (m)	pion	[pion]
Läufer (m)	loper	[loper]
Springer (m)	ruiter	[rœiter]
Turm (m)	toring	[toriŋ]
Königin (f)	dame	[dame]
König (m)	koning	[koniŋ]

Zug (m)	skuif	[skœif]
einen Zug machen	skuif	[skœif]
opfern (vt)	opoffer	[opoffer]
Rochade (f)	rokade	[rokade]
Schach (n)	skaak	[skāk]
Matt (n)	skaakmat	[skāk·mat]

Schachturnier (n)	skaakwedstryd	[skāk·wedstrajt]
Großmeister (m)	Grootmeester	[χroet·meester]
Kombination (f)	kombinasie	[kombinasi]
Partie (f), Spiel (n)	spel	[spel]
Damespiel (n)	damspel	[dam·spel]

140. Boxen

Boxen (n)	boks	[boks]
Boxkampf (m)	geveg	[χefeχ]
Zweikampf (m)	boksgeveg	[boks·χefeχ]
Runde (f)	rondte	[rondte]

Ring (m)	kryt	[krajt]
Gong (m, n)	gong	[χoŋ]

Schlag (m)	hou	[hæʊ]
Knockdown (m)	uitklophou	[œitklophæʊ]
Knockout (m)	uitklophou	[œitklophæʊ]
k.o. schlagen (vt)	uitklophou plant	[œitklophæʊ plant]
Boxhandschuh (m)	bokshandskoen	[boks·handskun]
Schiedsrichter (m)	skeidsregter	[skæjds·reχter]

Leichtgewicht (n)	liggegewig	[liχχe·χeveχ]
Mittelgewicht (n)	middelgewig	[middel·χeveχ]
Schwergewicht (n)	swaargewig	[swār·χeveχ]

141. Sport. Verschiedenes

Olympische Spiele (pl)	Olimpiese Spele	[olimpise spele]
Sieger (m)	oorwinnaar	[oerwinnār]

siegen (vi)	wen	[ven]
gewinnen (Sieger sein)	wen	[ven]

Tabellenführer (m)	leier	[læjer]
führen (vi)	lei	[læj]

der erste Platz	eerste plek	[eərstə plek]
der zweite Platz	tweede plek	[tweədə plek]
der dritte Platz	derde plek	[derdə plek]

Medaille (f)	medalje	[medalje]
Trophäe (f)	trofee	[trofeə]
Pokal (m)	beker	[bekər]
Siegerpreis m (m)	prys	[prajs]
Hauptpreis (m)	hoofprys	[hoəf·prajs]
Rekord (m)	rekord	[rekort]

Finale (n)	finale	[finalə]
Final-	finale	[finalə]

Meister (m)	kampioen	[kampiun]
Meisterschaft (f)	kampioenskap	[kampiunskap]

Stadion (n)	stadion	[stadion]
Tribüne (f)	tribune	[tribunə]
Fan (m)	ondersteuner	[ondərstøənər]
Gegner (m)	teëstander	[tɛɛstandər]

Start (m)	wegspringplek	[veχspriŋ·plek]
Ziel (n), Finish (n)	eindstreep	[æjnd·streəp]

Niederlage (f)	nederlaag	[nedərlãχ]
verlieren (vt)	verloor	[ferloər]

Schiedsrichter (m)	skeidsregter	[skæjds·reχtər]
Jury (f)	beoordelaars	[be·oərdelãrs]
Ergebnis (n)	stand	[stant]
Unentschieden (n)	gelykspel	[χelajkspəl]
unentschieden spielen	gelykop speel	[χelajkop speəl]
Punkt (m)	punt	[punt]
Ergebnis (n)	puntestand	[puntəstant]

Spielabschnitt (m)	periode	[periodə]
Halbzeit (f), Pause (f)	rustyd	[rustajt]

Doping (n)	opkikkers	[opkikkərs]
bestrafen (vt)	straf	[straf]
disqualifizieren (vt)	diskwalifiseer	[diskwalifiseər]

Sportgerät (n)	apparaat	[apparãt]
Speer (m)	spies	[spis]
Kugel (im Kugelstoßen)	koeël	[kuɛl]
Kugel (f), Ball (m)	bal	[bal]

Ziel (n)	doelwit	[dulwit]
Zielscheibe (f)	teiken	[tæjkən]

schießen (vi)	**skiet**	[skit]
genau (Adj)	**akkuraat**	[akkurãt]
Trainer (m)	**breier**	[bræjer]
trainieren (vt)	**afrig**	[afrəχ]
trainieren (vi)	**oefen**	[ufen]
Training (n)	**oefen**	[ufen]
Turnhalle (f)	**gimnastieksaal**	[χimnastik·sãl]
Übung (f)	**oefening**	[ufeniŋ]
Aufwärmen (n)	**opwarm**	[opwarm]

Ausbildung

142. Schule

Schule (f)	skool	[skoəl]
Schulleiter (m)	prinsipaal	[prinsipāl]
Schüler (m)	leerder	[leərdər]
Schülerin (f)	leerder	[leərdər]
Schuljunge (m)	skoolseun	[skoəl·søən]
Schulmädchen (f)	skooldogter	[skoəl·doχtər]
lehren (vt)	leer	[leər]
lernen (Englisch ~)	leer	[leər]
auswendig lernen	van buite leer	[fan bœitə leər]
lernen (vi)	leer	[leər]
in der Schule sein	op skool wees	[op skoəl veəs]
die Schule besuchen	skooltoe gaan	[skoəltu χān]
Alphabet (n)	alfabet	[alfabet]
Fach (n)	vak	[fak]
Klassenraum (m)	klaskamer	[klas·kamər]
Stunde (f)	les	[les]
Pause (f)	pouse	[pæʊsə]
Schulglocke (f)	skoolbel	[skoəl·bel]
Schulbank (f)	skoolbank	[skoəl·bank]
Tafel (f)	bord	[bort]
Note (f)	simbool	[simboəl]
gute Note (f)	goeie punt	[χuje punt]
schlechte Note (f)	slegte punt	[sleχtə punt]
Fehler (m)	fout	[fæʊt]
Fehler machen	foute maak	[fæʊtə māk]
korrigieren (vt)	korrigeer	[korriχeər]
Spickzettel (m)	afskryfbriefie	[afskrajf·brifi]
Hausaufgabe (f)	huiswerk	[hœis·werk]
Übung (f)	oefening	[ufeniŋ]
anwesend sein	aanwesig wees	[ānwesəχ veəs]
fehlen (in der Schule ~)	afwesig wees	[afwesəχ veəs]
versäumen (Schule ~)	stokkies draai	[stokkis drāj]
bestrafen (vt)	straf	[straf]
Strafe (f)	straf	[straf]
Benehmen (n)	gedrag	[χedraχ]
Zeugnis (n)	rapport	[rapport]

Bleistift (m)	potlood	[potloət]
Radiergummi (m)	uitveër	[œitfeɛr]
Kreide (f)	kryt	[krajt]
Federkasten (m)	potloodsakkie	[potloət·sakki]

Schulranzen (m)	boekesak	[bukə·sak]
Kugelschreiber, Stift (m)	pen	[pen]
Heft (n)	skryfboek	[skrajf·buk]

| Lehrbuch (n) | handboek | [hand·buk] |
| Zirkel (m) | passer | [passər] |

| zeichnen (vt) | tegniese tekeninge maak | [teχnisə tekənikə māk] |
| Zeichnung (f) | tegniese tekening | [teχnisə tekəniŋ] |

Gedicht (n)	gedig	[χedəχ]
auswendig (Adv)	van buite	[fan bœitə]
auswendig lernen	van buite leer	[fan bœitə leər]

Ferien (pl)	skoolvakansie	[skoəl·fakaŋsi]
in den Ferien sein	met vakansie wees	[met fakaŋsi veəs]
Ferien verbringen	jou vakansie deurbring	[jæʊ fakaŋsi døərbriŋ]

Test (m), Prüfung (f)	toets	[tuts]
Aufsatz (m)	opstel	[opstəl]
Diktat (n)	diktee	[dikteə]

| Prüfung (f) | eksamen | [ɛksamen] |
| Experiment (n) | eksperiment | [ɛksperiment] |

143. Hochschule. Universität

Akademie (f)	akademie	[akademi]
Universität (f)	universiteit	[unifersitæjt]
Fakultät (f)	fakulteit	[fakultæjt]

Student (m)	student	[student]
Studentin (f)	student	[student]
Lehrer (m)	lektor	[lektor]

| Hörsaal (m) | lesingsaal | [lesiŋ·sāl] |
| Hochschulabsolvent (m) | gegradueerde | [χeχradueərdə] |

| Diplom (n) | sertifikaat | [sertifikāt] |
| Dissertation (f) | proefskrif | [prufskrif] |

| Forschung (f) | navorsing | [naforsiŋ] |
| Labor (n) | laboratorium | [laboratorium] |

| Vorlesung (f) | lesing | [lesiŋ] |
| Kommilitone (m) | medestudent | [medə·student] |

| Stipendium (n) | beurs | [bøərs] |
| akademischer Grad (m) | akademiese graad | [akademisə χrāt] |

144. Naturwissenschaften. Fächer

Mathematik (f)	wiskunde	[vɪskundə]
Algebra (f)	algebra	[alχebra]
Geometrie (f)	meetkunde	[meetkundə]

Astronomie (f)	astronomie	[astronomi]
Biologie (f)	biologie	[bioloχi]
Erdkunde (f)	geografie	[χeoχrafi]
Geologie (f)	geologie	[χeoloχi]
Geschichte (f)	geskiedenis	[χeskidenis]

Medizin (f)	geneeskunde	[χeneəs·kundə]
Pädagogik (f)	pedagogie	[pedaχoχi]
Recht (n)	regte	[reχtə]

Physik (f)	fisika	[fisika]
Chemie (f)	chemie	[χemi]
Philosophie (f)	filosofie	[filosofi]
Psychologie (f)	sielkunde	[silkundə]

145. Schrift Rechtschreibung

Grammatik (f)	grammatika	[χrammatika]
Lexik (f)	woordeskat	[voərdeskat]
Phonetik (f)	fonetika	[fonetika]

Substantiv (n)	selfstandige naamwoord	[sɛlfstandiχə nãmwoərt]
Adjektiv (n)	byvoeglike naamwoord	[bajfuχlikə nãmvoərt]
Verb (n)	werkwoord	[verk·woərt]
Adverb (n)	bijwoord	[bij·woərt]

Pronomen (n)	voornaamwoord	[foərnãm·voərt]
Interjektion (f)	tussenwerpsel	[tussən·werpsəl]
Präposition (f)	voorsetsel	[foərsetsəl]

Wurzel (f)	stam	[stam]
Endung (f)	agtervoegsel	[aχtər·fuχsəl]
Vorsilbe (f)	voorvoegsel	[foər·fuχsəl]
Silbe (f)	lettergreep	[lɛttər·χreəp]
Suffix (n), Nachsilbe (f)	agtervoegsel, suffiks	[aχtər·fuχsəl], [suffiks]

| Betonung (f) | klemteken | [klem·tekən] |
| Apostroph (m) | afkappingsteken | [afkappiŋs·tekən] |

Punkt (m)	punt	[punt]
Komma (n)	komma	[komma]
Semikolon (n)	kommapunt	[komma·punt]
Doppelpunkt (m)	dubbelpunt	[dubbəl·punt]
Auslassungspunkte (pl)	beletselteken	[beletsəl·tekən]

| Fragezeichen (n) | vraagteken | [frãχ·tekən] |
| Ausrufezeichen (n) | uitroepteken | [œitrup·tekən] |

Anführungszeichen (pl)	aanhalingstekens	[ānhaliŋs·tekəŋs]
in Anführungszeichen	tussen aanhalingstekens	[tussən ānhaliŋs·tekəŋs]
runde Klammern (pl)	hakies	[hakis]
in Klammern	tussen hakies	[tussən hakis]
Bindestrich (m)	koppelteken	[koppəl·tekən]
Gedankenstrich (m)	strepie	[strepi]
Leerzeichen (n)	spasie	[spasi]
Buchstabe (m)	letter	[lɛttər]
Großbuchstabe (m)	hoofletter	[hoəf·lɛttər]
Vokal (m)	klinker	[klinkər]
Konsonant (m)	konsonant	[koŋsonant]
Satz (m)	sin	[sin]
Subjekt (n)	onderwerp	[ondərwerp]
Prädikat (n)	predikaat	[predikāt]
Zeile (f)	reël	[reɛl]
Absatz (m)	paragraaf	[paraχrāf]
Wort (n)	woord	[voərt]
Wortverbindung (f)	woordgroep	[voərt·χrup]
Redensart (f)	uitdrukking	[œitdrukkiŋ]
Synonym (n)	sinoniem	[sinonim]
Antonym (n)	antoniem	[antonim]
Regel (f)	reël	[reɛl]
Ausnahme (f)	uitsondering	[œitsondəriŋ]
richtig (Adj)	korrek	[korrek]
Konjugation (f)	vervoeging	[ferfuχiŋ]
Deklination (f)	verbuiging	[ferbœəχiŋ]
Kasus (m)	naamval	[nāmfal]
Frage (f)	vraag	[frāχ]
unterstreichen (vt)	onderstreep	[ondərstreəp]
punktierte Linie (f)	stippellyn	[stippəl·lajn]

146. Fremdsprachen

Sprache (f)	taal	[tāl]
Fremd-	vreemd	[freəmt]
Fremdsprache (f)	vreemde taal	[freəmdə tāl]
studieren (z.B. Jura ~)	studeer	[studeər]
lernen (Englisch ~)	leer	[leər]
lesen (vi, vt)	lees	[leəs]
sprechen (vi, vt)	praat	[prāt]
verstehen (vt)	verstaan	[ferstān]
schreiben (vi, vt)	skryf	[skrajf]
schnell (Adv)	vinnig	[finnəχ]
langsam (Adv)	stadig	[stadəχ]

fließend (Adv)	vlot	[flot]
Regeln (pl)	reëls	[reɛls]
Grammatik (f)	grammatika	[χrammatika]
Vokabular (n)	woordeskat	[voərdeskat]
Phonetik (f)	fonetika	[fonetika]
Lehrbuch (n)	handboek	[hand·buk]
Wörterbuch (n)	woordeboek	[voərdə·buk]
Selbstlernbuch (n)	selfstudie boek	[sɛlfstudi buk]
Sprachführer (m)	taalgids	[tāl·χids]
Kassette (f)	kasset	[kasset]
Videokassette (f)	videoband	[video·bant]
CD (f)	CD	[se·de]
DVD (f)	DVD	[de·fe·de]
Alphabet (n)	alfabet	[alfabet]
buchstabieren (vt)	spel	[spel]
Aussprache (f)	uitspraak	[œitsprāk]
Akzent (m)	aksent	[aksent]
Wort (n)	woord	[voərt]
Bedeutung (f)	betekenis	[betekənis]
Kurse (pl)	kursus	[kursus]
sich einschreiben	inskryf	[inskrajf]
Lehrer (m)	onderwyser	[ondərwajsər]
Übertragung (f)	vertaling	[fertaliŋ]
Übersetzung (f)	vertaling	[fertaliŋ]
Übersetzer (m)	vertaler	[fertalər]
Dolmetscher (m)	tolk	[tolk]
Polyglott (m, f)	poliglot	[poliχlot]
Gedächtnis (n)	geheue	[χəhøə]

147. Märchenfiguren

Weihnachtsmann (m)	Kersvader	[kers·fadər]
Aschenputtel (n)	Assepoester	[assepustər]
Nixe (f)	meermin	[meərmin]
Neptun (m)	Neptunus	[neptunus]
Zauberer (m)	towenaar	[tovenār]
Zauberin (f)	feetjie	[feəki]
magisch, Zauber-	magies	[maχis]
Zauberstab (m)	towerstaf	[tovər·staf]
Märchen (n)	sprokie	[sproki]
Wunder (n)	wonderwerk	[vondərwerk]
Zwerg (m)	dwerg	[dwerχ]
sich verwandeln in ...	verander in ...	[ferandər in ...]
Geist (m)	gees	[χeəs]
Gespenst (n)	spook	[spoək]

Ungeheuer (n)	monster	[mɔŋstər]
Drache (m)	draak	[drāk]
Riese (m)	reus	[røəs]

148. Sternzeichen

Widder (m)	Ram	[ram]
Stier (m)	Stier	[stir]
Zwillinge (pl)	Tweelinge	[tweəliŋə]
Krebs (m)	Kreef	[kreəf]
Löwe (m)	Leeu	[liʊ]
Jungfrau (f)	Maagd	[mā̃χt]

Waage (f)	Weegskaal	[veəχskāl]
Skorpion (m)	Skerpioen	[skerpiun]
Schütze (m)	Boogskutter	[boəχskuttər]
Steinbock (m)	Steenbok	[steənbok]
Wassermann (m)	Waterman	[vatərman]
Fische (pl)	Visse	[fissə]

Charakter (m)	karakter	[karaktər]
Charakterzüge (pl)	karaktertrekke	[karaktər·trɛkkə]
Benehmen (n)	gedrag	[χedraχ]
wahrsagen (vt)	waarsê	[vārsɛ:]
Wahrsagerin (f)	waarsêer	[vārsɛer]
Horoskop (n)	horoskoop	[horoskoəp]

Kunst

149. Theater

Theater (n)	teater	[teatər]
Oper (f)	opera	[opera]
Operette (f)	operette	[opɛrɛttə]
Ballett (n)	ballet	[ballet]
Theaterplakat (n)	plakkaat	[plakkāt]
Truppe (f)	teatergeselskap	[teatər·xesɛlskap]
Tournee (f)	toer	[tur]
auf Tournee sein	op toer wees	[op tur veəs]
proben (vt)	repeteer	[repeteər]
Probe (f)	repetisie	[repetisi]
Spielplan (m)	repertoire	[repertuarə]
Aufführung (f)	voorstelling	[foərstɛlliŋ]
Vorstellung (f)	opvoering	[opfuriŋ]
Theaterstück (n)	toneelstuk	[toneəl·stuk]
Karte (f)	kaartjie	[kārki]
Theaterkasse (f)	loket	[lokət]
Halle (f)	voorportaal	[foər·portāl]
Garderobe (f)	bewaarkamer	[bevār·kamər]
Garderobennummer (f)	bewaarkamerkaartjie	[bevār·kamər·kārki]
Opernglas (n)	verkyker	[ferkajkər]
Platzanweiser (m)	plekaanwyser	[plek·ānwajsər]
Parkett (n)	stalles	[stalles]
Balkon (m)	balkon	[balkon]
der erste Rang	eerste balkon	[eərstə balkon]
Loge (f)	losie	[losi]
Reihe (f)	ry	[raj]
Platz (m)	sitplek	[sitplek]
Publikum (n)	gehoor	[xehoər]
Zuschauer (m)	toehoorders	[tuhoərders]
klatschen (vi)	klap	[klap]
Applaus (m)	applous	[applæʊs]
Ovation (f)	toejuiging	[tujœəχiŋ]
Bühne (f)	verhoog	[ferhoəχ]
Vorhang (m)	gordyn	[χordajn]
Dekoration (f)	dekor	[dekor]
Kulissen (pl)	agter die verhoog	[aχtər di ferhoəχ]
Szene (f)	toneel	[toneəl]
Akt (m)	bedryf	[bedrajf]
Pause (f)	pouse	[pæʊsə]

150. Kino

| Schauspieler (m) | akteur | [aktøər] |
| Schauspielerin (f) | aktrise | [aktrisə] |

Kino (n)	filmbedryf	[film·bedrajf]
Film (m)	fliek	[flik]
Folge (f)	episode	[ɛpisodə]

Krimi (m)	speurfliek	[spøər·flik]
Actionfilm (m)	aksiefliek	[aksi·flik]
Abenteuerfilm (m)	avontuurfliek	[afontɪr·flik]
Science-Fiction-Film (m)	wetenskapfiksiefilm	[vetɛŋskapfiksi·film]
Horrorfilm (m)	gruwelfliek	[χruvɛl·flik]

Komödie (f)	komedie	[komedi]
Melodrama (n)	melodrama	[melodrama]
Drama (n)	drama	[drama]

Spielfilm (m)	rolprent	[rolprent]
Dokumentarfilm (m)	dokumentêre rolprent	[dokumentɛrə rolprent]
Zeichentrickfilm (m)	tekenfilm	[tekən·film]
Stummfilm (m)	stilprent	[stil·prent]
Rolle (f)	rol	[rol]
Hauptrolle (f)	hoofrol	[hoəf·rol]
spielen (Schauspieler)	speel	[speəl]

Filmstar (m)	filmster	[film·stər]
bekannt	bekend	[bekent]
berühmt	beroemd	[berumt]
populär	gewild	[χevilt]

Drehbuch (n)	draaiboek	[drãjbuk]
Drehbuchautor (m)	draaiboekskrywer	[drãjbuk·skrajvər]
Regisseur (m)	filmregisseur	[film·reχissøər]
Produzent (m)	produsent	[produsent]
Assistent (m)	assistent	[assistent]
Kameramann (m)	kameraman	[kameraman]
Stuntman (m)	waaghals	[vãχhals]
Double (n)	dubbel	[dubbəl]

Probe (f)	filmtoets	[film·tuts]
Dreharbeiten (pl)	skiet	[skit]
Filmteam (n)	filmspan	[film·span]
Filmset (m)	rolprentstel	[rolprent·stəl]
Filmkamera (f)	kamera	[kamera]

| Kino (n) | bioskoop | [bioskoəp] |
| Leinwand (f) | skerm | [skerm] |

Tonspur (f)	klankbaan	[klank·bãn]
Spezialeffekte (pl)	spesiale effekte	[spesialə ɛffektə]
Untertitel (pl)	onderskrif	[ondərskrif]
Abspann (m)	erkenning	[ɛrkɛnniŋ]
Übersetzung (f)	vertaling	[fertaliŋ]

151. Gemälde

Kunst (f)	kuns	[kuns]
schönen Künste (pl)	skone kunste	[skonə kunstə]
Kunstgalerie (f)	kunsgalery	[kuns·χalerəj]
Kunstausstellung (f)	kunsuitstalling	[kuns·œitstalliŋ]

Malerei (f)	skildery	[skilderəj]
Graphik (f)	grafiese kuns	[χrafisə kuns]
abstrakte Kunst (f)	abstrakte kuns	[abstraktə kuns]
Impressionismus (m)	impressionisme	[imprɛssionismə]

Bild (n)	skildery	[skilderəj]
Zeichnung (Kohle- usw.)	tekening	[tekəniŋ]
Plakat (n)	plakkaat	[plakkät]

Illustration (f)	illustrasie	[illustrasi]
Miniatur (f)	miniatuur	[miniatɪr]
Kopie (f)	kopie	[kopi]
Reproduktion (f)	reproduksie	[reproduksi]

Mosaik (n)	mosaiek	[mosajek]
Glasmalerei (f)	gebrandskilderde venster	[χebrandskilderdə fɛŋstər]
Fresko (n)	fresko	[fresko]
Gravüre (f)	gravure	[χrafurə]

Büste (f)	borsbeeld	[borsbeəlt]
Skulptur (f)	beeldhouwerk	[beəldhæʊverk]
Statue (f)	standbeeld	[standbeəlt]
Gips (m)	gips	[χips]
aus Gips	gips-	[χips-]

Porträt (n)	portret	[portret]
Selbstporträt (n)	selfportret	[sɛlf·portret]
Landschaftsbild (n)	landskap	[landskap]
Stillleben (n)	stillewe	[stillevə]
Karikatur (f)	karikatuur	[karikatɪr]
Entwurf (m)	skets	[skets]

Farbe (f)	verf	[ferf]
Aquarellfarbe (f)	waterverf	[vatər·ferf]
Öl (n)	olieverf	[oli·ferf]
Bleistift (m)	potlood	[potloət]
Tusche (f)	Indiese ink	[indisə ink]
Kohle (f)	houtskool	[hæʊts·koəl]

| zeichnen (vt) | teken | [tekən] |
| malen (vi, vt) | skilder | [skildər] |

Modell stehen	poseer	[poseər]
Modell (Mask.)	naakmodel	[näkmodəl]
Modell (Fem.)	naakmodel	[näkmodəl]

| Maler (m) | kunstenaar | [kunstenär] |
| Kunstwerk (n) | kunswerk | [kuns·werk] |

| Meisterwerk (n) | meesterstuk | [meester·stuk] |
| Atelier (n), Werkstatt (f) | studio | [studio] |

Leinwand (f)	doek	[duk]
Staffelei (f)	skildersesel	[skilders·esel]
Palette (f)	palet	[palet]

Rahmen (m)	raam	[rãm]
Restauration (f)	restourasie	[restæʊrasi]
restaurieren (vt)	restoureer	[restæʊreer]

152. Literatur und Dichtkunst

Literatur (f)	literatuur	[literatɪr]
Autor (m)	skrywer	[skrajvər]
Pseudonym (n)	skuilnaam	[skœil·nãm]

Buch (n)	boek	[buk]
Band (m)	deel	[deel]
Inhaltsverzeichnis (n)	inhoudsopgawe	[inhæʊds·opχave]
Seite (f)	bladsy	[bladsaj]
Hauptperson (f)	hoofkarakter	[hoef·karaktər]
Autogramm (n)	outograaf	[æʊtoχrãf]

Kurzgeschichte (f)	kortverhaal	[kort·ferhãl]
Erzählung (f)	novelle	[nofɛllə]
Roman (m)	roman	[roman]
Werk (Buch usw.)	werk	[verk]
Fabel (f)	fabel	[fabəl]
Krimi (m)	speurroman	[spøer·roman]

Gedicht (n)	gedig	[χedəχ]
Dichtung (f), Poesie (f)	digkuns	[diχkuns]
Gedicht (n)	epos	[ɛpos]
Dichter (m)	digter	[diχtər]

schöne Literatur (f)	fiksie	[fiksi]
Science-Fiction (f)	wetenskapsfiksie	[vetɛŋskaps·fiksi]
Abenteuer (n)	avonture	[afonturə]
Schülerliteratur (pl)	opvoedkundige literatuur	[opfutkundiχə literatɪr]
Kinderliteratur (f)	kinderliteratuur	[kinder·literatɪr]

153. Zirkus

Zirkus (m)	sirkus	[sirkus]
Wanderzirkus (m)	rondreisende sirkus	[rondræjsende sirkus]
Programm (n)	program	[proχram]
Vorstellung (f)	voorstelling	[foerstɛlliŋ]

Nummer (f)	nommer	[nommər]
Manege (f)	sirkusring	[sirkus·riŋ]
Pantomime (f)	pantomime	[pantomimə]

Clown (m)	hanswors	[haŋswors]
Akrobat (m)	akrobaat	[akrobāt]
Akrobatik (f)	akrobatiek	[akrobatik]
Turner (m)	gimnas	[χimnas]
Turnen (n)	gimnastiek	[χimnastik]
Salto (m)	salto	[salto]

Kraftmensch (m)	atleet	[atleət]
Bändiger, Dompteur (m)	temmer	[tɛmmər]
Reiter (m)	ruiter	[rœitər]
Assistent (m)	assistent	[assistent]

Trick (m)	waaghalsige toertjie	[vāχhalsiχə turki]
Zaubertrick (m)	goëltoertjie	[χoɛl·turki]
Zauberkünstler (m)	goëlaar	[χoɛlār]

Jongleur (m)	jongleur	[jonχløər]
jonglieren (vi)	jongleer	[jonχleər]
Dresseur (m)	dresseerder	[drɛsseer·dər]
Dressur (f)	dressering	[drɛsseriŋ]
dressieren (vt)	afrig	[afrəχ]

154. Musik. Popmusik

Musik (f)	musiek	[musik]
Musiker (m)	musikant	[musikant]
Musikinstrument (n)	musiekinstrument	[musik·instrument]
spielen (auf der Gitarre ~)	speel ...	[speəl ...]

Gitarre (f)	kitaar	[kitār]
Geige (f)	viool	[fioəl]
Cello (n)	tjello	[tʃello]
Kontrabass (m)	kontrabas	[kontrabas]
Harfe (f)	harp	[harp]

Klavier (n)	piano	[piano]
Flügel (m)	vleuelklavier	[fløɛl·klafir]
Orgel (f)	orrel	[orrəl]

Blasinstrumente (pl)	blaasinstrumente	[blās·instrumentə]
Oboe (f)	hobo	[hobo]
Saxophon (n)	saksofoon	[saksofoən]
Klarinette (f)	klarinet	[klarinet]
Flöte (f)	dwarsfluit	[dwars·flœit]
Trompete (f)	trompet	[trompet]

Akkordeon (n)	trekklavier	[trɛkklafir]
Trommel (f)	trommel	[tromməl]

Duo (n)	duet	[duet]
Trio (n)	trio	[trio]
Quartett (n)	kwartet	[kwartet]
Chor (m)	koor	[koər]
Orchester (n)	orkes	[orkes]

Popmusik (f)	popmusiek	[pop·musik]
Rockmusik (f)	rockmusiek	[rok·musik]
Rockgruppe (f)	rockgroep	[rok·χrup]
Jazz (m)	jazz	[jazz]

Idol (n)	held	[hɛlt]
Verehrer (m)	bewonderaar	[bevondərãr]

Konzert (n)	konsert	[kɔŋsert]
Sinfonie (f)	simfonie	[simfoni]
Komposition (f)	komposisie	[komposisi]
komponieren (vt)	komponeer	[komponeər]

Gesang (m)	sang	[saŋ]
Lied (n)	lied	[lit]
Melodie (f)	wysie	[vajsi]
Rhythmus (m)	ritme	[ritmə]
Blues (m)	blues	[blues]

Noten (pl)	bladmusiek	[blad·musik]
Taktstock (m)	dirigeerstok	[diriχeər·stok]
Bogen (m)	strykstok	[strajk·stok]
Saite (f)	snaar	[snãr]
Koffer (Violinen-)	houer	[hæʋər]

Erholung. Unterhaltung. Reisen

155. Ausflug. Reisen

Tourismus (m)	toerisme	[turismə]
Tourist (m)	toeris	[turis]
Reise (f)	reis	[ræjs]
Abenteuer (n)	avontuur	[afontɪr]
Fahrt (f)	reis	[ræjs]
Urlaub (m)	vakansie	[fakaŋsi]
auf Urlaub sein	met vakansie wees	[met fakaŋsi veəs]
Erholung (f)	rus	[rus]
Zug (m)	trein	[træjn]
mit dem Zug	per trein	[pər træjn]
Flugzeug (n)	vliegtuig	[fliχtœiχ]
mit dem Flugzeug	per vliegtuig	[pər fliχtœiχ]
mit dem Auto	per motor	[pər motor]
mit dem Schiff	per skip	[pər skip]
Gepäck (n)	bagasie	[baχasi]
Koffer (m)	tas	[tas]
Gepäckwagen (m)	bagasiekarretjie	[baχasi·karrəki]
Pass (m)	paspoort	[paspoərt]
Visum (n)	visum	[fisum]
Fahrkarte (f)	kaartjie	[kārki]
Flugticket (n)	lugkaartjie	[luχ·kārki]
Reiseführer (m)	reisgids	[ræjsχids]
Landkarte (f)	kaart	[kārt]
Gegend (f)	gebied	[χebit]
Ort (wunderbarer ~)	plek	[plek]
Exotika (pl)	eksotiese dinge	[ɛksotisə diŋə]
exotisch	eksoties	[ɛksotis]
erstaunlich (Adj)	verbasend	[ferbasent]
Gruppe (f)	groep	[χrup]
Ausflug (m)	uitstappie	[œitstappi]
Reiseleiter (m)	gids	[χids]

156. Hotel

Hotel (n), Gasthaus (n)	hotel	[hotəl]
Motel (n)	motel	[motəl]
drei Sterne	drie-ster	[dri-stər]

fünf Sterne	**vyf-ster**	[fajf-stər]
absteigen (vi)	**oornag**	[oərnaχ]
Hotelzimmer (n)	**kamer**	[kamər]
Einzelzimmer (n)	**enkelkamer**	[ɛnkəl·kamər]
Zweibettzimmer (n)	**dubbelkamer**	[dubbəl·kamər]
Halbpension (f)	**met aandete, bed en ontbyt**	[met āndetə], [bet en ontbajt]
Vollpension (f)	**volle losies**	[follə losis]
mit Bad	**met bad**	[met bat]
mit Dusche	**met stortbad**	[met stort·bat]
Satellitenfernsehen (n)	**satelliet-TV**	[satɛllit-te·fe]
Klimaanlage (f)	**lugversorger**	[luχfersorχər]
Handtuch (n)	**handdoek**	[handduk]
Schlüssel (m)	**sleutel**	[sløətəl]
Verwalter (m)	**bestuurder**	[bestɪrdər]
Zimmermädchen (n)	**kamermeisie**	[kamər·mæjsi]
Träger (m)	**hoteljoggie**	[hotəl·joχi]
Portier (m)	**portier**	[portir]
Restaurant (n)	**restaurant**	[restɔurant]
Bar (f)	**kroeg**	[kruχ]
Frühstück (n)	**ontbyt**	[ontbajt]
Abendessen (n)	**aandete**	[āndetə]
Buffet (n)	**buffetete**	[buffetetə]
Foyer (n)	**voorportaal**	[foər·portāl]
Aufzug (m), Fahrstuhl (m)	**hysbak**	[hajsbak]
BITTE NICHT STÖREN!	**MOENIE STEUR NIE**	[muni støər ni]
RAUCHEN VERBOTEN!	**ROOK VERBODE**	[roək ferbodə]

157. Bücher. Lesen

Buch (n)	**boek**	[buk]
Autor (m)	**outeur**	[æutøər]
Schriftsteller (m)	**skrywer**	[skrajvər]
verfassen (vt)	**skryf**	[skrajf]
Leser (m)	**leser**	[lesər]
lesen (vi, vt)	**lees**	[leəs]
Lesen (n)	**lees**	[leəs]
still (~ lesen)	**stil**	[stil]
laut (Adv)	**hardop**	[hardop]
verlegen (vt)	**uitgee**	[œitχeə]
Ausgabe (f)	**uitgee**	[œitχeə]
Herausgeber (m)	**uitgewer**	[œitχevər]
Verlag (m)	**uitgewery**	[œitχeveraj]
erscheinen (Buch)	**verskyn**	[ferskajn]
Erscheinen (n)	**verskyn**	[ferskajn]

Auflage (f)	oplaag	[oplãχ]
Buchhandlung (f)	boekhandel	[buk·handəl]
Bibliothek (f)	biblioteek	[biblioteək]
Erzählung (f)	novelle	[nofɛllə]
Kurzgeschichte (f)	kortverhaal	[kort·ferhãl]
Roman (m)	roman	[roman]
Krimi (m)	speurroman	[spøər·roman]
Memoiren (pl)	memoires	[memuares]
Legende (f)	legende	[leχendə]
Mythos (m)	mite	[mitə]
Gedichte (pl)	poësie	[poɛsi]
Autobiographie (f)	outobiografie	[æutobioχrafi]
ausgewählte Werke (pl)	bloemlesing	[blumlesiŋ]
Science-Fiction (f)	wetenskapsfiksie	[vetɛŋskaps·fiksi]
Titel (m)	titel	[titel]
Einleitung (f)	inleiding	[inlæjdiŋ]
Titelseite (f)	titelblad	[titel·blat]
Kapitel (n)	hoofstuk	[hoəfstuk]
Auszug (m)	fragment	[fraχment]
Episode (f)	episode	[ɛpisodə]
Sujet (n)	plot	[plot]
Inhalt (m)	inhoud	[inhæut]
Inhaltsverzeichnis (n)	inhoudsopgawe	[inhæuds·opχavə]
Hauptperson (f)	hoofkarakter	[hoəf·karaktər]
Band (m)	deel	[deəl]
Buchdecke (f)	omslag	[omslaχ]
Einband (m)	band	[bant]
Lesezeichen (n)	bladwyser	[blat·vajsər]
Seite (f)	bladsy	[bladsaj]
blättern (vi)	deurblaai	[døərblãi]
Ränder (pl)	marges	[marχəs]
Notiz (f)	annotasie	[annotasi]
Anmerkung (f)	voetnota	[fut·nota]
Text (m)	teks	[teks]
Schrift (f)	lettertipe	[lɛttər·tipə]
Druckfehler (m)	drukfout	[druk·fæut]
Übersetzung (f)	vertaling	[fertaliŋ]
übersetzen (vt)	vertaal	[fertãl]
Original (n)	oorspronklike	[oərspronklikə]
berühmt	beroemd	[berumt]
unbekannt	onbekend	[onbekent]
interessant	interessante	[interessantə]
Bestseller (m)	blitsverkoper	[blits·ferkopər]
Wörterbuch (n)	woordeboek	[voərdə·buk]
Lehrbuch (n)	handboek	[hand·buk]
Enzyklopädie (f)	ensiklopedie	[ɛŋsiklopedi]

158. Jagen. Fischen

Jagd (f)	jag	[jaχ]
jagen (vi)	jag	[jaχ]
Jäger (m)	jagter	[jaχtər]

schießen (vi)	skiet	[skit]
Gewehr (n)	geweer	[χeveər]
Patrone (f)	patroon	[patroən]
Schrot (n)	hael	[haəl]
Falle (f)	slagyster	[slaχ·ajstər]
Schlinge (f)	valstrik	[falstrik]
in die Falle gehen	in die valstrik trap	[in di falstrik trap]
eine Falle stellen	n valstrik lê	[ə falstrik lɛ:]

Wilddieb (m)	wildstroper	[vilt·stropər]
Wild (n)	wild	[vilt]
Jagdhund (m)	jaghond	[jaχ·hont]
Safari (f)	safari	[safari]
ausgestopftes Tier (n)	opgestopte dier	[opχestoptə dir]

Fischer (m)	visterman	[fisterman]
Fischen (n)	vis vang	[fis faŋ]
angeln, fischen (vt)	vis vang	[fis faŋ]

Angel (f)	visstok	[fis·stok]
Angelschnur (f)	vislyn	[fis·lajn]
Haken (m)	vishoek	[fis·huk]
Schwimmer (m)	vlotter	[flottər]
Köder (m)	aas	[ãs]

die Angel auswerfen	lyngooi	[lajnχoj]
anbeißen (vi)	byt	[bajt]
Fang (m)	vang	[faŋ]
Eisloch (n)	gat in die ys	[χat in di ajs]

Netz (n)	visnet	[fis·net]
Boot (n)	boot	[boət]
das Netz hineinwerfen	die net gooi	[di net χoj]
das Netz einholen	die net intrek	[di net intrek]
ins Netz gehen	in die net val	[in di net fal]

Walfänger (m)	walvisvanger	[valfis·vaŋər]
Walfangschiff (n)	walvisboot	[valfis·boət]
Harpune (f)	harpoen	[harpun]

159. Spiele. Billard

Billard (n)	biljart	[biljart]
Billardzimmer (n)	biljartkamer	[biljart·kamər]
Billardkugel (f)	bal	[bal]
Queue (n)	biljartstok	[biljart·stok]
Tasche (f), Loch (n)	sakkie	[sakki]

160. Spiele. Kartenspiele

Karo (n)	diamante	[diamantə]
Pik (n)	skoppens	[skoppɛns]
Herz (n)	harte	[hartə]
Kreuz (n)	klawers	[klavərs]

As (n)	aas	[ās]
König (m)	koning	[koniŋ]
Dame (f)	dame	[damə]
Bube (m)	boer	[bur]

Spielkarte (f)	speelkaart	[speəl·kārt]
Karten (pl)	kaarte	[kārtə]
Trumpf (m)	troefkaart	[truf·kārt]
Kartenspiel (abgenutztes ~)	pak kaarte	[pak kārtə]

Punkt (m)	punt	[punt]
ausgeben (vt)	uitdeel	[œitdeəl]
mischen (vt)	skommel	[skommǝl]
Zug (m)	beurt	[bøərt]
Falschspieler (m)	valsspeler	[fals·speler]

161. Kasino. Roulette

Kasino (n)	kasino	[kasino]
Roulette (n)	roulette	[ræʊlɛt]
Einsatz (m)	inset	[inset]
setzen (auf etwas ~)	wed	[vet]

Rot (n)	rooi	[roj]
Schwarz (n)	swart	[swart]

auf Rot setzen	wed op rooi	[vet op roj]
auf Schwarz setzen	wed op swart	[vet op swart]

Croupier (m)	kroepier	[krupir]
das Rad drehen	die wiel draai	[di vil drāi]

Spielregeln (pl)	reëls	[reɛls]
Spielmarke (f)	tjip	[ʧip]

gewinnen (vt)	wen	[ven]
Gewinn (m)	wins	[vins]

verlieren (vt)	verloor	[ferloər]
Verlust (m)	verlies	[ferlis]

Spieler (m)	speler	[speler]
Blackjack (n)	blackjack	[blɛk ʤɛk]
Würfelspiel (n)	dobbelspel	[dobbǝl·spel]
Würfeln (pl)	dobbelsteen	[dobbǝl·steǝn]
Spielautomat (m)	muntoutomaat	[munt·æʊtomāt]

162. Erholung. Spiele. Verschiedenes

spazieren gehen (vi)	wandel	[vandəl]
Spaziergang (m)	wandeling	[vandəliŋ]
Fahrt (im Wagen)	motorrit	[motor·rit]
Abenteuer (n)	avontuur	[afontɪr]
Picknick (n)	piekniek	[piknik]
Spiel (n)	spel	[spel]
Spieler (m)	speler	[spelər]
Partie (f)	spel	[spel]
Sammler (m)	versamelaar	[fersamelãr]
sammeln (vt)	versamel	[fersaməl]
Sammlung (f)	versameling	[fersaməliŋ]
Kreuzworträtsel (n)	blokkiesraaisel	[blokkis·rãisəl]
Rennbahn (f)	perderesiesbaan	[perdə·resisbãn]
Diskothek (f)	disko	[disko]
Sauna (f)	sauna	[sɔuna]
Lotterie (f)	lotery	[loteraj]
Wanderung (f)	kampeeruitstappie	[kampeər·ajtstappi]
Lager (n)	kamp	[kamp]
Zelt (n)	tent	[tɛnt]
Kompass (m)	kompas	[kompas]
Tourist (m)	kampeerder	[kampeərdər]
fernsehen (vi)	kyk	[kajk]
Fernsehzuschauer (m)	kyker	[kajkər]
Fernsehsendung (f)	TV-program	[te·fe-proχram]

163. Fotografie

Kamera (f)	kamera	[kamera]
Foto (n)	foto	[foto]
Fotograf (m)	fotograaf	[fotoχrãf]
Fotostudio (n)	fotostudio	[foto·studio]
Fotoalbum (n)	fotoalbum	[foto·album]
Objektiv (n)	kameralens	[kamera·lɛŋs]
Teleobjektiv (n)	telefotolens	[telefoto·lɛŋs]
Filter (n)	filter	[filtər]
Linse (f)	lens	[lɛŋs]
Optik (f)	optiek	[optik]
Blende (f)	diafragma	[diafraχma]
Belichtungszeit (f)	beligtingstyd	[beliχtiŋs·tajt]
Sucher (m)	soeker	[sukər]
Digitalkamera (f)	digitale kamera	[diχitalə kamera]
Stativ (n)	driepoot	[dripoət]

Blitzgerät (n)	flits	[flits]
fotografieren (vt)	fotografeer	[fotoχrafeər]
aufnehmen (vt)	fotografeer	[fotoχrafeər]
sich fotografieren lassen	jou portret laat maak	[jæʊ portret lãt mãk]

Fokus (m)	fokus	[fokus]
den Fokus einstellen	fokus	[fokus]
scharf (~ abgebildet)	skerp	[skerp]
Schärfe (f)	skerpheid	[skerphæjt]

Kontrast (m)	kontras	[kontras]
kontrastreich	kontrasryk	[kontrasrajk]

Aufnahme (f)	kiekie	[kiki]
Negativ (n)	negatief	[neχatif]
Rollfilm (m)	rolfilm	[rolfilm]
Einzelbild (n)	raampie	[rãmpi]
drucken (vt)	druk	[druk]

164. Strand. Schwimmen

Strand (m)	strand	[strant]
Sand (m)	sand	[sant]
menschenleer	verlate	[ferlatə]

Bräune (f)	sonbruin kleur	[sonbrœin kløər]
sich bräunen	bruinbrand	[brœinbrant]
gebräunt	bruingebrand	[brœiŋəbrant]
Sonnencreme (f)	sonskermroom	[soŋ·skerm·roəm]

Bikini (m)	bikini	[bikini]
Badeanzug (m)	baaikostuum	[bãj·kostɪm]
Badehose (f)	baaibroek	[bãj·bruk]

Schwimmbad (n)	swembad	[swem·bat]
schwimmen (vi)	swem	[swem]
Dusche (f)	stort	[stort]
sich umkleiden	verklee	[ferkleə]
Handtuch (n)	handdoek	[handduk]

Boot (n)	boot	[boət]
Motorboot (n)	motorboot	[motor·boət]

Wasserski (m)	waterski	[vatər·ski]
Tretboot (n)	waterfiets	[vatər·fits]
Surfen (n)	branderplankry	[brandərplank·raj]
Surfer (m)	branderplankryer	[brandərplank·rajer]

Tauchgerät (n)	duiklong	[dœikloŋ]
Schwimmflossen (pl)	paddavoet	[padda·fut]
Maske (f)	duikmasker	[dœik·maskər]
Taucher (m)	duiker	[dœikər]
tauchen (vi)	duik	[dœik]
unter Wasser	onder water	[ondər vatər]

Sonnenschirm (m)	strandsambreel	[strand·sambreel]
Liege (f)	strandstoel	[strand·stul]
Sonnenbrille (f)	sonbril	[son·bril]
Schwimmmatratze (f)	opblaasmatras	[opblãs·matras]

| spielen (vi, vt) | speel | [speəl] |
| schwimmen gehen | gaan swem | [χãn swem] |

Ball (m)	strandbal	[strand·bal]
aufblasen (vt)	opblaas	[opblãs]
aufblasbar	opblaas-	[opblãs-]

Welle (f)	golf	[χolf]
Boje (f)	boei	[bui]
ertrinken (vi)	verdrink	[ferdrink]

retten (vt)	red	[ret]
Schwimmweste (f)	reddingsbaadjie	[rɛddiŋs·bãʤi]
beobachten (vt)	dophou	[dophæʊ]
Bademeister (m)	lewensredder	[levɛŋs·rɛddər]

TECHNISCHES ZUBEHÖR. TRANSPORT

Technisches Zubehör

165. Computer

Computer (m)	rekenaar	[rekənãr]
Laptop (m), Notebook (n)	skootrekenaar	[skoət·rekənãr]
einschalten (vt)	aanskakel	[ãŋskakəl]
abstellen (vt)	afskakel	[afskakəl]
Tastatur (f)	toetsbord	[tuts·bort]
Taste (f)	toets	[tuts]
Maus (f)	muis	[mœis]
Mousepad (n)	muismatjie	[mœis·maki]
Knopf (m)	knop	[knop]
Cursor (m)	loper	[lopər]
Monitor (m)	monitor	[monitor]
Schirm (m)	skerm	[skerm]
Festplatte (f)	harde skyf	[hardə skajf]
Festplattengröße (f)	harde skyf se vermoë	[hardə skajf sə fermoɛ]
Speicher (m)	geheue	[χəhøə]
Arbeitsspeicher (m)	RAM-geheue	[ram-χehøəə]
Datei (f)	lêer	[lɛər]
Ordner (m)	gids	[χids]
öffnen (vt)	oopmaak	[oəpmãk]
schließen (vt)	sluit	[slœit]
speichern (vt)	bewaar	[bevãr]
löschen (vt)	uitvee	[œitfeə]
kopieren (vt)	kopieer	[kopir]
sortieren (vt)	sorteer	[sorteər]
transferieren (vt)	oorplaas	[oərplãs]
Programm (n)	program	[proχram]
Software (f)	sagteware	[saχtevarə]
Programmierer (m)	programmeur	[proχrammøər]
programmieren (vt)	programmeer	[proχrammeər]
Hacker (m)	kuberkraker	[kubər·krakər]
Kennwort (n)	wagwoord	[vaχ·woərt]
Virus (m, n)	virus	[firus]
entdecken (vt)	opspoor	[opspoər]
Byte (n)	greep	[χreəp]

Megabyte (n)	megagreep	[meχaχreəp]
Daten (pl)	data	[data]
Datenbank (f)	databasis	[data·basis]

Kabel (n)	kabel	[kabəl]
trennen (vt)	ontkoppel	[ontkoppəl]
anschließen (vt)	konnekteer	[konnekteər]

166. Internet. E-Mail

Internet (n)	internet	[internet]
Browser (m)	webblaaier	[veb·blãjer]
Suchmaschine (f)	soekenjin	[suk·ɛnʤin]
Provider (m)	verskaffer	[ferskaffər]

Webmaster (m)	webmeester	[veb·meəstər]
Website (f)	webwerf	[veb·werf]
Webseite (f)	webblad	[veb·blat]

| Adresse (f) | adres | [adres] |
| Adressbuch (n) | adresboek | [adres·buk] |

Mailbox (f)	posbus	[pos·bus]
Post (f)	pos	[pos]
überfüllt (-er Briefkasten)	vol	[fol]

Mitteilung (f)	boodskap	[boədskap]
eingehenden Nachrichten	inkomende boodskappe	[inkomendə boədskappə]
ausgehenden Nachrichten	uitgaande boodskappe	[œitχãndə boədskappə]

Absender (m)	sender	[sendər]
senden (vt)	verstuur	[ferstɪr]
Absendung (f)	versending	[fersendiŋ]

| Empfänger (m) | ontvanger | [ontfaŋər] |
| empfangen (vt) | ontvang | [ontfaŋ] |

| Briefwechsel (m) | korrespondensie | [korrespondɛŋsi] |
| im Briefwechsel stehen | korrespondeer | [korrespondeər] |

Datei (f)	lêer	[lɛər]
herunterladen (vt)	aflaai	[aflãi]
schaffen (vt)	skep	[skep]
löschen (vt)	uitvee	[œitfeə]
gelöscht (Datei)	uitgevee	[œitχefeə]

Verbindung (f)	konneksie	[konneksi]
Geschwindigkeit (f)	spoed	[sput]
Modem (n)	modem	[modem]
Zugang (m)	toegang	[tuχaŋ]
Port (m)	portaal	[portãl]

| Anschluss (m) | aansluiting | [ãŋslœitiŋ] |
| sich anschließen | aansluit by ... | [ãŋslœit baj ...] |

| auswählen (vt) | kies | [kis] |
| suchen (vt) | soek | [suk] |

167. Elektrizität

Elektrizität (f)	elektrisiteit	[ɛlektrisitæjt]
elektrisch	elektries	[ɛlektris]
Elektrizitätswerk (n)	kragstasie	[kraχ·stasi]
Energie (f)	krag	[kraχ]
Strom (m)	elektriese krag	[ɛlektrisə kraχ]

Glühbirne (f)	gloeilamp	[χlui·lamp]
Taschenlampe (f)	flits	[flits]
Straßenlaterne (f)	straatlig	[strātləχ]

Licht (n)	lig	[liχ]
einschalten (vt)	aanskakel	[āŋskakəl]
ausschalten (vt)	afskakel	[afskakəl]
das Licht ausschalten	die lig afskakel	[di liχ afskakəl]

durchbrennen (vi)	doodbrand	[doədbrant]
Kurzschluss (m)	kortsluiting	[kort·slœitiŋ]
Riß (m)	gebreekte kabel	[χebreəktə kabəl]
Kontakt (m)	kontak	[kontak]

Schalter (m)	ligskakelaar	[liχ·skakelār]
Steckdose (f)	muurprop	[mɪrprop]
Stecker (m)	prop	[prop]
Verlängerung (f)	verlengkabel	[ferleŋ·kabəl]

Sicherung (f)	sekering	[sekəriŋ]
Leitungsdraht (m)	kabel	[kabəl]
Verdrahtung (f)	bedrading	[bedradiŋ]

Ampere (n)	ampère	[ampɛ:r]
Stromstärke (f)	stroomsterkte	[stroəm·sterktə]
Volt (n)	volt	[folt]
Voltspannung (f)	spanning	[spanniŋ]

| Elektrogerät (n) | elektriese toestel | [ɛlektrisə tustəl] |
| Indikator (m) | aanduier | [āndœiər] |

Elektriker (m)	elektrisiën	[ɛlektrisiɛn]
löten (vt)	soldeer	[soldeər]
Lötkolben (m)	soldeerbout	[soldeər·bæʊt]
Strom (m)	elektriese stroom	[ɛlektrisə stroəm]

168. Werkzeug

Werkzeug (n)	werktuig	[verktœiχ]
Werkzeuge (pl)	gereedskap	[χereədskap]
Ausrüstung (f)	toerusting	[turustiŋ]

Hammer (m)	hamer	[hamər]
Schraubenzieher (m)	skroewedraaier	[skruvə·drājer]
Axt (f)	byl	[bajl]
Säge (f)	saag	[sāχ]
sägen (vt)	saag	[sāχ]
Hobel (m)	skaaf	[skāf]
hobeln (vt)	skaaf	[skāf]
Lötkolben (m)	soldeerbout	[soldeər·bæʊt]
löten (vt)	soldeer	[soldeər]
Feile (f)	vyl	[fajl]
Kneifzange (f)	knyptang	[knajptaŋ]
Flachzange (f)	tang	[taŋ]
Stemmeisen (n)	beitel	[bæjtəl]
Bohrer (m)	boor	[boər]
Bohrmaschine (f)	elektriese boor	[ɛlektrisə boər]
bohren (vt)	boor	[boər]
Messer (n)	mes	[mes]
Taschenmesser (n)	sakmes	[sakmes]
Klinge (f)	lem	[lem]
scharf (-e Messer usw.)	skerp	[skerp]
stumpf	stomp	[stomp]
stumpf werden (vi)	stomp raak	[stomp rāk]
schärfen (vt)	slyp	[slajp]
Bolzen (m)	bout	[bæʊt]
Mutter (f)	moer	[mur]
Gewinde (n)	draad	[drāt]
Holzschraube (f)	houtskroef	[hæʊt·skruf]
Nagel (m)	spyker	[spajkər]
Nagelkopf (m)	kop	[kop]
Lineal (n)	meetlat	[meətlat]
Metermaß (n)	meetband	[meət·bant]
Wasserwaage (f)	waterpas	[vatərpas]
Lupe (f)	vergrootglas	[ferχroət·χlas]
Messinstrument (n)	meetinstrument	[meət·instrument]
messen (vt)	meet	[meət]
Skala (f)	skaal	[skāl]
Ablesung (f)	lesings	[lesiŋs]
Kompressor (m)	kompressor	[komprɛssor]
Mikroskop (n)	mikroskoop	[mikroskoəp]
Pumpe (f)	pomp	[pomp]
Roboter (m)	robot	[robot]
Laser (m)	laser	[lasər]
Schraubenschlüssel (m)	moersleutel	[mur·sløətəl]
Klebeband (n)	plakband	[plak·bant]

Klebstoff (m)	gom	[χom]
Sandpapier (n)	skuurpapier	[skɪr·papir]
Sprungfeder (f)	veer	[feər]
Magnet (m)	magneet	[maχneət]
Handschuhe (pl)	handskoene	[handskunə]

Leine (f)	tou	[tæʊ]
Schnur (f)	tou	[tæʊ]
Draht (m)	draad	[drãt]
Kabel (n)	kabel	[kabəl]

schwerer Hammer (m)	voorhamer	[foər·hamər]
Brecheisen (n)	breekyster	[breəkajstər]
Leiter (f)	leer	[leər]
Trittleiter (f)	trapleer	[trapleər]

zudrehen (vt)	vasskroef	[fasskruf]
abdrehen (vt)	losskroef	[losskruf]
zusammendrücken (vt)	saampars	[sãmpars]
ankleben (vt)	vasplak	[fasplak]
schneiden (vt)	sny	[snaj]

Störung (f)	fout	[fæʊt]
Reparatur (f)	herstelwerk	[herstəl·werk]
reparieren (vt)	herstel	[herstəl]
einstellen (vt)	stel	[stəl]

prüfen (vt)	nagaan	[naχãn]
Prüfung (f)	kontrole	[kontrolə]
Ablesung (f)	lesings	[lesiŋs]

| sicher (zuverlässigen) | betroubaar | [betræʊbãr] |
| kompliziert (Adj) | ingewikkelde | [inχəwikkɛldə] |

verrosten (vi)	roes	[rus]
rostig	verroes	[ferrus]
Rost (m)	roes	[rus]

Transport

169. Flugzeug

Flugzeug (n)	vliegtuig	[fliχtœiχ]
Flugticket (n)	lugkaartjie	[luχ·kãrki]
Fluggesellschaft (f)	lugredery	[luχrederaj]
Flughafen (m)	lughawe	[luχhavə]
Überschall-	supersonies	[supersonis]
Flugkapitän (m)	kaptein	[kaptæjn]
Besatzung (f)	bemanning	[bemanniŋ]
Pilot (m)	piloot	[piloət]
Flugbegleiterin (f)	lugwaardin	[luχ·wãrdin]
Steuermann (m)	navigator	[nafiχator]
Flügel (pl)	vlerke	[flerkə]
Schwanz (m)	stert	[stert]
Kabine (f)	stuurkajuit	[stɪr·kajœit]
Motor (m)	enjin	[ɛndʒin]
Fahrgestell (n)	landingstel	[landiŋ·stəl]
Turbine (f)	turbine	[turbinə]
Propeller (m)	skroef	[skruf]
Flugschreiber (m)	swart boks	[swart boks]
Steuerrad (n)	stuurstang	[stɪr·staŋ]
Treibstoff (m)	brandstof	[brantstof]
Sicherheitskarte (f)	veiligheidskaart	[fæjliχæjts·kãrt]
Sauerstoffmạske (f)	suurstofmasker	[sɪrstof·maskər]
Uniform (f)	uniform	[uniform]
Rettungsweste (f)	reddingsbaadjie	[rɛddiŋs·bãdʒi]
Fallschirm (m)	valskerm	[fal·skerm]
Abflug, Start (m)	opstyging	[opstajχiŋ]
starten (vi)	opstyg	[opstajχ]
Startbahn (f)	landingsbaan	[landiŋs·bãn]
Sicht (f)	uitsig	[œitsəχ]
Flug (m)	vlug	[fluχ]
Höhe (f)	hoogte	[hoəχtə]
Luftloch (n)	lugsak	[luχsak]
Platz (m)	sitplek	[sitplek]
Kopfhörer (m)	koptelefoon	[kop·telefoən]
Klapptisch (m)	voutafeltjie	[fæʊ·tafɛlki]
Bullauge (n)	vliegtuigvenster	[fliχtœiχ·fɛŋstər]
Durchgang (m)	paadjie	[pãdʒi]

170. Zug

Zug (m)	trein	[træjn]
elektrischer Zug (m)	voorstedelike trein	[foərstedelike træjn]
Schnellzug (m)	sneltrein	[snɛl·træjn]
Diesellok (f)	diesellokomotief	[disəl·lokomotif]
Dampflok (f)	stoomlokomotief	[stoəm·lokomotif]
Personenwagen (m)	passasierswa	[passasirs·wa]
Speisewagen (m)	eetwa	[eət·wa]
Schienen (pl)	spoorstawe	[spoər·stavə]
Eisenbahn (f)	spoorweg	[spoər·weχ]
Bahnschwelle (f)	dwarslêer	[dwarslɛər]
Bahnsteig (m)	perron	[perron]
Gleis (n)	spoor	[spoər]
Eisenbahnsignal (n)	semafoor	[semafoər]
Station (f)	stasie	[stasi]
Lokomotivführer (m)	treindrywer	[træjn·drajvər]
Träger (m)	portier	[portir]
Schaffner (m)	kondukteur	[konduktøər]
Fahrgast (m)	passasier	[passasir]
Fahrkartenkontrolleur (m)	kondukteur	[konduktøər]
Flur (m)	gang	[χaŋ]
Notbremse (f)	noodrem	[noədrem]
Abteil (n)	kompartiment	[kompartiment]
Liegeplatz (m), Schlafkoje (f)	bed	[bet]
oberer Liegeplatz (m)	boonste bed	[boəŋstə bet]
unterer Liegeplatz (m)	onderste bed	[ondərstə bet]
Bettwäsche (f)	beddegoed	[beddə·χut]
Fahrkarte (f)	kaartjie	[kãrki]
Fahrplan (m)	diensrooster	[diŋs·roəstər]
Anzeigetafel (f)	informasiebord	[informasi·bort]
abfahren (der Zug)	vertrek	[fertrek]
Abfahrt (f)	vertrek	[fertrek]
ankommen (der Zug)	aankom	[ãnkom]
Ankunft (f)	aankoms	[ãnkoms]
mit dem Zug kommen	aankom per trein	[ãnkom pər træjn]
in den Zug einsteigen	in die trein klim	[in di træjn klim]
aus dem Zug aussteigen	uit die trein klim	[œit di træjn klim]
Zugunglück (n)	treinbotsing	[træjn·botsiŋ]
entgleisen (vi)	ontspoor	[ontspoər]
Dampflok (f)	stoomlokomotief	[stoəm·lokomotif]
Heizer (m)	stoker	[stokər]
Feuerbüchse (f)	stookplek	[stoəkplek]
Kohle (f)	steenkool	[steən·koəl]

171. Schiff

| Schiff (n) | skip | [skip] |
| Fahrzeug (n) | vaartuig | [fārtœiχ] |

Dampfer (m)	stoomboot	[stoəm·boət]
Motorschiff (n)	rivierboot	[rifir·boət]
Kreuzfahrtschiff (n)	toerskip	[tur·skip]
Kreuzer (m)	kruiser	[krœisər]

Jacht (f)	jag	[jaχ]
Schlepper (m)	sleepboot	[sleəp·boət]
Lastkahn (m)	vragskuit	[fraχ·skœit]
Fähre (f)	veerboot	[feər·boət]

| Segelschiff (n) | seilskip | [sæjl·skip] |
| Brigantine (f) | skoenerbrik | [skunər·brik] |

| Eisbrecher (m) | ysbreker | [ajs·brekər] |
| U-Boot (n) | duikboot | [dœik·boət] |

Boot (n)	roeiboot	[ruiboət]
Dingi (n), Beiboot (n)	bootjie	[boəki]
Rettungsboot (n)	reddingsboot	[rɛddiŋs·boət]
Motorboot (n)	motorboot	[motor·boət]

Kapitän (m)	kaptein	[kaptæjn]
Matrose (m)	seeman	[seəman]
Seemann (m)	matroos	[matroəs]
Besatzung (f)	bemanning	[bemanniŋ]

Bootsmann (m)	bootsman	[boətsman]
Schiffsjunge (m)	skeepsjonge	[skeəps·joŋə]
Schiffskoch (m)	kok	[kok]
Schiffsarzt (m)	skeepsdokter	[skeəps·doktər]

Deck (n)	dek	[dek]
Mast (m)	mas	[mas]
Segel (n)	seil	[sæjl]

Schiffsraum (m)	skeepsruim	[skeəps·rœim]
Bug (m)	boeg	[buχ]
Heck (n)	agterstewe	[aχtərstevə]
Ruder (n)	roeispaan	[ruis·pān]
Schraube (f)	skroef	[skruf]

Kajüte (f)	kajuit	[kajœit]
Messe (f)	offisierskajuit	[offisirs·kajœit]
Maschinenraum (m)	enjinkamer	[ɛndʒin·kamər]
Kommandobrücke (f)	brug	[bruχ]
Funkraum (m)	radiokamer	[radio·kamər]
Radiowelle (f)	golf	[χolf]
Schiffstagebuch (n)	logboek	[loχbuk]
Fernrohr (n)	verkyker	[ferkajkər]
Glocke (f)	bel	[bəl]

Fahne (f)	vlag	[flaχ]
Seil (n)	kabel	[kabəl]
Knoten (m)	knoop	[knoəp]

Geländer (n)	dekleuning	[dek·løəniŋ]
Treppe (f)	gangplank	[χaŋ·plank]

Anker (m)	anker	[ankər]
den Anker lichten	anker lig	[ankər ləχ]
Anker werfen	anker uitgooi	[ankər œitχoj]
Ankerkette (f)	ankerketting	[ankər·kɛttiŋ]

Hafen (m)	hawe	[havə]
Anlegestelle (f)	kaai	[kãi]
anlegen (vi)	vasmeer	[fasmeər]
abstoßen (vt)	vertrek	[fertrek]

Reise (f)	reis	[ræjs]
Kreuzfahrt (f)	cruise	[kru:s]
Kurs (m), Richtung (f)	koers	[kurs]
Reiseroute (f)	roete	[rutə]

Fahrwasser (n)	vaarwater	[fãr·vatər]
Untiefe (f)	sandbank	[sand·bank]
stranden (vi)	strand	[strant]

Sturm (m)	storm	[storm]
Signal (n)	sienjaal	[sinjãl]
untergehen (vi)	sink	[sink]
Mann über Bord!	Man oorboord!	[man oərboərd!]
SOS	SOS	[sos]
Rettungsring (m)	reddingsboei	[rɛddiŋs·bui]

172. Flughafen

Flughafen (m)	lughawe	[luχhavə]
Flugzeug (n)	vliegtuig	[fliχtœiχ]
Fluggesellschaft (f)	lugredery	[luχrederaj]
Fluglotse (m)	lugverkeersleier	[luχ·ferkeərs·læjer]

Abflug (m)	vertrek	[fertrek]
Ankunft (f)	aankoms	[ãnkoms]
anfliegen (vi)	aankom	[ãnkom]

Abflugzeit (f)	vertrektyd	[fertrək·tajt]
Ankunftszeit (f)	aankomstyd	[ãnkoms·tajt]

sich verspäten	vertraag wees	[fertrãχ veəs]
Abflugverspätung (f)	vlugvertraging	[fluχ·fertraχiŋ]

Anzeigetafel (f)	informasiebord	[informasi·bort]
Information (f)	informasie	[informasi]
ankündigen (vt)	aankondig	[ãnkondəχ]
Flug (m)	vlug	[fluχ]

Zollamt (n)	doeane	[duanə]
Zollbeamter (m)	doeanebeampte	[duanə·beamptə]
Zolldeklaration (f)	doeaneverklaring	[duanə·ferklariŋ]
ausfüllen (vt)	invul	[inful]
Passkontrolle (f)	paspoortkontrole	[paspoərt·kontrolə]
Gepäck (n)	bagasie	[baχasi]
Handgepäck (n)	handbagasie	[hand·baχasi]
Kofferkuli (m)	bagasiekarretjie	[baχasi·karrəki]
Landung (f)	landing	[landiŋ]
Landebahn (f)	landingsbaan	[landiŋs·bān]
landen (vi)	land	[lant]
Fluggasttreppe (f)	vliegtuigtrap	[fliχtœiχ·trap]
Check-in (n)	na die vertrektoonbank	[na di fertrək·toənbank]
Check-in-Schalter (m)	vertrektoonbank	[fertrək·toənbank]
sich registrieren lassen	na die vertrektoonbank gaan	[na di fertrək·toənbank χān]
Bordkarte (f)	instapkaart	[instap·kārt]
Abfluggate (n)	vertrekuitgang	[fertrek·œitχaŋ]
Transit (m)	transito	[traŋsito]
warten (vi)	wag	[vaχ]
Wartesaal (m)	vertreksaal	[fertrək·sāl]
begleiten (vt)	afsien	[afsin]
sich verabschieden	afskeid neem	[afskæjt neəm]

173. Fahrrad. Motorrad

Fahrrad (n)	fiets	[fits]
Motorroller (m)	bromponie	[bromponi]
Motorrad (n)	motorfiets	[motorfits]
Rad fahren	per fiets ry	[pər fits raj]
Lenkstange (f)	stuurstang	[stɪr·staŋ]
Pedal (n)	pedaal	[pedāl]
Bremsen (pl)	remme	[remmə]
Sattel (m)	fietssaal	[fits·sāl]
Pumpe (f)	pomp	[pomp]
Gepäckträger (m)	bagasierak	[baχasi·rak]
Scheinwerfer (m)	fietslamp	[fits·lamp]
Helm (m)	helmet	[hɛlmet]
Rad (n)	wiel	[vil]
Schutzblech (n)	modderskerm	[moddər·skerm]
Felge (f)	velling	[fɛlliŋ]
Speiche (f)	speek	[speək]

Autos

174. Autotypen

Auto (n)	motor	[motor]
Sportwagen (m)	sportmotor	[sport·motor]
Limousine (f)	limousine	[limæʊsinə]
Geländewagen (m)	veldvoertuig	[fɛlt·furtœiχ]
Kabriolett (n)	met afslaandak	[met afslāndak]
Kleinbus (m)	bussie	[bussi]
Krankenwagen (m)	ambulans	[ambulaŋs]
Schneepflug (m)	sneeuploeg	[sniʊ·pluχ]
Lastkraftwagen (m)	vragmotor	[fraχ·motor]
Tankwagen (m)	tenkwa	[tɛnk·wa]
Kastenwagen (m)	bestelwa	[bestəl·wa]
Sattelzug (m)	padtrekker	[pad·trɛkkər]
Anhänger (m)	aanhangwa	[ānhaŋ·wa]
komfortabel	gemaklik	[χemaklik]
gebraucht	gebruik	[χebrœik]

175. Autos. Karosserie

Motorhaube (f)	enjinkap	[ɛndʒin·kap]
Kotflügel (m)	modderskerm	[moddər·skerm]
Dach (n)	dak	[dak]
Windschutzscheibe (f)	voorruit	[foer·rœit]
Rückspiegel (m)	truspieël	[tru·spiɛl]
Scheibenwaschanlage (f)	voorruitsproer	[foer·rœitsprur]
Scheibenwischer (m)	ruitveërs	[rœit·feɛrs]
Seitenscheibe (f)	syvenster	[saj·fɛŋstər]
Fensterheber (m)	vensterhyser	[fɛŋstər·hajsər]
Antenne (f)	lugdraad	[luχdrāt]
Schiebedach (n)	sondak	[sondak]
Stoßstange (f)	buffer	[buffər]
Kofferraum (m)	bagasiebak	[baχasi·bak]
Dachgepäckträger (m)	dakreling	[dak·reliŋ]
Wagenschlag (m)	deur	[døer]
Türgriff (m)	handvatsel	[hand·fatsəl]
Türschloss (n)	deurslot	[døer·slot]
Nummernschild (n)	nommerplaat	[nommər·plāt]
Auspufftopf (m)	knaldemper	[knal·dempər]

Benzintank (m)	petroltenk	[petrol·tɛnk]
Auspuffrohr (n)	uitlaatpyp	[œitlāt·pajp]

Gas (n)	gaspedaal	[χas·pedāl]
Pedal (n)	pedaal	[pedāl]
Gaspedal (n)	gaspedaal	[χas·pedāl]

Bremse (f)	rem	[rem]
Bremspedal (n)	rempedaal	[rem·pedāl]
bremsen (vi)	remtrap	[remtrap]
Handbremse (f)	parkeerrem	[parkeǝr·rem]

Kupplung (f)	koppelaar	[koppelār]
Kupplungspedal (n)	koppelaarpedaal	[koppelār·pedāl]
Kupplungsscheibe (f)	koppelaarskyf	[koppelār·skajf]
Stoßdämpfer (m)	skokbreker	[skok·brekǝr]

Rad (n)	wiel	[vil]
Reserverad (n)	spaarwiel	[spār·wil]
Reifen (m)	band	[bant]
Radkappe (f)	wieldop	[wil·dop]

Triebräder (pl)	dryfwiele	[drajf·wilǝ]
mit Vorderantrieb	voorwielaandrywing	[foǝrwil·āndrajviŋ]
mit Hinterradantrieb	agterwielaandrywing	[aχtǝrwil·āndrajviŋ]
mit Allradantrieb	vierwielaandrywing	[firwil·āndrajviŋ]

Getriebe (n)	ratkas	[ratkas]
Automatik-	outomaties	[æʊtomatis]
Schalt-	meganies	[meχanis]
Schalthebel (m)	ratwisselaar	[ratwisselār]

Scheinwerfer (m)	koplig	[koplǝχ]
Scheinwerfer (pl)	kopligte	[kopliχtǝ]

Abblendlicht (n)	dempstraal	[demp·strāl]
Fernlicht (n)	hoofstraal	[hoǝf·strāl]
Stopplicht (n)	remlig	[remlǝχ]

Standlicht (n)	parkeerlig	[parkeǝr·lǝχ]
Warnblinker (m)	gevaarligte	[χefār·liχtǝ]
Nebelscheinwerfer (pl)	mislampe	[mis·lampǝ]
Blinker (m)	draaiwyser	[drāj·vajsǝr]
Rückfahrscheinwerfer (m)	trulig	[trulǝχ]

176. Autos. Fahrgastraum

Wageninnere (n)	interieur	[interiøǝr]
Leder-	leer-	[leǝr-]
aus Velours	fluweel-	[fluveǝl-]
Polster (n)	bekleding	[beklediŋ]

Instrument (n)	instrument	[instrument]
Armaturenbrett (n)	voorpaneel	[foǝr·paneǝl]

| Tachometer (m) | spoedmeter | [spud·metər] |
| Nadel (f) | wyster | [vajstər] |

Kilometerzähler (m)	afstandmeter	[afstant·metər]
Anzeige (Temperatur-)	sensor	[sɛŋsor]
Pegel (m)	vlak	[flak]
Kontrollleuchte (f)	waarskulig	[vārskuləχ]

Steuerrad (n)	stuurwiel	[stɪr·wil]
Hupe (f)	toeter	[tutər]
Knopf (m)	knop	[knop]
Umschalter (m)	skakelaar	[skakəlār]

Sitz (m)	sitplek	[sitplek]
Rückenlehne (f)	rugsteun	[ruχ·støən]
Kopfstütze (f)	kopstut	[kopstut]
Sicherheitsgurt (m)	veiligheidsgordel	[fæjliχæjts·χordəl]
sich anschnallen	die gordel vasmaak	[di χordəl fasmāk]
Einstellung (f)	verstelling	[ferstɛlliŋ]

| Airbag (m) | lugsak | [luχsak] |
| Klimaanlage (f) | lugversorger | [luχfersorχər] |

Radio (n)	radio	[radio]
CD-Spieler (m)	CD-speler	[se·de spelər]
einschalten (vt)	aanskakel	[āŋskakəl]
Antenne (f)	lugdraad	[luχdrāt]
Handschuhfach (n)	paneelkassie	[paneəl·kassi]
Aschenbecher (m)	asbak	[asbak]

177. Autos. Motor

Triebwerk (n)	enjin	[ɛndʒin]
Motor (m)	motor	[motor]
Diesel-	diesel	[disəl]
Benzin-	petrol	[petrol]

Hubraum (m)	enjininhoud	[ɛndʒin·inhæʊt]
Leistung (f)	krag	[kraχ]
Pferdestärke (f)	perdekrag	[perdə·kraχ]
Kolben (m)	suier	[sœier]
Zylinder (m)	silinder	[silindər]
Ventil (n)	klep	[klep]

Injektor (m)	inspuiting	[inspœitiŋ]
Generator (m)	generator	[χenerator]
Vergaser (m)	vergasser	[ferχassər]
Motoröl (n)	motorolie	[motor·oli]

Kühler (m)	verkoeler	[ferkulər]
Kühlflüssigkeit (f)	koelmiddel	[kul·middəl]
Ventilator (m)	waaier	[vājer]
Autobatterie (f)	battery	[battəraj]
Anlasser (m)	aansitter	[āŋsittər]

Zündung (f)	ontsteking	[ontstekiŋ]
Zündkerze (f)	vonkprop	[fonk·prop]

Klemme (f)	pool	[poəl]
Pluspol (m)	positiewe pool	[positivə poəl]
Minuspol (m)	negatiewe pool	[neχativə poəl]
Sicherung (f)	sekering	[sekəriŋ]

Luftfilter (m)	lugfilter	[luχ·filtər]
Ölfilter (m)	oliefilter	[oli·filtər]
Treibstofffilter (m)	brandstoffilter	[brantstof·filtər]

178. Autos. Unfall. Reparatur

Unfall (m)	motorbotsing	[motor·botsiŋ]
Verkehrsunfall (m)	verkeersongeluk	[ferkeərs·onχəluk]
fahren gegen ...	bots	[bots]
verunglücken (vi)	verongeluk	[feronχəluk]
Schaden (m)	skade	[skadə]
heil (Adj)	onbeskadig	[onbeskadəχ]

Panne (f)	onklaar raak	[onklãr rãk]
kaputtgehen (vi)	onklaar raak	[onklãr rãk]
Abschleppseil (n)	sleeptou	[sleəp·tæʊ]

Reifenpanne (f)	papwiel	[pap·wil]
platt sein	pap wees	[pap veəs]
pumpen (vt)	oppomp	[oppomp]
Reifendruck (m)	druk	[druk]
prüfen (vt)	nagaan	[naχãn]

Reparatur (f)	herstel	[herstəl]
Reparaturwerkstatt (f)	garage	[χaraʒə]
Ersatzteil (n)	onderdeel	[ondərdeəl]
Einzelteil (n)	onderdeel	[ondərdeəl]

Bolzen (m)	bout	[bæʊt]
Schraube (f)	skroef	[skruf]
Schraubenmutter (f)	moer	[mur]
Scheibe (f)	waster	[vastər]
Lager (n)	koeëllaer	[kuɛllaer]

Rohr (Abgas-)	pyp	[pajp]
Dichtung (f)	pakstuk	[pakstuk]
Draht (m)	kabel	[kabəl]

Wagenheber (m)	domkrag	[domkraχ]
Schraubenschlüssel (m)	moersleutel	[mur·sløətəl]
Hammer (m)	hamer	[hamər]
Pumpe (f)	pomp	[pomp]
Schraubenzieher (m)	skroewedraaier	[skruvə·drãjer]

Feuerlöscher (m)	brandblusser	[brant·blussər]
Warndreieck (n)	gevaardriehoek	[χefãr·drihuk]

abwürgen (Motor)	stol	[stol]
Anhalten (~ des Motors)	stol	[stol]
kaputt sein	stukkend wees	[stukkent veəs]

überhitzt werden (Motor)	oorverhit	[oərferhit]
verstopft sein	verstop raak	[ferstop räk]
einfrieren (Schloss, Rohr)	vries	[fris]
zerplatzen (vi)	bars	[bars]

Druck (m)	druk	[druk]
Pegel (m)	vlak	[flak]
schlaff (z.B. -e Riemen)	slap	[slap]

Delle (f)	duik	[dœik]
Klopfen (n)	klopgeluid	[klop·χəlœit]
Riß (m)	kraak	[kräk]
Kratzer (m)	skraap	[skräp]

179. Autos. Straßen

Fahrbahn (f)	pad	[pat]
Schnellstraße (f)	deurpad	[døərpat]
Autobahn (f)	deurpad	[døərpat]
Richtung (f)	rigting	[riχtiŋ]
Entfernung (f)	afstand	[afstant]

Brücke (f)	brug	[bruχ]
Parkplatz (m)	parkeerterrein	[parkeər·terræjn]
Platz (m)	plein	[plæjn]
Autobahnkreuz (n)	padknoop	[pad·knoəp]
Tunnel (m)	tonnel	[tonnəl]

Tankstelle (f)	petrolstasie	[petrol·stasi]
Parkplatz (m)	parkeerterrein	[parkeər·terræjn]
Zapfsäule (f)	petrolpomp	[petrol·pomp]
Reparaturwerkstatt (f)	garage	[χaraʒə]
tanken (vt)	volmaak	[folmäk]
Treibstoff (m)	brandstof	[brantstof]
Kanister (m)	petrolblik	[petrol·blik]

Asphalt (m)	teer	[teər]
Markierung (f)	padmerktekens	[pad·merktekɛŋs]
Bordstein (m)	randsteen	[rand·steən]
Leitplanke (f)	skutreling	[skut·reliŋ]
Graben (m)	donga	[donχa]
Straßenrand (m)	skouer	[skæʊər]
Straßenlaterne (f)	lamppaal	[lamp·päl]

fahren (vt)	bestuur	[bestɪr]
abbiegen (nach links ~)	draai	[dräi]
umkehren (vi)	U-draai maak	[u-dräj mäk]
Rückwärtsgang (m)	tru-	[tru-]
hupen (vi)	toeter	[tutər]
Hupe (f)	toeter	[tutər]

stecken (im Schlamm ~)	**vassteek**	[fassteək]
durchdrehen (Räder)	**die wiele laat tol**	[di vilə lãt tol]
abstellen (Motor ~)	**afskakel**	[afskakəl]

Geschwindigkeit (f)	**spoed**	[sput]
Geschwindigkeit überschreiten	**die spoedgrens oortree**	[di sputχrɛŋs oərtreə]
Ampel (f)	**robot**	[robot]
Führerschein (m)	**bestuurslisensie**	[bestɪrs·lisɛŋsi]

Bahnübergang (m)	**treinoorgang**	[træjn·oərχaŋ]
Straßenkreuzung (f)	**kruispunt**	[krœis·punt]
Fußgängerüberweg (m)	**sebraoorgang**	[sebra·oərχaŋ]
Kehre (f)	**draai**	[drãi]
Fußgängerzone (f)	**voetgangerstraat**	[futχaŋər·strãt]

180. Verkehrszeichen

Verkehrsregeln (pl)	**padreëls**	[pad·reɛls]
Verkehrszeichen (n)	**padteken**	[pad·tekən]
Überholen (n)	**verbysteek**	[ferbajsteək]
Kurve (f)	**draai**	[drãi]
Wende (f)	**U-draai**	[u-drãi]
Kreisverkehr (m)	**verkeerssirkel**	[ferkeərs·sirkəl]

Einfahrt verboten	**Geen toegang**	[χeən tuχaŋ]
Verkehr verboten	**Geen voertuie toegelaat nie**	[χeən furtœiə tuχelãt ni]
Überholverbot	**Verbysteek verbode**	[ferbajsteək ferbodə]
Parken verboten	**Parkeerverbod**	[parkeər·ferbot]
Halteverbot	**Nie stilhou nie**	[ni stilhæu ni]

gefährliche Kurve (f)	**gevaarlike draai**	[χefãrlikə drãi]
Gefälle (n)	**steil afdraande**	[stæjl afdrãndə]
Einbahnstraße (f)	**eenrigtingverkeer**	[eənriχtiŋ·ferkeər]
Fußgängerüberweg (m)	**Voetoorgang voor**	[futoərχaŋ foər]
Schleudergefahr	**Glibberige pad voor**	[χlibbəriχə pat foər]
Vorfahrt gewähren!	**TOEGEE**	[tuχeə]

MENSCHEN. LEBENSEREIGNISSE

Lebensereignisse

181. Feiertage. Ereignis

Fest (n)	partytjie	[partajki]
Nationalfeiertag (m)	nasionale dag	[naʃionalə daχ]
Feiertag (m)	openbare vakansiedag	[openbarə fakaŋsi·daχ]
feiern (vt)	herdenk	[herdenk]

Ereignis (n)	gebeurtenis	[χebøørtenis]
Veranstaltung (f)	gebeurtenis	[χebøørtenis]
Bankett (n)	banket	[banket]
Empfang (m)	onthaal	[onthāl]
Festmahl (n)	feesmaal	[fees·māl]

Jahrestag (m)	verjaardag	[ferjār·daχ]
Jubiläumsfeier (f)	jubileum	[jubiløəm]
begehen (vt)	vier	[fir]

Neujahr (n)	Nuwejaar	[nuvejār]
Frohes Neues Jahr!	Voorspoedige Nuwejaar	[foərspudiχə nuvejār]
Weihnachtsmann (m)	Kersvader	[kers·fadər]

Weihnachten (n)	Kersfees	[kersfeəs]
Frohe Weihnachten!	Geseënde Kersfees	[χeseɛndə kersfeɛs]
Tannenbaum (m)	Kersboom	[kers·boəm]
Feuerwerk (n)	vuurwerk	[fɪrwerk]

Hochzeit (f)	bruilof	[brœilof]
Bräutigam (m)	bruidegom	[brœidəχom]
Braut (f)	bruid	[brœit]

einladen (vt)	uitnooi	[œitnoj]
Einladung (f)	uitnodiging	[œitnodəχiŋ]

Gast (m)	gas	[χas]
besuchen (vt)	besoek	[besuk]
Gäste empfangen	die gaste ontmoet	[di χastə ontmut]

Geschenk (n)	present	[present]
schenken (vt)	gee	[χeə]
Geschenke bekommen	presente ontvang	[presentə ontfaŋ]
Blumenstrauß (m)	boeket	[buket]

Glückwunsch (m)	gelukwense	[χelukwɛŋsə]
gratulieren (vi)	gelukwens	[χelukwɛŋs]
Glückwunschkarte (f)	geleentheidskaartjie	[χeleenthæjts·kārki]

Trinkspruch (m)	heildronk	[hæjldronk]
anbieten (vt)	aanbied	[ãnbit]
Champagner (m)	sjampanje	[ʃampanje]

sich amüsieren	jouself geniet	[jæusɛlf χenit]
Fröhlichkeit (f)	pret	[pret]
Freude (f)	vreugde	[frøəχdə]

Tanz (m)	dans	[daŋs]
tanzen (vi, vt)	dans	[daŋs]

Walzer (m)	wals	[vals]
Tango (m)	tango	[tanχo]

182. Bestattungen. Begräbnis

Friedhof (m)	begraafplaas	[beχrãf·plãs]
Grab (n)	graf	[χraf]
Kreuz (n)	kruis	[krœis]
Grabstein (m)	grafsteen	[χrafsteən]
Zaun (m)	heining	[hæjniŋ]
Kapelle (f)	kapel	[kapəl]

Tod (m)	dood	[doət]
sterben (vi)	doodgaan	[doədχãn]
Verstorbene (m)	oorledene	[oərledenə]
Trauer (f)	rou	[ræʊ]

begraben (vt)	begrawe	[beχravə]
Bestattungsinstitut (n)	begrafnisonderneming	[beχrafnis·ondərnemiŋ]
Begräbnis (n)	begrafnis	[beχrafnis]

Kranz (m)	krans	[kraŋs]
Sarg (m)	doodskis	[doədskis]
Katafalk (m)	lykswa	[lajks·wa]
Totenhemd (n)	lykkleed	[lajk·kleət]

Trauerzug (m)	begrafnisstoet	[beχrafnis·stut]
Urne (f)	urn	[urn]
Krematorium (n)	krematorium	[krematorium]

Nachruf (m)	doodsberig	[doəds·berəχ]
weinen (vi)	huil	[hœil]
schluchzen (vi)	snik	[snik]

183. Krieg. Soldaten

Zug (m)	peleton	[peleton]
Kompanie (f)	kompanie	[kompani]
Regiment (n)	regiment	[reχiment]
Armee (f)	leër	[leɛr]
Division (f)	divisie	[difisi]

Abteilung (f)	afdeling	[afdeliŋ]
Heer (n)	leërskare	[leɛrskarə]
Soldat (m)	soldaat	[soldãt]
Offizier (m)	offisier	[offisir]
Soldat (m)	soldaat	[soldãt]
Feldwebel (m)	sersant	[sersant]
Leutnant (m)	luitenant	[lœitənant]
Hauptmann (m)	kaptein	[kaptæjn]
Major (m)	majoor	[majoər]
Oberst (m)	kolonel	[kolonəl]
General (m)	generaal	[χenerãl]
Matrose (m)	matroos	[matroəs]
Kapitän (m)	kaptein	[kaptæjn]
Bootsmann (m)	bootsman	[boətsman]
Artillerist (m)	artilleris	[artilleris]
Fallschirmjäger (m)	valskermsoldaat	[falskerm·soldãt]
Pilot (m)	piloot	[piloət]
Steuermann (m)	navigator	[nafiχator]
Mechaniker (m)	werktuigkundige	[verktœiχ·kundiχə]
Pionier (m)	sappeur	[sappøər]
Fallschirmspringer (m)	valskermspringer	[falskerm·spriŋər]
Aufklärer (m)	verkenner	[ferkɛnnər]
Scharfschütze (m)	skerpskut	[skerp·skut]
Patrouille (f)	patrollie	[patrolli]
patrouillieren (vi)	patrolleer	[patrolleər]
Wache (f)	wag	[vaχ]
Krieger (m)	vegter	[feχtər]
Patriot (m)	patriot	[patriot]
Held (m)	held	[hɛlt]
Heldin (f)	heldin	[hɛldin]
Verräter (m)	verraaier	[ferrãjer]
verraten (vt)	verraai	[ferrãi]
Deserteur (m)	droster	[drostər]
desertieren (vi)	dros	[dros]
Söldner (m)	huursoldaat	[hɪr·soldãt]
Rekrut (m)	rekruteer	[rekruteər]
Freiwillige (m)	vrywilliger	[frajvilliχər]
Getoetete (m)	dooie	[dojə]
Verwundete (m)	gewonde	[χevondə]
Kriegsgefangene (m)	krygsgevangene	[krajχs·χefaŋənə]

184. Krieg. Militärische Aktionen. Teil 1

Krieg (m)	oorlog	[oərloχ]
Krieg führen	oorlog voer	[oərloχ fur]

Bürgerkrieg (m)	burgeroorlog	[burgər·oərloχ]
heimtückisch (Adv)	valslik	[falslik]
Kriegserklärung (f)	oorlogsverklaring	[oərloχs·ferklariŋ]
erklären (den Krieg ~)	oorlog verklaar	[oərloχ ferklãr]
Aggression (f)	aggressie	[aχrɛssi]
einfallen (Staat usw.)	aanval	[ãnfal]

einfallen (in ein Land ~)	binneval	[binnəfal]
Invasoren (pl)	binnevaller	[binnəfallər]
Eroberer (m), Sieger (m)	veroweraar	[feroverãr]

Verteidigung (f)	verdediging	[ferdedəχiŋ]
verteidigen (vt)	verdedig	[ferdedəχ]
sich verteidigen	jouself verdedig	[jæʊsɛlf ferdedəχ]

Feind (m)	vyand	[fajant]
Gegner (m)	teëstander	[teɛstandər]
Feind-	vyandig	[fajandəχ]

Strategie (f)	strategie	[strateχi]
Taktik (f)	taktiek	[taktik]

Befehl (m)	bevel	[befəl]
Anordnung (f)	bevel	[befəl]
befehlen (vt)	beveel	[befeəl]
Auftrag (m)	opdrag	[opdraχ]
geheim (Adj)	geheim	[χəhæjm]

Gefecht (n)	slag	[slaχ]
Schlacht (f)	veldslag	[fɛltslaχ]
Kampf (m)	geveg	[χefeχ]

Angriff (m)	aanval	[ãnfal]
Sturm (m)	bestorming	[bestormiŋ]
stürmen (vt)	bestorm	[bestorm]
Belagerung (f)	beleg	[beleχ]

Angriff (m)	aanval	[ãnfal]
angreifen (vt)	tot die offensief oorgaan	[tot di offɛŋsif oərχãn]

Rückzug (m)	terugtrekking	[teruχ·trɛkkiŋ]
sich zurückziehen	terugtrek	[teruχtrek]

Einkesselung (f)	omsingeling	[omsinχəliŋ]
einkesseln (vt)	omsingel	[omsiŋəl]

Bombenangriff (m)	bombardement	[bombardement]
bombardieren (vt)	bombardeer	[bombardeər]
Explosion (f)	ontploffing	[ontploffiŋ]

Schuss (m)	skoot	[skoət]
Schießerei (f)	skiet	[skit]

zielen auf …	mik op	[mik op]
richten (die Waffe)	rig	[riχ]
treffen (ins Schwarze ~)	tref	[tref]

versenken (vt)	sink	[sink]
Loch (im Schiffsrumpf)	gat	[χat]
versinken (Schiff)	sink	[sink]

Front (f)	front	[front]
Evakuierung (f)	evakuasie	[ɛfakuasi]
evakuieren (vt)	evakueer	[ɛfakueər]

Schützengraben (m)	loopgraaf	[loəpχrãf]
Stacheldraht (m)	doringdraad	[doriŋ·drãt]
Sperre (z.B. Panzersperre)	versperring	[fersperriŋ]
Wachtturm (m)	wagtoring	[vaχ·toriŋ]

Lazarett (n)	militêre hospitaal	[milit æərə hospitãl]
verwunden (vt)	wond	[vont]
Wunde (f)	wond	[vont]
Verwundete (m)	gewonde	[χevondə]
verletzt sein	gewond	[χevont]
schwer (-e Verletzung)	ernstig	[ɛrnstəχ]

185. Krieg. Militärische Aktionen. Teil 2

Gefangenschaft (f)	gevangenskap	[χefaŋənskap]
gefangen nehmen (vt)	gevange neem	[χefaŋə neəm]
in Gefangenschaft sein	in gevangenskap wees	[in χefaŋənskap veəs]
in Gefangenschaft geraten	in gevangenskap geneem word	[in χefaŋənskap χeneəm vort]

Konzentrationslager (n)	konsentrasiekamp	[kɔŋsentrasi·kamp]
Kriegsgefangene (m)	krygsgevangene	[krajχs·χefaŋənə]
fliehen (vi)	ontsnap	[ontsnap]

verraten (vt)	verraai	[ferrãi]
Verräter (m)	verraaier	[ferrãjer]
Verrat (m)	verraad	[ferrãt]

| erschießen (vt) | eksekuteer | [ɛksekuteər] |
| Erschießung (f) | eksekusie | [ɛksekusi] |

Ausrüstung (persönliche ~)	toerusting	[turustiŋ]
Schulterstück (n)	skouerstrook	[skæuer·stroək]
Gasmaske (f)	gasmasker	[χas·maskər]

Funkgerät (n)	veldradio	[fɛlt·radio]
Chiffre (f)	geheime kode	[χəhæjmə kodə]
Geheimhaltung (f)	geheimhouding	[χəhæjm·hæudiŋ]
Kennwort (n)	wagwoord	[vaχ·woərt]

Mine (f)	landmyn	[land·majn]
Minen legen	bemyn	[bemajn]
Minenfeld (n)	mynveld	[majn·fɛlt]

| Luftalarm (m) | lugalarm | [luχ·alarm] |
| Alarm (m) | alarm | [alarm] |

| Signal (n) | sienjaal | [sinjāl] |
| Signalrakete (f) | fakkel | [fakkel] |

Hauptquartier (n)	hoofkwartier	[hoəf·kwartir]
Aufklärung (f)	verkenningstog	[ferkɛnniŋs·toχ]
Lage (f)	toestand	[tustant]
Bericht (m)	verslag	[ferslaχ]
Hinterhalt (m)	hinderlaag	[hindər·lāχ]
Verstärkung (f)	versterking	[ferstərkiŋ]

Zielscheibe (f)	doel	[dul]
Schießplatz (m)	proefterrein	[pruf·terræjn]
Manöver (n)	militêre oefening	[militærə ufeniŋ]

Panik (f)	paniek	[panik]
Verwüstung (f)	verwoesting	[ferwustiŋ]
Trümmer (pl)	verwoesting	[ferwustiŋ]
zerstören (vt)	verwoes	[ferwus]

überleben (vi)	oorleef	[oərleəf]
entwaffnen (vt)	ontwapen	[ontvapen]
handhaben (vt)	hanteer	[hanteər]

| Stillgestanden! | Aandag! | [āndaχ!] |
| Rühren! | Op die plek rus! | [op di plek rus!] |

Heldentat (f)	heldedaad	[hɛldə·dāt]
Eid (m), Schwur (m)	eed	[eət]
schwören (vi, vt)	sweer	[sweər]

Lohn (Orden, Medaille)	dekorasie	[dekorasiə]
auszeichnen (mit Orden)	toeken	[tuken]
Medaille (f)	medalje	[medalje]
Orden (m)	orde	[ordə]

Sieg (m)	oorwinning	[oərwinniŋ]
Niederlage (f)	nederlaag	[nedərlāχ]
Waffenstillstand (m)	wapenstilstand	[vapɛn·stilstant]

Fahne (f)	vaandel	[fāndəl]
Ruhm (m)	roem	[rum]
Parade (f)	parade	[paradə]
marschieren (vi)	marseer	[marseər]

186. Waffen

Waffe (f)	wapens	[vapɛns]
Schusswaffe (f)	vuurwapens	[fɪr·vapɛns]
blanke Waffe (f)	messe	[mɛssə]

chemischen Waffen (pl)	chemiese wapens	[χemisə vapɛns]
Kern-, Atom-	kern-	[kern-]
Kernwaffe (f)	kernwapens	[kern·vapɛns]
Bombe (f)	bom	[bom]

Atombombe (f)	atoombom	[atoəm·bom]
Pistole (f)	pistool	[pistoəl]
Gewehr (n)	geweer	[χeveər]
Maschinenpistole (f)	aanvalsgeweer	[ãnvals·χeveər]
Maschinengewehr (n)	masjiengeweer	[maʃin·χeveər]
Mündung (f)	loop	[loəp]
Lauf (Gewehr-)	loop	[loəp]
Kaliber (n)	kaliber	[kalibər]
Abzug (m)	sneller	[snɛllər]
Visier (n)	visier	[fisir]
Magazin (n)	magasyn	[maχasajn]
Kolben (m)	kolf	[kolf]
Handgranate (f)	handgranaat	[hand·χranãt]
Sprengstoff (m)	springstof	[spriŋstof]
Kugel (f)	koeël	[kuɛl]
Patrone (f)	patroon	[patroən]
Ladung (f)	lading	[ladiŋ]
Munition (f)	ammunisie	[ammunisi]
Bomber (m)	bomwerper	[bom·werpər]
Kampfflugzeug (n)	straalvegter	[strãl·feχtər]
Hubschrauber (m)	helikopter	[helikoptər]
Flugabwehrkanone (f)	lugafweer	[luχafweər]
Panzer (m)	tenk	[tɛnk]
Panzerkanone (f)	tenkkanon	[tɛnk·kanon]
Artillerie (f)	artillerie	[artilleri]
Kanone (f)	kanon	[kanon]
richten (die Waffe)	aanlê	[ãnlɛ:]
Geschoß (n)	projektiel	[projektil]
Wurfgranate (f)	mortierbom	[mortir·bom]
Granatwerfer (m)	mortier	[mortir]
Splitter (m)	skrapnel	[skrapnəl]
U-Boot (n)	duikboot	[dœik·boət]
Torpedo (m)	torpedo	[torpedo]
Rakete (f)	vuurpyl	[fɪr·pajl]
laden (Gewehr)	laai	[lãi]
schießen (vi)	skiet	[skit]
zielen auf …	rig op	[riχ op]
Bajonett (n)	bajonet	[bajonet]
Degen (m)	rapier	[rapir]
Säbel (m)	sabel	[sabəl]
Speer (m)	spies	[spis]
Bogen (m)	boog	[boəχ]
Pfeil (m)	pyl	[pajl]
Muskete (f)	musket	[musket]
Armbrust (f)	kruisboog	[krœis·boəχ]

187. Menschen der Antike

vorzeitlich	primitief	[primitif]
prähistorisch	prehistories	[prehistoris]
alt (antik)	antiek	[antik]
Steinzeit (f)	Steentydperk	[steən·tajtperk]
Bronzezeit (f)	Bronstydperk	[brɔŋs·tajtperk]
Eiszeit (f)	Ystydperk	[ajs·tajtperk]
Stamm (m)	stam	[stam]
Kannibale (m)	mensvreter	[mɛŋs·fretər]
Jäger (m)	jagter	[jaχtər]
jagen (vi)	jag	[jaχ]
Mammut (n)	mammoet	[mammut]
Höhle (f)	grot	[χrot]
Feuer (n)	vuur	[fɪr]
Lagerfeuer (n)	kampvuur	[kampfɪr]
Höhlenmalerei (f)	rotstekening	[rots·tekəniŋ]
Werkzeug (n)	werktuig	[verktœiχ]
Speer (m)	spies	[spis]
Steinbeil (n), Steinaxt (f)	klipbyl	[klip·bajl]
Krieg führen	oorlog voer	[oərloχ fur]
domestizieren (vt)	tem	[tem]
Idol (n)	afgod	[afχot]
anbeten (vt)	aanbid	[ānbit]
Aberglaube (m)	bygeloof	[bajχəloəf]
Brauch (m), Ritus (m)	ritueel	[ritueəl]
Evolution (f)	evolusie	[ɛfolusi]
Entwicklung (f)	ontwikkeling	[ontwikkeliŋ]
Verschwinden (n)	verdwyning	[ferdwajniŋ]
sich anpassen	jou aanpas	[jæʊ ānpas]
Archäologie (f)	argeologie	[arχeoloχi]
Archäologe (m)	argeoloog	[arχeoloəχ]
archäologisch	argeologies	[arχeoloχis]
Ausgrabungsstätte (f)	opgrawingsplek	[opχraviŋs·plek]
Ausgrabungen (pl)	opgrawingsplekke	[opχraviŋs·plɛkkə]
Fund (m)	vonds	[fonds]
Fragment (n)	fragment	[fraχment]

188. Mittelalter

Volk (n)	volk	[folk]
Völker (pl)	bevolking	[befolkiŋ]
Stamm (m)	stam	[stam]
Stämme (pl)	stamme	[stammə]
Barbaren (pl)	barbare	[barbarə]

Gallier (pl)	Galliërs	[χalliɛrs]
Goten (pl)	Gote	[χote]
Slawen (pl)	Slawe	[slavə]
Wikinger (pl)	Vikings	[vikiŋs]

| Römer (pl) | Romeine | [romæjnə] |
| römisch | Romeins | [romæjns] |

Byzantiner (pl)	Bisantyne	[bisantajnə]
Byzanz (n)	Bisantium	[bisantium]
byzantinisch	Bisantyns	[bisantajns]

Kaiser (m)	keiser	[kæjsər]
Häuptling (m)	leier	[læjer]
mächtig (Kaiser usw.)	magtig	[maχtəχ]
König (m)	koning	[koniŋ]
Herrscher (Monarch)	heerser	[heərsər]

Ritter (m)	ridder	[riddər]
Feudalherr (m)	feodale heerser	[feodalə heərsər]
feudal, Feudal-	feodaal	[feodāl]
Vasall (m)	vasal	[fasal]

Herzog (m)	hertog	[hertoχ]
Graf (m)	graaf	[χrāf]
Baron (m)	baron	[baron]
Bischof (m)	biskop	[biskop]

Rüstung (f)	harnas	[harnas]
Schild (m)	skild	[skilt]
Schwert (n)	swaard	[swārt]
Visier (n)	visier	[fisir]
Panzerhemd (n)	maliehemp	[mali·hemp]

| Kreuzzug (m) | Kruistog | [krœis·toχ] |
| Kreuzritter (m) | kruisvaarder | [krœis·fārdər] |

Territorium (n)	gebied	[χebit]
einfallen (vt)	aanval	[ānfal]
erobern (vt)	verower	[ferovər]
besetzen (Land usw.)	beset	[beset]

Belagerung (f)	beleg	[beleχ]
belagert	beleërde	[beleɛrdə]
belagern (vt)	beleër	[beleɛr]

Inquisition (f)	inkwisisie	[inkvisisi]
Inquisitor (m)	inkwisiteur	[inkvisitøer]
Folter (f)	marteling	[martəliŋ]
grausam (-e Folter)	wreed	[vreət]
Häretiker (m)	ketter	[kɛttər]
Häresie (f)	kettery	[kɛtteraj]

Seefahrt (f)	seevaart	[seə·fārt]
Seeräuber (m)	piraat, seerower	[pirāt], [seə·rovər]
Seeräuberei (f)	piratery, seerowery	[pirateraj], [seə·roveraj]

Enterung (f)	enter	[ɛntər]
Beute (f)	buit	[bœit]
Schätze (pl)	skatte	[skattə]

Entdeckung (f)	ontdekking	[ontdɛkkiŋ]
entdecken (vt)	ontdek	[ontdek]
Expedition (f)	ekspedisie	[ɛkspedisi]

Musketier (m)	musketier	[musketir]
Kardinal (m)	kardinaal	[kardinãl]
Heraldik (f)	heraldiek	[heraldik]
heraldisch	heraldies	[heraldis]

189. Führungspersonen. Chef. Behörden

König (m)	koning	[koniŋ]
Königin (f)	koningin	[koniŋin]
königlich	koninklik	[koninklik]
Königreich (n)	koninkryk	[koninkrajk]

| Prinz (m) | prins | [prins] |
| Prinzessin (f) | prinses | [prinsəs] |

Präsident (m)	president	[president]
Vizepräsident (m)	vise-president	[fise-president]
Senator (m)	senator	[senator]

Monarch (m)	monarg	[monarχ]
Herrscher (m)	heerser	[heərsər]
Diktator (m)	diktator	[diktator]
Tyrann (m)	tiran	[tiran]
Magnat (m)	magnaat	[maχnãt]

Direktor (m)	direkteur	[direktøər]
Chef (m)	baas	[bãs]
Leiter (einer Abteilung)	bestuurder	[bestɪrdər]
Boss (m)	baas	[bãs]
Eigentümer (m)	eienaar	[æjenãr]

Führer (m)	leier	[læjer]
Leiter (Delegations-)	hoof	[hoəf]
Behörden (pl)	outoriteite	[æʊtoritæjtə]
Vorgesetzten (pl)	hoofde	[hoəfdə]

Gouverneur (m)	goewerneur	[χuvernøər]
Konsul (m)	konsul	[kɔŋsul]
Diplomat (m)	diplomaat	[diplomãt]
Bürgermeister (m)	burgermeester	[burgər·meəstər]
Sheriff (m)	sheriff	[sheriff]

Kaiser (m)	keiser	[kæjsər]
Zar (m)	tsaar	[tsãr]
Pharao (m)	farao	[farao]
Khan (m)	kan	[kan]

190. Straße. Weg. Richtungen

Fahrbahn (f)	pad	[pat]
Weg (m)	pad	[pat]
Autobahn (f)	deurpad	[døərpat]
Schnellstraße (f)	deurpad	[døərpat]
Bundesstraße (f)	nasionale pad	[naʃionalə pat]
Hauptstraße (f)	hoofweg	[hoəf·weχ]
Feldweg (m)	grondpad	[χront·pat]
Pfad (m)	paadjie	[pãdʒi]
Fußweg (m)	paadjie	[pãdʒi]
Wo?	Waar?	[vãr?]
Wohin?	Waarheen?	[vãrheən?]
Woher?	Waarvandaan?	[vãrfandãn?]
Richtung (f)	rigting	[riχtiŋ]
zeigen (vt)	wys	[vajs]
nach links	na links	[na links]
nach rechts	na regs	[na reχs]
geradeaus	reguit	[reχœit]
zurück	terug	[teruχ]
Kurve (f)	draai	[drãi]
abbiegen (nach links ~)	draai	[drãi]
umkehren (vi)	U-draai maak	[u-drãj mãk]
sichtbar sein	sigbaar wees	[siχbãr veəs]
erscheinen (vi)	verskyn	[ferskajn]
Aufenthalt (m)	stop	[stop]
sich erholen	pouseer	[pæuseər]
Erholung (f)	ruspouse	[ruspæusə]
sich verirren	verdwaal	[ferdwãl]
führen nach … (Straße usw.)	lei na …	[læj na …]
ankommen in …	uitkom by	[œitkom baj]
Strecke (f)	stuk pad	[stuk pat]
Asphalt (m)	teer	[teər]
Bordstein (m)	randsteen	[rand·steən]
Graben (m)	donga	[donχa]
Gully (m)	mangat	[manχat]
Straßenrand (m)	skouer	[skæuər]
Schlagloch (n)	slaggat	[slaχχat]
gehen (zu Fuß gehen)	gaan	[χãn]
überholen (vt)	verbysteek	[ferbajsteək]
Schritt (m)	tree	[treə]
zu Fuß	te voet	[tə fut]

blockieren (Straße usw.)	blokkeer	[blokkeər]
Schlagbaum (m)	hefboom	[hefboəm]
Sackgasse (f)	doodloopstraat	[doədloəp·strāt]

191. Gesetzesverstoß Verbrecher. Teil 1

Bandit (m)	bandiet	[bandit]
Verbrechen (n)	misdaad	[misdāt]
Verbrecher (m)	misdadiger	[misdadiχər]

Dieb (m)	dief	[dif]
stehlen (vt)	steel	[steəl]
Diebstahl (Aktivität)	steel	[steəl]
Stehlen (n)	diefstal	[difstal]

kidnappen (vt)	ontvoer	[ontfur]
Kidnapping (n)	ontvoering	[ontfuriŋ]
Kidnapper (m)	ontvoerder	[ontfurdər]

| Lösegeld (n) | losgeld | [losχεlt] |
| Lösegeld verlangen | losgeld eis | [losχεlt æjs] |

rauben (vt)	besteel	[besteəl]
Raub (m)	oorval	[oərfal]
Räuber (m)	boef	[buf]

erpressen (vt)	afpers	[afpers]
Erpresser (m)	afperser	[afpersər]
Erpressung (f)	afpersing	[afpersiŋ]

morden (vt)	vermoor	[fermoər]
Mord (m)	moord	[moərt]
Mörder (m)	moordenaar	[moərdenār]

Schuss (m)	skoot	[skoət]
erschießen (vt)	doodskiet	[doədskit]
feuern (vi)	skiet	[skit]
Schießerei (f)	skietery	[skiteraj]

Vorfall (m)	insident	[insident]
Schlägerei (f)	geveg	[χefeχ]
Hilfe!	Help!	[hεlp!]
Opfer (n)	slagoffer	[slaχoffər]

beschädigen (vt)	beskadig	[beskadəχ]
Schaden (m)	skade	[skadə]
Leiche (f)	lyk	[lajk]
schwer (-es Verbrechen)	ernstig	[εrnstəχ]

angreifen (vt)	aanval	[ānfal]
schlagen (vt)	slaan	[slān]
verprügeln (vt)	platslaan	[platslān]
wegnehmen (vt)	vat	[fat]
erstechen (vt)	doodsteek	[doədsteək]

| verstümmeln (vt) | vermink | [fɛrmink] |
| verwunden (vt) | wond | [vont] |

Erpressung (f)	afpersing	[afpersiŋ]
erpressen (vt)	afpers	[afpers]
Erpresser (m)	afperser	[afpersər]

Schutzgelderpressung (f)	beskermingswendelary	[bəskermiŋ·swendəlaraj]
Erpresser (Racketeer)	afperser	[afpersər]
Gangster (m)	boef	[buf]
Mafia (f)	mafia	[mafia]

Taschendieb (m)	sakkeroller	[sakkerollər]
Einbrecher (m)	inbreker	[inbrekər]
Schmuggel (m)	smokkel	[smokkəl]
Schmuggler (m)	smokkelaar	[smokkəlār]

Fälschung (f)	vervalsing	[fɛrfalsiŋ]
fälschen (vt)	verval	[fɛrfal]
gefälscht	vals	[fals]

192. Gesetzesbruch. Verbrecher. Teil 2

Vergewaltigung (f)	verkragting	[fɛrkraχtiŋ]
vergewaltigen (vt)	verkrag	[fɛrkraχ]
Gewalttäter (m)	verkragter	[fɛrkraχtər]
Besessene (m)	maniak	[maniak]

Prostituierte (f)	prostituut	[prostitɪt]
Prostitution (f)	prostitusie	[prostitusi]
Zuhälter (m)	pooier	[pojer]

| Drogenabhängiger (m) | dwelmslaaf | [dwɛlm·slāf] |
| Drogenhändler (m) | dwelmhandelaar | [dwɛlm·handəlār] |

sprengen (vt)	opblaas	[opblās]
Explosion (f)	ontploffing	[ontploffiŋ]
in Brand stecken	aan die brand steek	[ān di brant steek]
Brandstifter (m)	brandstigter	[brant·stiχtər]

Terrorismus (m)	terrorisme	[terrorismə]
Terrorist (m)	terroris	[terroris]
Geisel (m, f)	gyselaar	[χajsəlār]

betrügen (vt)	bedrieg	[bedrəχ]
Betrug (m)	bedrog	[bedroχ]
Betrüger (m)	bedrieër	[bedriɛr]

bestechen (vt)	omkoop	[omkoəp]
Bestechlichkeit (f)	omkopery	[omkoperaj]
Bestechungsgeld (n)	omkoopgeld	[omkoəp·χɛlt]

| Gift (n) | gif | [χif] |
| vergiften (vt) | vergiftig | [fɛrχiftəχ] |

sich vergiften	jouself vergiftig	[jæusɛlf ferχiftəχ]
Selbstmord (m)	selfmoord	[sɛlfmoərt]
Selbstmörder (m)	selfmoordenaar	[sɛlfmoərdenār]

drohen (vi)	dreig	[dræjχ]
Drohung (f)	dreigement	[dræjχement]
Attentat (n)	aanslag	[āŋslaχ]

stehlen (Auto ~)	steel	[steəl]
entführen (Flugzeug ~)	kaap	[kāp]

Rache (f)	wraak	[vrāk]
sich rächen	wreek	[vreək]

foltern (vt)	martel	[martəl]
Folter (f)	marteling	[martəliŋ]
quälen (vt)	folter	[foltər]

Seeräuber (m)	piraat, seerower	[pirāt], [see·rovər]
Rowdy (m)	skollie	[skolli]
bewaffnet	gewapen	[χevapen]
Gewalt (f)	geweld	[χevɛlt]
ungesetzlich	onwettig	[onwɛttəχ]

Spionage (f)	spioenasie	[spiunasi]
spionieren (vi)	spioeneer	[spiuneər]

193. Polizei Recht. Teil 1

Justiz (f)	justisie	[jəstisi]
Gericht (n)	geregshof	[χereχshof]

Richter (m)	regter	[reχtər]
Geschworenen (pl)	jurielede	[jurileðə]
Geschworenengericht (n)	jurieregspraak	[juri·reχsprāk]
richten (vt)	bereg	[bereχ]

Rechtsanwalt (m)	advokaat	[adfokāt]
Angeklagte (m)	beklaagde	[beklāχdə]
Anklagebank (f)	beklaagdebank	[beklāχdə·bank]

Anklage (f)	aanklag	[ānklaχ]
Beschuldigte (m)	beskuldigde	[beskuldiχdə]

Urteil (n)	vonnis	[fonnis]
verurteilen (vt)	veroordeel	[feroərdeəl]

Schuldige (m)	skuldig	[skuldəχ]
bestrafen (vt)	straf	[straf]
Strafe (f)	straf	[straf]

Geldstrafe (f)	boete	[butə]
lebenslange Haft (f)	lewenslange gevangenisstraf	[levɛŋslaŋə χefaŋənis·straf]

Todesstrafe (f)	doodstraf	[doədstraf]
elektrischer Stuhl (m)	elektriese stoel	[ɛlektrisə stul]
Galgen (m)	galg	[χalχ]

| hinrichten (vt) | eksekuteer | [ɛksekuteər] |
| Hinrichtung (f) | eksekusie | [ɛksekusi] |

| Gefängnis (n) | tronk | [tronk] |
| Zelle (f) | sel | [səl] |

Eskorte (f)	eskort	[ɛskort]
Gefängniswärter (m)	tronkbewaarder	[tronk·bevārdər]
Gefangene (m)	gevangene	[χefaŋənə]

| Handschellen (pl) | handboeie | [hant·buje] |
| Handschellen anlegen | in die boeie slaan | [in di buje slān] |

Ausbruch (Flucht)	ontsnapping	[ontsnappiŋ]
ausbrechen (vi)	ontsnap	[ontsnap]
verschwinden (vi)	verdwyn	[ferdwajn]
aus ... entlassen	vrylaat	[frajlāt]
Amnestie (f)	amnestie	[amnesti]

Polizei (f)	polisie	[polisi]
Polizist (m)	polisieman	[polisi·man]
Polizeiwache (f)	polisiestasie	[polisi·stasi]
Gummiknüppel (m)	knuppel	[knuppəl]
Sprachrohr (n)	megafoon	[meχafoən]

Streifenwagen (m)	patrolliemotor	[patrolli·motor]
Sirene (f)	sirene	[sirenə]
die Sirene einschalten	die sirene aanskakel	[di sirenə ānskakəl]
Sirenengeheul (n)	sirenegeloei	[sirenə·χelui]

Tatort (m)	misdaadtoneel	[misdād·toneəl]
Zeuge (m)	getuie	[χetœiə]
Freiheit (f)	vryheid	[frajhæjt]
Komplize (m)	medepligtige	[medə·pliχtiχə]
verschwinden (vi)	ontvlug	[ontfluχ]
Spur (f)	spoor	[spoər]

194. Polizei. Recht. Teil 2

Fahndung (f)	soektog	[suktoχ]
suchen (vt)	soek ...	[suk ...]
Verdacht (m)	verdenking	[ferdɛnkiŋ]
verdächtig (Adj)	verdag	[ferdaχ]
anhalten (Polizei)	teëhou	[teɛhæʊ]
verhaften (vt)	aanhou	[ānhæʊ]

Fall (m), Klage (f)	hofsaak	[hofsāk]
Untersuchung (f)	ondersoek	[ondərsuk]
Detektiv (m)	speurder	[spøərdər]
Ermittlungsrichter (m)	speurder	[spøərdər]

Version (f)	hipotese	[hipotesə]
Motiv (n)	motief	[motif]
Verhör (n)	ondervraging	[ondərfraχiŋ]
verhören (vt)	ondervra	[ondərfra]
vernehmen (vt)	verhoor	[ferhoər]
Kontrolle (Personen-)	kontroleer	[kontroleər]

Razzia (f)	klopjag	[klopjaχ]
Durchsuchung (f)	huissoeking	[hœis·sukiŋ]
Verfolgung (f)	agtervolging	[aχtərfolχiŋ]
nachjagen (vi)	agtervolg	[aχtərfolχ]
verfolgen (vt)	opspoor	[opspoər]

Verhaftung (f)	inhegtenisneming	[inheχtenis·nemiŋ]
verhaften (vt)	arresteer	[arresteər]
fangen (vt)	vang	[faŋ]
Festnahme (f)	opsporing	[opsporiŋ]

Dokument (n)	dokument	[dokument]
Beweis (m)	bewys	[bevajs]
beweisen (vt)	bewys	[bevajs]
Fußspur (f)	voetspoor	[futspoər]
Fingerabdrücke (pl)	vingerafdrukke	[fiŋər·afdrukkə]
Beweisstück (n)	bewysstuk	[bevajs·stuk]

Alibi (n)	alibi	[alibi]
unschuldig	onskuldig	[ɔŋskuldəχ]
Ungerechtigkeit (f)	onreg	[onreχ]
ungerecht	onregverdig	[onreχferdəχ]

Kriminal-	krimineel	[krimineəl]
beschlagnahmen (vt)	in beslag neem	[in beslaχ neəm]
Droge (f)	dwelm	[dwɛlm]
Waffe (f)	wapen	[vapen]
entwaffnen (vt)	ontwapen	[ontvapen]
befehlen (vt)	beveel	[befeəl]
verschwinden (vi)	verdwyn	[ferdwajn]

Gesetz (n)	wet	[vet]
gesetzlich	wettig	[vɛttəχ]
ungesetzlich	onwettig	[onwɛttəχ]

Verantwortlichkeit (f)	verantwoordelikheid	[ferant·voərdelikhæjt]
verantwortlich	verantwoordelik	[ferant·voərdelik]

NATUR

Die Erde. Teil 1

195. Weltall

Kosmos (m)	kosmos	[kosmos]
kosmisch, Raum-	kosmies	[kosmis]
Weltraum (m)	buitenste ruimte	[bœitɛŋstə rajmtə]
All (n)	wêreld	[værɛlt]
Universum (n)	heelal	[heəlal]
Galaxie (f)	sterrestelsel	[sterrə·stɛlsəl]
Stern (m)	ster	[ster]
Gestirn (n)	sterrebeeld	[sterrə·beəlt]
Planet (m)	planeet	[planeət]
Satellit (m)	satelliet	[satɛllit]
Meteorit (m)	meteoriet	[meteorit]
Komet (m)	komeet	[komeət]
Asteroid (m)	asteroïed	[asteroïət]
Umlaufbahn (f)	baan	[bān]
sich drehen	draai	[drāi]
Atmosphäre (f)	atmosfeer	[atmosfeər]
Sonne (f)	die Son	[di son]
Sonnensystem (n)	sonnestelsel	[sonnə·stɛlsəl]
Sonnenfinsternis (f)	sonsverduistering	[sɔŋs·ferdœisteriŋ]
Erde (f)	die Aarde	[di ārdə]
Mond (m)	die Maan	[di mān]
Mars (m)	Mars	[mars]
Venus (f)	Venus	[fenus]
Jupiter (m)	Jupiter	[jupitər]
Saturn (m)	Saturnus	[saturnus]
Merkur (m)	Mercurius	[merkurius]
Uran (m)	Uranus	[uranus]
Neptun (m)	Neptunus	[neptunus]
Pluto (m)	Pluto	[pluto]
Milchstraße (f)	Melkweg	[melk·weχ]
Der Große Bär	Groot Beer	[χroət beər]
Polarstern (m)	Poolster	[poəl·stər]
Marsbewohner (m)	marsbewoner	[mars·bevonər]
Außerirdischer (m)	buiteaardse wese	[bœitə·ārdsə vesə]

außerirdisches Wesen (n)	ruimtewese	[rœimtə·vesə]
fliegende Untertasse (f)	vlieënde skottel	[fliɛndə skottəl]
Raumschiff (n)	ruimteskip	[rœimtə·skip]
Raumstation (f)	ruimtestasie	[rœimtə·stasi]
Raketenstart (m)	vertrek	[fertrek]
Triebwerk (n)	enjin	[ɛndʒin]
Düse (f)	uitlaatpyp	[œitlāt·pajp]
Treibstoff (m)	brandstof	[brantstof]
Kabine (f)	stuurkajuit	[stʊr·kajœit]
Antenne (f)	lugdraad	[luχdrāt]
Bullauge (n)	patryspoort	[patrajs·poərt]
Sonnenbatterie (f)	sonpaneel	[son·paneəl]
Raumanzug (m)	ruimtepak	[rœimtə·pak]
Schwerelosigkeit (f)	gewigloosheid	[χeviχloəshæjt]
Sauerstoff (m)	suurstof	[sɪrstof]
Ankopplung (f)	koppeling	[koppeliŋ]
koppeln (vi)	koppel	[koppəl]
Observatorium (n)	observatorium	[observatorium]
Teleskop (n)	teleskoop	[teleskoəp]
beobachten (vt)	waarneem	[vārneəm]
erforschen (vt)	eksploreer	[ɛksploreər]

196. Die Erde

Erde (f)	die Aarde	[di ārdə]
Erdkugel (f)	die aardbol	[di ārdbol]
Planet (m)	planeet	[planeət]
Atmosphäre (f)	atmosfeer	[atmosfeər]
Geographie (f)	geografie	[χeoχrafi]
Natur (f)	natuur	[natɪr]
Globus (m)	aardbol	[ārd·bol]
Landkarte (f)	kaart	[kārt]
Atlas (m)	atlas	[atlas]
Europa (n)	Europa	[øəropa]
Asien (n)	Asië	[asiɛ]
Afrika (n)	Afrika	[afrika]
Australien (n)	Australië	[ɔustraliɛ]
Amerika (n)	Amerika	[amerika]
Nordamerika (n)	Noord-Amerika	[noərd-amerika]
Südamerika (n)	Suid-Amerika	[sœid-amerika]
Antarktis (f)	Suidpool	[sœid·poəl]
Arktis (f)	Noordpool	[noərd·poəl]

197. Himmelsrichtungen

Norden (m)	noorde	[noərdə]
nach Norden	na die noorde	[na di noərdə]
im Norden	in die noorde	[in di noərdə]
nördlich	noordelik	[noərdəlik]
Süden (m)	suide	[sœidə]
nach Süden	na die suide	[na di sœidə]
im Süden	in die suide	[in di sœidə]
südlich	suidelik	[sœidəlik]
Westen (m)	weste	[vestə]
nach Westen	na die weste	[na di vestə]
im Westen	in die weste	[in di vestə]
westlich, West-	westelik	[vestelik]
Osten (m)	ooste	[oəstə]
nach Osten	na die ooste	[na di oəstə]
im Osten	in die ooste	[in di oəstə]
östlich	oostelik	[oəstəlik]

198. Meer. Ozean

Meer (n), See (f)	see	[seə]
Ozean (m)	oseaan	[oseãn]
Golf (m)	golf	[χolf]
Meerenge (f)	straat	[strãt]
Festland (n)	land	[lant]
Kontinent (m)	kontinent	[kontinent]
Insel (f)	eiland	[æjlant]
Halbinsel (f)	skiereiland	[skir·æjlant]
Archipel (m)	argipel	[arχipəl]
Bucht (f)	baai	[bãi]
Hafen (m)	hawe	[havə]
Lagune (f)	strandmeer	[strand·meər]
Kap (n)	kaap	[kãp]
Atoll (n)	atol	[atol]
Riff (n)	rif	[rif]
Koralle (f)	koraal	[korãl]
Korallenriff (n)	koraalrif	[korãl·rif]
tief (Adj)	diep	[dip]
Tiefe (f)	diepte	[diptə]
Abgrund (m)	afgrond	[afχront]
Graben (m)	trog	[troχ]
Strom (m)	stroming	[stromiŋ]
umspülen (vt)	omring	[omriŋ]

| Ufer (n) | oewer | [uvər] |
| Küste (f) | kus | [kus] |

Flut (f)	hoogwater	[hoəχ·vatər]
Ebbe (f)	laagwater	[lāχ·vatər]
Sandbank (f)	sandbank	[sand·bank]
Boden (m)	bodem	[bodem]

Welle (f)	golf	[χolf]
Wellenkamm (m)	kruin	[krœin]
Schaum (m)	skuim	[skœim]

Sturm (m)	storm	[storm]
Orkan (m)	orkaan	[orkān]
Tsunami (m)	tsunami	[tsunami]
Windstille (f)	windstilte	[vindstiltə]
ruhig	kalm	[kalm]

| Pol (m) | pool | [poəl] |
| Polar- | polêr | [polær] |

Breite (f)	breedtegraad	[breədtə·χrāt]
Länge (f)	lengtegraad	[leŋtə·χrāt]
Breitenkreis (m)	parallel	[paralləl]
Äquator (m)	ewenaar	[ɛvenār]

Himmel (m)	hemel	[heməl]
Horizont (m)	horison	[horison]
Luft (f)	lug	[luχ]

Leuchtturm (m)	vuurtoring	[fɪrtoriŋ]
tauchen (vi)	duik	[dœik]
versinken (vi)	sink	[sink]
Schätze (pl)	skatte	[skattə]

199. Namen der Meere und Ozeane

Atlantischer Ozean (m)	**Atlantiese oseaan**	[atlantisə oseān]
Indischer Ozean (m)	**Indiese Oseaan**	[indisə oseān]
Pazifischer Ozean (m)	**Stille Oseaan**	[stillə oseān]
Arktischer Ozean (m)	**Noordelike Yssee**	[noərdelikə ajs·seə]

Schwarzes Meer (n)	**Swart See**	[swart seə]
Rotes Meer (n)	**Rooi See**	[roj seə]
Gelbes Meer (n)	**Geel See**	[χeəl seə]
Weißes Meer (n)	**Witsee**	[vit·seə]

Kaspisches Meer (n)	**Kaspiese See**	[kaspisə seə]
Totes Meer (n)	**Dooie See**	[doje seə]
Mittelmeer (n)	**Middellandse See**	[middəllandsə seə]

Ägäisches Meer (n)	**Egeïese See**	[ɛχejesə seə]
Adriatisches Meer (n)	**Adriatiese See**	[adriatisə seə]
Arabisches Meer (n)	**Arabiese See**	[arabisə seə]

Japanisches Meer (n)	Japanse See	[japaŋsə seə]
Beringmeer (n)	Beringsee	[beriŋ·seə]
Südchinesisches Meer (n)	Suid-Sjinese See	[sœid-ʃinesə seə]

Korallenmeer (n)	Koraalsee	[korāl·seə]
Tasmansee (f)	Tasmansee	[tasmaŋ·seə]
Karibisches Meer (n)	Karibiese See	[karibisə seə]

| Barentssee (f) | Barentssee | [barents·seə] |
| Karasee (f) | Karasee | [kara·seə] |

Nordsee (f)	Noordsee	[noərd·seə]
Ostsee (f)	Baltiese See	[baltisə seə]
Nordmeer (n)	Noorse See	[noərsə seə]

200. Berge

Berg (m)	berg	[berχ]
Gebirgskette (f)	bergreeks	[berχ·reəks]
Bergrücken (m)	bergrug	[berχ·ruχ]

Gipfel (m)	top	[top]
Spitze (f)	piek	[pik]
Bergfuß (m)	voet	[fut]
Abhang (m)	helling	[hɛlliŋ]

Vulkan (m)	vulkaan	[fulkān]
tätiger Vulkan (m)	aktiewe vulkaan	[aktivə fulkān]
schlafender Vulkan (m)	rustende vulkaan	[rustendə fulkān]

Ausbruch (m)	uitbarsting	[œitbarstiŋ]
Krater (m)	krater	[kratər]
Magma (n)	magma	[maχma]
Lava (f)	lawa	[lava]
glühend heiß (-e Lava)	gloeiende	[χlujendə]

Cañon (m)	diepkloof	[dip·kloəf]
Schlucht (f)	kloof	[kloəf]
Spalte (f)	skeur	[skøər]
Abgrund (m) (steiler ~)	afgrond	[afχront]

Gebirgspass (m)	bergpas	[berχ·pas]
Plateau (n)	plato	[plato]
Fels (m)	krans	[kraŋs]
Hügel (m)	kop	[kop]

Gletscher (m)	gletser	[χletsər]
Wasserfall (m)	waterval	[vatər·fal]
Geiser (m)	geiser	[χæjsər]
See (m)	meer	[meər]

Ebene (f)	vlakte	[flaktə]
Landschaft (f)	landskap	[landskap]
Echo (n)	eggo	[ɛχχo]

Bergsteiger (m)	**alpinis**	[alpinis]
Kletterer (m)	**bergklimmer**	[berχ·klimmər]
bezwingen (vt)	**baasraak**	[bāsrāk]
Aufstieg (m)	**beklimming**	[beklimmiŋ]

201. Namen der Berge

Alpen (pl)	**die Alpe**	[di alpə]
Montblanc (m)	**Mont Blanc**	[mon blan]
Pyrenäen (pl)	**die Pireneë**	[di pireneɛ]
Karpaten (pl)	**die Karpate**	[di karpatə]
Uralgebirge (n)	**die Oeralgebergte**	[di ural·χəberχtə]
Kaukasus (m)	**die Koukasus Gebergte**	[di kæʊkasus χəberχtə]
Elbrus (m)	**Elbroes**	[ɛlbrus]
Altai (m)	**die Altai-gebergte**	[di altaj-χəberχtə]
Tian Shan (m)	**die Tian Shan**	[di tian ʃan]
Pamir (m)	**die Pamir**	[di pamir]
Himalaja (m)	**die Himalajas**	[di himalajas]
Everest (m)	**Everest**	[ɛverest]
Anden (pl)	**die Andes**	[di andes]
Kilimandscharo (m)	**Kilimanjaro**	[kilimanʤaro]

202. Flüsse

Fluss (m)	**rivier**	[rifir]
Quelle (f)	**bron**	[bron]
Flussbett (n)	**rivierbed**	[rifir·bet]
Stromgebiet (n)	**stroomgebied**	[stroəm·χebit]
einmünden in ...	**uitmond in ...**	[œitmont in ...]
Nebenfluss (m)	**syrivier**	[saj·rifir]
Ufer (n)	**oewer**	[uvər]
Strom (m)	**stroming**	[stromiŋ]
stromabwärts	**stroomafwaarts**	[stroəm·afvārts]
stromaufwärts	**stroomopwaarts**	[stroəm·opvārts]
Überschwemmung (f)	**oorstroming**	[oərstromiŋ]
Hochwasser (n)	**oorstroming**	[oərstromiŋ]
aus den Ufern treten	**oor sy walle loop**	[oər saj vallə loəp]
überfluten (vt)	**oorstroom**	[oərstroəm]
Sandbank (f)	**sandbank**	[sand·bank]
Stromschnelle (f)	**stroomversnellings**	[stroəm·fersnɛlliŋs]
Damm (m)	**damwal**	[dam·wal]
Kanal (m)	**kanaal**	[kanāl]
Stausee (m)	**opgaardam**	[opχār·dam]
Schleuse (f)	**sluis**	[slœis]

Gewässer (n)	dam	[dam]
Sumpf (m), Moor (n)	moeras	[muras]
Marsch (f)	vlei	[flæj]
Strudel (m)	draaikolk	[drāj·kolk]

Bach (m)	spruit	[sprœit]
Trink- (z.B. Trinkwasser)	drink-	[drink-]
Süß- (Wasser)	vars	[fars]

Eis (n)	ys	[ajs]
zufrieren (vi)	bevries	[befris]

203. Namen der Flüsse

Seine (f)	Seine	[sæjn]
Loire (f)	Loire	[luaːr]

Themse (f)	Teems	[tems]
Rhein (m)	Ryn	[rajn]
Donau (f)	Donau	[donɔu]

Wolga (f)	Wolga	[volga]
Don (m)	Don	[don]
Lena (f)	Lena	[lena]

Gelber Fluss (m)	Geel Rivier	[χeəl rifir]
Jangtse (m)	Blou Rivier	[blæʊ rifir]
Mekong (m)	Mekong	[mekoŋ]
Ganges (m)	Ganges	[χaŋəs]

Nil (m)	Nyl	[najl]
Kongo (m)	Kongorivier	[kongo·rifir]
Okavango (m)	Okavango	[okavango]
Sambesi (m)	Zambezi	[sambesi]
Limpopo (m)	Limpopo	[limpopo]
Mississippi (m)	Mississippi	[mississippi]

204. Wald

Wald (m)	bos	[bos]
Wald-	bos-	[bos-]

Dickicht (n)	woud	[væʊt]
Gehölz (n)	boord	[boərt]
Lichtung (f)	oopte	[oəptə]

Dickicht (n)	struikgewas	[strœik·χevas]
Gebüsch (n)	struikveld	[strœik·fɛlt]

Fußweg (m)	paadjie	[pādʒi]
Erosionsrinne (f)	donga	[donχa]
Baum (m)	boom	[boəm]

| Blatt (n) | blaar | [blãr] |
| Laub (n) | blare | [blarə] |

Laubfall (m)	val van die blare	[fal fan di blarə]
fallen (Blätter)	val	[fal]
Wipfel (m)	boomtop	[boəm·top]

Zweig (m)	tak	[tak]
Ast (m)	tak	[tak]
Knospe (f)	knop	[knop]
Nadel (f)	naald	[nãlt]
Zapfen (m)	dennebol	[dɛnnə·bol]

Höhlung (f)	holte	[holtə]
Nest (n)	nes	[nes]
Höhle (f)	gat	[χat]

Stamm (m)	stam	[stam]
Wurzel (f)	wortel	[vortəl]
Rinde (f)	bas	[bas]
Moos (n)	mos	[mos]

entwurzeln (vt)	ontwortel	[ontwortəl]
fällen (vt)	omkap	[omkap]
abholzen (vt)	ontbos	[ontbos]
Baumstumpf (m)	boomstomp	[boəm·stomp]

Lagerfeuer (n)	kampvuur	[kampfɪr]
Waldbrand (m)	bosbrand	[bos·brant]
löschen (vt)	blus	[blus]

Förster (m)	boswagter	[bos·waχtər]
Schutz (m)	beskerming	[beskermiŋ]
beschützen (vt)	beskerm	[beskerm]
Wilddieb (m)	wildstroper	[vilt·stropər]
Falle (f)	slagyster	[slaχ·ajstər]

sammeln (Pilze ~)	pluk	[pluk]
pflücken (Beeren ~)	pluk	[pluk]
sich verirren	verdwaal	[ferdwãl]

205. natürliche Lebensgrundlagen

Naturressourcen (pl)	natuurlike bronne	[natɪrlikə bronnə]
Bodenschätze (pl)	minerale	[mineralə]
Vorkommen (n)	lae	[laə]
Feld (Ölfeld usw.)	veld	[fɛlt]

gewinnen (vt)	myn	[majn]
Gewinnung (f)	myn	[majn]
Erz (n)	erts	[ɛrts]
Bergwerk (n)	myn	[majn]
Schacht (m)	mynskag	[majn·skaχ]
Bergarbeiter (m)	mynwerker	[majn·werkər]

| Erdgas (n) | gas | [χas] |
| Gasleitung (f) | gaspyp | [χas·pajp] |

Erdöl (n)	olie	[oli]
Erdölleitung (f)	olipypleiding	[oli·pajp·læjdiŋ]
Ölquelle (f)	oliebron	[oli·bron]
Bohrturm (m)	boortoring	[boǝr·toriŋ]
Tanker (m)	tenkskip	[tɛnk·skip]

Sand (m)	sand	[sant]
Kalkstein (m)	kalksteen	[kalksteǝn]
Kies (m)	gruis	[χrœis]
Torf (m)	veengrond	[feǝnχront]
Ton (m)	klei	[klæj]
Kohle (f)	steenkool	[steǝn·koǝl]

Eisen (n)	yster	[ajstǝr]
Gold (n)	goud	[χæʊt]
Silber (n)	silwer	[silwǝr]
Nickel (n)	nikkel	[nikkǝl]
Kupfer (n)	koper	[kopǝr]

Zink (n)	sink	[sink]
Mangan (n)	mangaan	[manχān]
Quecksilber (n)	kwik	[kwik]
Blei (n)	lood	[loǝt]

Mineral (n)	mineraal	[minerāl]
Kristall (m)	kristal	[kristal]
Marmor (m)	marmer	[marmǝr]
Uran (n)	uraan	[urān]

Die Erde. Teil 2

206. Wetter

Wetter (n)	weer	[veər]
Wetterbericht (m)	weersvoorspelling	[veərs·foərspɛliŋ]
Temperatur (f)	temperatuur	[temperatɪr]
Thermometer (n)	termometer	[termometər]
Barometer (n)	barometer	[barometər]
feucht	klam	[klam]
Feuchtigkeit (f)	vogtigheid	[foχtiχæjt]
Hitze (f)	hitte	[hittə]
glutheiß	heet	[heət]
ist heiß	dis vrekwarm	[dis frekvarm]
ist warm	dit is warm	[dit is varm]
warm (Adj)	louwarm	[læʊvarm]
ist kalt	dis koud	[dis kæʊt]
kalt (Adj)	koud	[kæʊt]
Sonne (f)	son	[son]
scheinen (vi)	skyn	[skajn]
sonnig (Adj)	sonnig	[sonnəχ]
aufgehen (vi)	opkom	[opkom]
untergehen (vi)	ondergaan	[ondərχãn]
Wolke (f)	wolk	[volk]
bewölkt, wolkig	bewolk	[bevolk]
Regenwolke (f)	reënwolk	[reɛn·wolk]
trüb (-er Tag)	somber	[sombər]
Regen (m)	reën	[reɛn]
Es regnet	dit reën	[dit reɛn]
regnerisch (-er Tag)	reënerig	[reɛnerəχ]
nieseln (vi)	motreën	[motreɛn]
strömender Regen (m)	stortbui	[stortbœi]
Regenschauer (m)	reënvlaag	[reɛn·flãχ]
stark (-er Regen)	swaar	[swãr]
Pfütze (f)	poeletjie	[puləki]
nass werden (vi)	nat word	[nat vort]
Nebel (m)	mis	[mis]
neblig (-er Tag)	mistig	[mistəχ]
Schnee (m)	sneeu	[sniʊ]
Es schneit	dit sneeu	[dit sniʊ]

207. Unwetter Naturkatastrophen

Gewitter (n)	donderstorm	[dondər·storm]
Blitz (m)	weerlig	[veərləx]
blitzen (vi)	flits	[flits]
Donner (m)	donder	[dondər]
donnern (vi)	donder	[dondər]
Es donnert	dit donder	[dit dondər]
Hagel (m)	hael	[haəl]
Es hagelt	dit hael	[dit haəl]
überfluten (vt)	oorstroom	[oərstroəm]
Überschwemmung (f)	oorstroming	[oərstromiŋ]
Erdbeben (n)	aardbewing	[ārd·beviŋ]
Erschütterung (f)	aardskok	[ārd·skok]
Epizentrum (n)	episentrum	[ɛpisentrum]
Ausbruch (m)	uitbarsting	[œitbarstiŋ]
Lava (f)	lawa	[lava]
Wirbelsturm (m)	tornado	[tornado]
Tornado (m)	tornado	[tornado]
Taifun (m)	tifoon	[tifoən]
Orkan (m)	orkaan	[orkān]
Sturm (m)	storm	[storm]
Tsunami (m)	tsunami	[tsunami]
Zyklon (m)	sikloon	[sikloən]
Unwetter (n)	slegte weer	[slextə veər]
Brand (m)	brand	[brant]
Katastrophe (f)	ramp	[ramp]
Meteorit (m)	meteoriet	[meteorit]
Lawine (f)	lawine	[lavinə]
Schneelawine (f)	sneeulawine	[sniʊ·lavinə]
Schneegestöber (n)	sneeustorm	[sniʊ·storm]
Schneesturm (m)	sneeustorm	[sniʊ·storm]

208. Geräusche. Klänge

Stille (f)	stilte	[stiltə]
Laut (m)	geluid	[xelœit]
Lärm (m)	geraas	[xerās]
lärmen (vi)	geraas maak	[xerās māk]
lärmend (Adj)	lawaaierig	[lavajerəx]
laut (in lautemTon)	hard	[hart]
laut (eine laute Stimme)	hard	[hart]
ständig (Adj)	aanhoudend	[ānhæʊdent]

Schrei (m)	skreeu	[skriʊ]
schreien (vi)	skreeu	[skriʊ]
Flüstern (n)	gefluister	[χeflœistər]
flüstern (vt)	fluister	[flœistər]

Gebell (n)	geblaf	[χeblaf]
bellen (vi)	blaf	[blaf]

Stöhnen (n)	gekreun	[χekrøən]
stöhnen (vi)	kreun	[krøən]
Husten (m)	hoes	[hus]
husten (vi)	hoes	[hus]

Pfiff (m)	gefluit	[χeflœit]
pfeifen (vi)	fluit	[flœit]
Klopfen (n)	klop	[klop]
klopfen (vi)	klop	[klop]

krachen (Laut)	kraak	[krāk]
Krachen (n)	gekraak	[χekrāk]

Sirene (f)	sirene	[sirenə]
Pfeife (Zug usw.)	fluit	[flœit]
pfeifen (vi)	fluit	[flœit]
Hupe (f)	toeter	[tutər]
hupen (vi)	toeter	[tutər]

209. Winter

Winter (m)	winter	[vintər]
Winter-	winter-	[vintər-]
im Winter	in die winter	[in di vintər]

Schnee (m)	sneeu	[sniʊ]
Es schneit	dit sneeu	[dit sniʊ]
Schneefall (m)	sneeuval	[sniʊ·fal]
Schneewehe (f)	sneeuhoop	[sniʊ·hoəp]

Schneeflocke (f)	sneeuvlokkie	[sniʊ·flokki]
Schneeball (m)	sneeubal	[sniʊ·bal]
Schneemann (m)	sneeuman	[sniʊ·man]
Eiszapfen (m)	yskeël	[ajskeɛl]

Dezember (m)	Desember	[desembər]
Januar (m)	Januarie	[januari]
Februar (m)	Februarie	[februari]

Frost (m)	ryp	[rajp]
frostig, Frost-	vries-	[fris-]

unter Null	onder nul	[ondər nul]
leichter Frost (m)	eerste ryp	[eerstə rajp]
Reif (m)	ruigryp	[rœiχ·rajp]
Kälte (f)	koue	[kæʊə]

Es ist kalt	dis koud	[dis kæʊt]
Pelzmantel (m)	pelsjas	[pelʃas]
Fausthandschuhe (pl)	duimhandskoene	[dœim·handskunə]

| erkranken (vi) | siek word | [sik vort] |
| Erkältung (f) | verkoue | [ferkæʊə] |

Eis (n)	ys	[ajs]
Glatteis (n)	gevriesde reën	[χefrisdə rɛɛn]
zufrieren (vi)	bevries	[befris]
Eisscholle (f)	ysskotse	[ajs·skotsə]

Skiläufer (m)	skiër	[skiɛr]
Ski laufen	ski	[ski]
Schlittschuh laufen	ysskaats	[ajs·skāts]

Fauna

210. Säugetiere. Raubtiere

Raubtier (n)	roofdier	[roəf·dir]
Tiger (m)	tier	[tir]
Löwe (m)	leeu	[liʊ]
Wolf (m)	wolf	[volf]
Fuchs (m)	vos	[fos]
Jaguar (m)	jaguar	[jaχuar]
Leopard (m)	luiperd	[lœipert]
Gepard (m)	jagluiperd	[jaχ·lœipert]
Panther (m)	swart luiperd	[swart lœipert]
Puma (m)	poema	[puma]
Schneeleopard (m)	sneeuluiperd	[sniʊ·lœipert]
Luchs (m)	los	[los]
Kojote (m)	prêriewolf	[præri·volf]
Schakal (m)	jakkals	[jakkals]
Hyäne (f)	hiëna	[hiɛna]

211. Tiere in freier Wildbahn

Tier (n)	dier	[dir]
Bestie (f)	beest	[beəst]
Eichhörnchen (n)	eekhoring	[eəkhoriŋ]
Igel (m)	krimpvarkie	[krimpfarki]
Hase (m)	hasie	[hasi]
Kaninchen (n)	konyn	[konajn]
Dachs (m)	das	[das]
Waschbär (m)	wasbeer	[vasbeər]
Hamster (m)	hamster	[hamstər]
Murmeltier (n)	marmot	[marmot]
Maulwurf (m)	mol	[mol]
Maus (f)	muis	[mœis]
Ratte (f)	rot	[rot]
Fledermaus (f)	vlermuis	[fler·mœis]
Hermelin (n)	hermelyn	[herməlajn]
Zobel (m)	sabel, sabeldier	[sabəl], [sabəl·dir]
Marder (m)	marter	[martər]
Wiesel (n)	wesel	[vesəl]
Nerz (m)	nerts	[nerts]

Biber (m)	bewer	[bevər]
Fischotter (m)	otter	[ottər]

Pferd (n)	perd	[pert]
Elch (m)	eland	[ɛlant]
Hirsch (m)	hert	[hert]
Kamel (n)	kameel	[kameəl]

Bison (m)	bison	[bison]
Wisent (m)	wisent	[visent]
Büffel (m)	buffel	[buffəl]

Zebra (n)	sebra, kwagga	[sebra], [kwaχχa]
Antilope (f)	wildsbok	[vilds·bok]
Reh (n)	reebok	[reəbok]
Damhirsch (m)	damhert	[damhert]
Gämse (f)	gems	[χems]
Wildschwein (n)	wildevark	[vildə·fark]

Wal (m)	walvis	[valfis]
Seehund (m)	seehond	[seə·hont]
Walroß (n)	walrus	[valrus]
Seebär (m)	seebeer	[seə·beər]
Delfin (m)	dolfyn	[dolfajn]

Bär (m)	beer	[beər]
Eisbär (m)	ysbeer	[ajs·beər]
Panda (m)	panda	[panda]

Affe (m)	aap	[āp]
Schimpanse (m)	sjimpansee	[ʃimpaŋseə]
Orang-Utan (m)	orangoetang	[oranχutaŋ]
Gorilla (m)	gorilla	[χorilla]
Makak (m)	makaak	[makāk]
Gibbon (m)	gibbon	[χibbon]

Elefant (m)	olifant	[olifant]
Nashorn (n)	renoster	[renostər]
Giraffe (f)	kameelperd	[kameəl·pert]
Flusspferd (n)	seekoei	[seə·kui]

Känguru (n)	kangaroe	[kanχaru]
Koala (m)	koala	[koala]

Manguste (f)	muishond	[mœis·hont]
Chinchilla (n)	chinchilla, tjintjilla	[tʃin·tʃila]
Stinktier (n)	stinkmuishond	[stinkmœis·hont]
Stachelschwein (n)	ystervark	[ajstər·fark]

212. Haustiere

Katze (f)	kat	[kat]
Kater (m)	kater	[katər]
Hund (m)	hond	[hont]

Pferd (n)	perd	[pert]
Hengst (m)	hings	[hiŋs]
Stute (f)	merrie	[merri]
Kuh (f)	koei	[kui]
Stier (m)	bul	[bul]
Ochse (m)	os	[os]
Schaf (n)	skaap	[skāp]
Widder (m)	ram	[ram]
Ziege (f)	bok	[bok]
Ziegenbock (m)	bokram	[bok·ram]
Esel (m)	donkie, esel	[donki], [eisəl]
Maultier (n)	muil	[mœil]
Schwein (n)	vark	[fark]
Ferkel (n)	varkie	[farki]
Kaninchen (n)	konyn	[konajn]
Huhn (n)	hoender, hen	[hundər], [hen]
Hahn (m)	haan	[hān]
Ente (f)	eend	[eent]
Enterich (m)	mannetjieseend	[mannəkis·eent]
Gans (f)	gans	[χaŋs]
Puter (m)	kalkoenmannetjie	[kalkun·mannəki]
Pute (f)	kalkoen	[kalkun]
Haustiere (pl)	huisdiere	[hœis·dirə]
zahm	mak	[mak]
zähmen (vt)	mak maak	[mak māk]
züchten (vt)	teel	[teəl]
Farm (f)	plaas	[plās]
Geflügel (n)	pluimvee	[plœimfeə]
Vieh (n)	beeste	[beəstə]
Herde (f)	kudde	[kuddə]
Pferdestall (m)	stal	[stal]
Schweinestall (m)	varkstal	[fark·stal]
Kuhstall (m)	koeistal	[kui·stal]
Kaninchenstall (m)	konynehok	[konajnə·hok]
Hühnerstall (m)	hoenderhok	[hundər·hok]

213. Hunde. Hunderassen

Hund (m)	hond	[hont]
Schäferhund (m)	herdershond	[herdərs·hont]
Deutsche Schäferhund (m)	Duitse herdershond	[dœitsə herdərs·hont]
Pudel (m)	poedel	[pudəl]
Dachshund (m)	worshond	[vors·hont]
Bulldogge (f)	bulhond	[bul·hont]

Boxer (m)	bokser	[boksər]
Mastiff (m)	mastiff	[mastif]
Rottweiler (m)	Rottweiler	[rottwæjlər]
Dobermann (m)	Dobermann	[dobermann]

Basset (m)	basset	[basset]
Bobtail (m)	bobtail	[bobtajl]
Dalmatiner (m)	Dalmatiese hond	[dalmatisə hont]
Cocker-Spaniel (m)	sniphond	[snip·hont]

Neufundländer (m)	Newfoundlander	[njufæʊntlandər]
Bernhardiner (m)	Sint Bernard	[sint bernart]

Eskimohund (m)	poolhond, husky	[pulhont], [huski]
Chow-Chow (m)	chowchow	[tʃau·tʃau]
Spitz (m)	spitshond	[spits·hont]
Mops (m)	mopshond	[mops·hont]

214. Tierlaute

Gebell (n)	geblaf	[χeblaf]
bellen (vi)	blaf	[blaf]
miauen (vi)	miaau	[miãu]
schnurren (Katze)	spin	[spin]

muhen (vi)	loei	[lui]
brüllen (Stier)	bulk	[bulk]
knurren (Hund usw.)	grom	[χrom]

Heulen (n)	gehuil	[χehœil]
heulen (vi)	huil	[hœil]
winseln (vi)	tjank	[tʃank]

meckern (Ziege)	blêr	[blær]
grunzen (vi)	snork	[snork]
kreischen (vi)	gil	[χil]

quaken (vi)	kwaak	[kwãk]
summen (Insekt)	zoem	[zum]
zirpen (vi)	kriek	[krik]

215. Jungtiere

Tierkind (n)	kleintjie	[klæjnki]
Kätzchen (n)	katjie	[kaki]
Mausjunge (n)	muisie	[mœisi]
Hündchen (n), Welpe (m)	hondjie	[hondʒi]

Häschen (n)	hasie	[hasi]
Kaninchenjunge (n)	konyntjie	[konajnki]
Wolfsjunge (n)	wolfie	[volfi]
Fuchsjunge (n)	vossie	[fossi]

Bärenjunge (n)	beertjie	[beərki]
Löwenjunge (n)	leeutjie	[liʊki]
junger Tiger (m)	tiertjie	[tirki]
Elefantenjunge (n)	olifantjie	[olifanki]

Ferkel (n)	varkie	[farki]
Kalb (junge Kuh)	kalfie	[kalfi]
Ziegenkitz (n)	bokkie	[bokki]
Lamm (n)	lam	[lam]
Hirschkalb (n)	bokkie	[bokki]
Kamelfohlen (n)	kameeltjie	[kameəlki]

| junge Schlange (f) | slangetjie | [slaŋəki] |
| Fröschlein (n) | paddatjie | [pad·daki] |

junger Vogel (m)	voëltjie	[foɛlki]
Küken (n)	kuiken	[kœiken]
Entlein (n)	eendjie	[eəndʒi]

216. Vögel

Vogel (m)	voël	[foɛl]
Taube (f)	duif	[dœif]
Spatz (m)	mossie	[mossi]
Meise (f)	mees	[meəs]
Elster (f)	ekster	[ɛkstər]

Rabe (m)	raaf	[rāf]
Krähe (f)	kraai	[krāi]
Dohle (f)	kerkkraai	[kerk·krāi]
Saatkrähe (f)	roek	[ruk]

Ente (f)	eend	[eent]
Gans (f)	gans	[χaŋs]
Fasan (m)	fisant	[fisant]

Adler (m)	arend	[arɛnt]
Habicht (m)	sperwer	[sperwər]
Falke (m)	valk	[falk]
Greif (m)	aasvoël	[āsfoɛl]
Kondor (m)	kondor	[kondor]

Schwan (m)	swaan	[swān]
Kranich (m)	kraanvoël	[krān·foɛl]
Storch (m)	ooievaar	[ojefār]

Papagei (m)	papegaai	[papəχāi]
Kolibri (m)	kolibrie	[kolibri]
Pfau (m)	pou	[pæʊ]

Strauß (m)	volstruis	[folstrœis]
Reiher (m)	reier	[ræjer]
Flamingo (m)	flamink	[flamink]
Pelikan (m)	pelikaan	[pelikān]

| Nachtigall (f) | nagtegaal | [naχteχāl] |
| Schwalbe (f) | swael | [swaəl] |

Drossel (f)	lyster	[lajstər]
Singdrossel (f)	sanglyster	[saŋlajstər]
Amsel (f)	merel	[merəl]

Segler (m)	windswael	[vindswaəl]
Lerche (f)	lewerik	[leverik]
Wachtel (f)	kwartel	[kwartəl]

Specht (m)	speg	[speχ]
Kuckuck (m)	koekoek	[kukuk]
Eule (f)	uil	[œil]
Uhu (m)	ooruil	[oərœil]
Auerhahn (m)	auerhoen	[ɔuer·hun]
Birkhahn (m)	korhoen	[korhun]
Rebhuhn (n)	patrys	[patrajs]

Star (m)	spreeu	[spriʊ]
Kanarienvogel (m)	kanarie	[kanari]
Haselhuhn (n)	bonasa hoen	[bonasa hun]
Buchfink (m)	gryskoppie	[χrajskoppi]
Gimpel (m)	bloedvink	[bludfink]

Möwe (f)	seemeeu	[seəmiʊ]
Albatros (m)	albatros	[albatros]
Pinguin (m)	pikkewyn	[pikkəvajn]

217. Vögel. Gesang und Laute

singen (vt)	fluit	[flœit]
schreien (vi)	roep	[rup]
kikeriki schreien	kraai	[krāi]
kikeriki	koekelekoe	[kukeleku]

gackern (vi)	kekkel	[kɛkkəl]
krächzen (vi)	kras	[kras]
schnattern (Ente)	kwaak	[kwāk]
piepsen (vi)	piep	[pip]
zwitschern (vi)	tjilp	[ʧilp]

218. Fische. Meerestiere

Brachse (f)	brasem	[brasem]
Karpfen (m)	karp	[karp]
Barsch (m)	baars	[bārs]
Wels (m)	katvis, seebaber	[katfis], [seə·babər]
Hecht (m)	snoek	[snuk]

| Lachs (m) | salm | [salm] |
| Stör (m) | steur | [støər] |

195

Hering (m)	haring	[hariŋ]
atlantische Lachs (m)	atlantiese salm	[atlantisə salm]
Makrele (f)	makriel	[makril]
Scholle (f)	platvis	[platfis]

Zander (m)	varswatersnoek	[farswatər·snuk]
Dorsch (m)	kabeljou	[kabeljæʊ]
Tunfisch (m)	tuna	[tuna]
Forelle (f)	forel	[forəl]

Aal (m)	paling	[paliŋ]
Zitterrochen (m)	drilvis	[drilfis]
Muräne (f)	bontpaling	[bontpaliŋ]
Piranha (m)	piranha	[piranha]

Hai (m)	haai	[hāi]
Delfin (m)	dolfyn	[dolfajn]
Wal (m)	walvis	[valfis]

Krabbe (f)	krap	[krap]
Meduse (f)	jellievis	[jelli·fis]
Krake (m)	seekat	[see·kat]

Seestern (m)	seester	[see·stər]
Seeigel (m)	see-egel, seekastaiing	[see·eχel], [see·kastajiŋ]
Seepferdchen (n)	seeperdjie	[see·perʤi]

Auster (f)	oester	[ustər]
Garnele (f)	garnaal	[χarnāl]
Hummer (m)	kreef	[kreəf]
Languste (f)	seekreef	[see·kreəf]

219. Amphibien Reptilien

| Schlange (f) | slang | [slaŋ] |
| Gift-, giftig | giftig | [χiftəχ] |

Viper (f)	adder	[addər]
Kobra (f)	kobra	[kobra]
Python (m)	luislang	[lœislaŋ]
Boa (f)	boa, konstriktorslang	[boa], [kɔŋstriktor·slaŋ]

Ringelnatter (f)	ringslang	[riŋ·slaŋ]
Klapperschlange (f)	ratelslang	[ratəl·slaŋ]
Anakonda (f)	anakonda	[anakonda]

Eidechse (f)	akkedis	[akkedis]
Leguan (m)	leguaan	[leχuān]
Waran (m)	likkewaan	[likkevān]
Salamander (m)	salamander	[salamandər]
Chamäleon (n)	verkleurmannetjie	[ferkløər·manneki]
Skorpion (m)	skerpioen	[skerpiun]
Schildkröte (f)	skilpad	[skilpat]
Frosch (m)	padda	[padda]

Kröte (f)	brulpadda	[brul·padda]
Krokodil (n)	krokodil	[krokodil]

220. Insekten

Insekt (n)	insek	[insek]
Schmetterling (m)	skoenlapper	[skunlappər]
Ameise (f)	mier	[mir]
Fliege (f)	vlieg	[fliχ]
Mücke (f)	muskiet	[muskit]
Käfer (m)	kewer	[kevər]

Wespe (f)	perdeby	[perdə·baj]
Biene (f)	by	[baj]
Hummel (f)	hommelby	[hommel·baj]
Bremse (f)	perdevlieg	[perdə·fliχ]

Spinne (f)	spinnekop	[spinnə·kop]
Spinnennetz (n)	spinnerak	[spinnə·rak]

Libelle (f)	naaldekoker	[nâldə·kokər]
Grashüpfer (m)	sprinkaan	[sprinkân]
Schmetterling (m)	mot	[mot]

Schabe (f)	kakkerlak	[kakkerlak]
Zecke (f)	bosluis	[boslœis]
Floh (m)	vlooi	[floj]
Kriebelmücke (f)	muggie	[muχχi]

Heuschrecke (f)	treksprinkhaan	[trek·sprinkhân]
Schnecke (f)	slak	[slak]
Heimchen (n)	kriek	[krik]
Leuchtkäfer (m)	vuurvliegie	[fɪrfliχi]
Marienkäfer (m)	lieweheersbesie	[liveheers·besi]
Maikäfer (m)	lentekewer	[lentekevər]

Blutegel (m)	bloedsuier	[blud·sœiər]
Raupe (f)	ruspe	[ruspə]
Wurm (m)	erdwurm	[ɛrd·vurm]
Larve (f)	larwe	[larvə]

221. Tiere. Körperteile

Schnabel (m)	snawel	[snavəl]
Flügel (pl)	vlerke	[flerkə]
Fuß (m)	poot	[poət]
Gefieder (n)	vere	[ferə]
Feder (f)	veer	[feər]
Haube (f)	kuif	[kœif]

Kiemen (pl)	kiewe	[kivə]
Laich (m)	viseiers	[fisæejers]

Larve (f)	larwe	[larvə]
Flosse (f)	vin	[fin]
Schuppe (f)	skubbe	[skubbə]

Stoßzahn (m)	slagtand	[slaχtant]
Pfote (f)	poot	[poət]
Schnauze (f)	muil	[mœil]

Rachen (m)	bek	[bek]
Schwanz (m)	stert	[stert]
Barthaar (n)	snor	[snor]

| Huf (m) | hoef | [huf] |
| Horn (n) | horing | [horiŋ] |

Panzer (m)	rugdop	[ruχdop]
Muschel (f)	skulp	[skulp]
Schale (f)	eierdop	[æjer·dop]

| Fell (n) | pels | [pɛls] |
| Haut (f) | vel | [fəl] |

222. Tierverhalten

| fliegen (vi) | vlieg | [fliχ] |
| herumfliegen (vi) | sirkel | [sirkəl] |

| wegfliegen (vi) | wegvlieg | [veχfliχ] |
| schlagen (mit den Flügeln ~) | klapwiek | [klapwik] |

picken (vt)	pik	[pik]
bebrüten (vt)	broei	[brui]
ausschlüpfen (vi)	uitbroei	[œjtbræj]

kriechen (vi)	seil	[sæjl]
stechen (Insekt)	steek	[steək]
beißen (vt)	byt	[bajt]

schnüffeln (vt)	snuffel	[snuffəl]
bellen (vi)	blaf	[blaf]
zischen (vi)	sis	[sis]

| erschrecken (vt) | bang maak | [baŋ māk] |
| angreifen (vt) | aanval | [ānfal] |

nagen (vi)	knaag	[knāχ]
kratzen (vt)	krap	[krap]
sich verstecken	wegkruip	[veχkrœip]

| spielen (vi) | speel | [speəl] |
| jagen (vi) | jag | [jaχ] |

| Winterschlaf halten | oorwinter | [oərwintər] |
| aussterben (vi) | uitsterf | [œitsterf] |

223. Tiere. Lebensräume

| Lebensraum (f) | habitat | [habitat] |
| Wanderung (f) | migrasie | [miχrasi] |

Berg (m)	berg	[berχ]
Riff (n)	rif	[rif]
Fels (m)	rots	[rots]

Wald (m)	woud	[væʊt]
Dschungel (m, n)	oerwoud	[urwæʊt]
Savanne (f)	veld	[fɛlt]
Tundra (f)	toendra	[tundra]

Steppe (f)	steppe	[stɛppə]
Wüste (f)	woestyn	[vustajn]
Oase (f)	oase	[oasə]

Meer (n), See (f)	see	[seə]
See (m)	meer	[meər]
Ozean (m)	oseaan	[oseãn]

Sumpf (m)	moeras	[muras]
Süßwasser-	varswater	[fars·vatər]
Teich (m)	dam	[dam]
Fluss (m)	rivier	[rifir]

Höhle (f), Bau (m)	hol	[hol]
Nest (n)	nes	[nes]
Höhlung (f)	holte	[holtə]
Loch (z.B. Wurmloch)	gat	[χat]
Ameisenhaufen (m)	miershoop	[mirs·hoəp]

224. Tierpflege

| Zoo (m) | dieretuin | [dirə·tœin] |
| Schutzgebiet (n) | natuurreservaat | [natɪr·reserfãt] |

Zucht (z.B. Hunde~)	teelplaas	[teəlplãs]
Freigehege (n)	opelughok	[opeluχ·hok]
Käfig (m)	kooi	[koj]
Hundehütte (f)	hondehok	[hondə·hok]

Taubenschlag (m)	duiwehok	[dœivə·hok]
Aquarium (n)	vistenk	[fis·tɛnk]
Delphinarium (n)	dolfynpark	[dolfajn·park]

züchten (vt)	teel	[teəl]
Wurf (m)	werpsel	[verpsəl]
zähmen (vt)	mak maak	[mak mãk]
dressieren (vt)	afrig	[afrəχ]
Futter (n)	voer	[fur]
füttern (vt)	voer	[fur]

Zoohandlung (f)	troeteldierwinkel	[truteldir·vinkəl]
Maulkorb (m)	muilkorf	[mœil·korf]
Halsband (n)	halsband	[hals·bant]
Rufname (m)	naam	[nãm]
Stammbaum (m)	stamboom	[stam·boəm]

225. Tiere. Verschiedenes

Rudel (Wölfen)	trop	[trop]
Vogelschwarm (m)	swerm	[swerm]
Schwarm (~ Heringe usw.)	skool	[skoəl]
Pferdeherde (f)	trop	[trop]
Männchen (n)	mannetjie	[mannəki]
Weibchen (n)	wyfie	[vajfi]
hungrig	honger	[hoŋər]
wild	wild	[vilt]
gefährlich	gevaarlik	[χefãrlik]

226. Pferde

Pferd (n)	perd	[pert]
Rasse (f)	ras	[ras]
Fohlen (n)	vulling	[fulliŋ]
Stute (f)	merrie	[merri]
Mustang (m)	mustang	[mustaŋ]
Pony (n)	ponie	[poni]
schweres Zugpferd (n)	trekperd	[trek·pert]
Mähne (f)	maanhaar	[mãnhãr]
Schwanz (m)	stert	[stert]
Huf (m)	hoef	[huf]
Hufeisen (n)	hoefyster	[huf·ajstər]
beschlagen (vt)	beslaan	[beslãn]
Schmied (m)	grofsmid	[χrofsmit]
Sattel (m)	saal	[sãl]
Steigbügel (m)	stiebeuel	[stibøəəl]
Zaum (m)	toom	[toəm]
Zügel (pl)	leisels	[læjsɛls]
Peitsche (f)	peits	[pæjts]
Reiter (m)	ruiter	[rœitər]
satteln (vt)	opsaal	[opsãl]
besteigen (vt)	bestyg	[bestajχ]
Galopp (m)	galop	[χalop]
galoppieren (vi)	galoppeer	[χaloppeər]

| Trab (m) | draf | [draf] |
| traben (vi) | draf | [draf] |

| Rennpferd (n) | resiesperd | [resispert] |
| Rennen (n) | perdewedren | [perdə·vedrən] |

Pferdestall (m)	stal	[stal]
füttern (vt)	voer	[fur]
Heu (n)	hooi	[hoj]
tränken (vt)	water gee	[vatər χeə]
striegeln (vt)	was	[vas]

Pferdewagen (m)	perdekar	[perdə·kar]
weiden (vi)	wei	[væj]
wiehern (vi)	runnik	[runnik]
ausschlagen (Pferd)	skop	[skop]

Flora

227. Bäume

Baum (m)	boom	[boəm]
Laub-	bladwisselend	[bladwisselent]
Nadel-	kegeldraend	[keχɛldraent]
immergrün	immergroen	[immərχrun]

Apfelbaum (m)	appelboom	[appɛl·boəm]
Birnbaum (m)	peerboom	[peər·boəm]
Kirschbaum (m)	kersieboom	[kersi·boəm]
Süßkirschbaum (m)	soetkersieboom	[sutkersi·boəm]
Sauerkirschbaum (m)	suurkersieboom	[sɪrkersi·boəm]
Pflaumenbaum (m)	pruimeboom	[prœimə·boəm]

Birke (f)	berk	[berk]
Eiche (f)	eik	[æjk]
Linde (f)	lindeboom	[lində·boəm]

Espe (f)	trilpopulier	[trilpopulir]
Ahorn (m)	esdoring	[ɛsdoriŋ]

Fichte (f)	spar	[spar]
Kiefer (f)	denneboom	[dɛnnə·boəm]
Lärche (f)	lorkeboom	[lorkə·boəm]

Tanne (f)	den	[den]
Zeder (f)	seder	[sedər]

Pappel (f)	populier	[populir]
Vogelbeerbaum (m)	lysterbessie	[lajstərbɛssi]

Weide (f)	wilger	[vilχər]
Erle (f)	els	[ɛls]

Buche (f)	beuk	[bøək]
Ulme (f)	olm	[olm]

Esche (f)	esboom	[ɛs·boəm]
Kastanie (f)	kastaiing	[kastajiŋ]

Magnolie (f)	magnolia	[maχnolia]
Palme (f)	palm	[palm]
Zypresse (f)	sipres	[sipres]

Mangrovenbaum (m)	wortelboom	[vortəl·boəm]
Baobab (m)	kremetart	[kremetart]
Eukalyptus (m)	bloekom	[blukom]
Mammutbaum (m)	mammoetboom	[mammut·boəm]

228. Büsche

| Strauch (m) | struik | [strœik] |
| Gebüsch (n) | bossie | [bossi] |

| Weinstock (m) | wingerdstok | [viŋərd·stok] |
| Weinberg (m) | wingerd | [viŋərt] |

Himbeerstrauch (m)	framboosstruik	[framboes·strœik]
schwarze Johannisbeere (f)	swartbessiestruik	[swartbɛssi·strœik]
rote Johannisbeere (f)	rooi aalbessiestruik	[roj ālbɛssi·strœik]
Stachelbeerstrauch (m)	appelliefiestruik	[appɛllifi·strœik]

Akazie (f)	akasia	[akasia]
Berberitze (f)	suurbessie	[sɪr·bɛssi]
Jasmin (m)	jasmyn	[jasmajn]

Wacholder (m)	jenewer	[jenevər]
Rosenstrauch (m)	roosstruik	[roes·strœik]
Heckenrose (f)	hondsroos	[honds·roes]

229. Pilze

Pilz (m)	paddastoel	[paddastul]
essbarer Pilz (m)	eetbare paddastoel	[eetbarə paddastul]
Giftpilz (m)	giftige paddastoel	[χiftiχə paddastul]
Hut (m)	hoed	[hut]
Stiel (m)	steel	[steəl]

Steinpilz (m)	Eetbare boleet	[eetbarə boleet]
Rotkappe (f)	rooihoed	[rojhut]
Birkenpilz (m)	berkboleet	[berk·boleet]
Pfifferling (m)	dooierswam	[dojer·swam]
Täubling (m)	russula	[russula]

Morchel (f)	morielje	[morilje]
Fliegenpilz (m)	vlieëswam	[fliɛ·swam]
Grüner Knollenblätterpilz	duiwelsbrood	[dœivɛls·broet]

230. Obst. Beeren

| Frucht (f) | vrug | [fruχ] |
| Früchte (pl) | vrugte | [fruχtə] |

Apfel (m)	appel	[appəl]
Birne (f)	peer	[peər]
Pflaume (f)	pruim	[prœim]

Erdbeere (f)	aarbei	[ārbæj]
Kirsche (f)	kersie	[kersi]
Sauerkirsche (f)	suurkersie	[sɪr·kersi]

Süßkirsche (f)	soetkersie	[sut·kersi]
Weintrauben (pl)	druif	[drœif]
Himbeere (f)	framboos	[framboəs]
schwarze Johannisbeere (f)	swartbessie	[swartbɛssi]
rote Johannisbeere (f)	rooi aalbessie	[roj ālbɛssi]
Stachelbeere (f)	appelliefie	[appɛllifi]
Moosbeere (f)	bosbessie	[bosbɛssi]
Apfelsine (f)	lemoen	[lemun]
Mandarine (f)	nartjie	[narki]
Ananas (f)	pynappel	[pajnappəl]
Banane (f)	piesang	[pisaŋ]
Dattel (f)	dadel	[dadəl]
Zitrone (f)	suurlemoen	[sɪr·lemun]
Aprikose (f)	appelkoos	[appɛlkoəs]
Pfirsich (m)	perske	[perskə]
Kiwi (f)	kiwi, kiwivrug	[kivi], [kivi·fruχ]
Grapefruit (f)	pomelo	[pomelo]
Beere (f)	bessie	[bɛssi]
Beeren (pl)	bessies	[bɛssis]
Preiselbeere (f)	pryselbessie	[prajsɛlbɛssi]
Walderdbeere (f)	wilde aarbei	[vildə ārbæj]
Heidelbeere (f)	bloubessie	[blæubɛssi]

231. Blumen. Pflanzen

Blume (f)	blom	[blom]
Blumenstrauß (m)	boeket	[buket]
Rose (f)	roos	[roəs]
Tulpe (f)	tulp	[tulp]
Nelke (f)	angelier	[anχəlir]
Gladiole (f)	swaardlelie	[swārd·leli]
Kornblume (f)	koringblom	[koriŋblom]
Glockenblume (f)	grasklokkie	[χras·klokki]
Löwenzahn (m)	perdeblom	[perdə·blom]
Kamille (f)	kamille	[kamillə]
Aloe (f)	aalwyn	[ālwajn]
Kaktus (m)	kaktus	[kaktus]
Gummibaum (m)	rubberplant	[rubbər·plant]
Lilie (f)	lelie	[leli]
Geranie (f)	malva	[malfa]
Hyazinthe (f)	hiasint	[hiasint]
Mimose (f)	mimosa	[mimosa]
Narzisse (f)	narsing	[narsiŋ]
Kapuzinerkresse (f)	kappertjie	[kapperki]
Orchidee (f)	orgidee	[orχideə]

Pfingstrose (f)	pinksterroos	[pinkstər·roəs]
Veilchen (n)	viooltjie	[fioəlki]
Stiefmütterchen (n)	gesiggie	[χesiχi]
Vergissmeinnicht (n)	vergeet-my-nietjie	[ferχeət-maj-niki]
Gänseblümchen (n)	madeliefie	[madelifi]
Mohn (m)	papawer	[papavər]
Hanf (m)	hennep	[hɛnnəp]
Minze (f)	kruisement	[krœisəment]
Maiglöckchen (n)	dallelie	[dalleli]
Schneeglöckchen (n)	sneeuklokkie	[sniʋ·klokki]
Brennnessel (f)	brandnetel	[brant·netəl]
Sauerampfer (m)	veldsuring	[fɛltsuriŋ]
Seerose (f)	waterlelie	[vatər·leli]
Farn (m)	varing	[fariŋ]
Flechte (f)	korsmos	[korsmos]
Gewächshaus (n)	broeikas	[bruikas]
Rasen (m)	grasperk	[χras·perk]
Blumenbeet (n)	blombed	[blom·bet]
Pflanze (f)	plant	[plant]
Gras (n)	gras	[χras]
Grashalm (m)	grasspriet	[χras·sprit]
Blatt (n)	blaar	[blãr]
Blütenblatt (n)	kroonblaar	[kroən·blãr]
Stiel (m)	stingel	[stiŋəl]
Knolle (f)	knol	[knol]
Jungpflanze (f)	saailing	[sãjliŋ]
Dorn (m)	doring	[doriŋ]
blühen (vi)	bloei	[blui]
welken (vi)	verlep	[ferlep]
Geruch (m)	reuk	[røək]
abschneiden (vt)	sny	[snaj]
pflücken (vt)	pluk	[pluk]

232. Getreide, Körner

Getreide (n)	graan	[χrãn]
Getreidepflanzen (pl)	graangewasse	[χrãn·χəwassə]
Ähre (f)	aar	[ãr]
Weizen (m)	koring	[koriŋ]
Roggen (m)	rog	[roχ]
Hafer (m)	hawer	[havər]
Hirse (f)	gierst	[χirst]
Gerste (f)	gars	[χars]
Mais (m)	mielie	[mili]

Reis (m)	rys	[rajs]
Buchweizen (m)	bokwiet	[bokwit]

Erbse (f)	ertjie	[ɛrki]
weiße Bohne (f)	nierboon	[nir·boən]
Sojabohne (f)	soja	[soja]
Linse (f)	lensie	[lɛŋsi]
Bohnen (pl)	boontjies	[boənkis]

233. Gemüse. Grünzeug

Gemüse (n)	groente	[xruntə]
grünes Gemüse (pl)	groente	[xruntə]

Tomate (f)	tamatie	[tamati]
Gurke (f)	komkommer	[komkommər]
Karotte (f)	wortel	[vortəl]
Kartoffel (f)	aartappel	[ārtappəl]
Zwiebel (f)	ui	[œi]
Knoblauch (m)	knoffel	[knoffəl]

Kohl (m)	kool	[koəl]
Blumenkohl (m)	blomkool	[blom·koəl]
Rosenkohl (m)	Brusselspruite	[brussɛl·sprœitə]
Brokkoli (m)	broccoli	[brokoli]

Rote Bete (f)	beet	[beət]
Aubergine (f)	eiervrug	[æejerfruχ]
Zucchini (f)	vingerskorsie	[fiŋər·skorsi]
Kürbis (m)	pampoen	[pampun]
Rübe (f)	raap	[rāp]

Petersilie (f)	pietersielie	[pitərsili]
Dill (m)	dille	[dillə]
Kopf Salat (m)	blaarslaai	[blārslāi]
Sellerie (m)	seldery	[selderaj]
Spargel (m)	aspersie	[aspersi]
Spinat (m)	spinasie	[spinasi]

Erbse (f)	ertjie	[ɛrki]
Bohnen (pl)	boontjies	[boənkis]
Mais (m)	mielie	[mili]
weiße Bohne (f)	nierboon	[nir·boən]

Pfeffer (m)	peper	[pepər]
Radieschen (n)	radys	[radajs]
Artischocke (f)	artisjok	[artiʃok]

REGIONALE GEOGRAPHIE

Länder. Nationalitäten

234. Westeuropa

Europa (n)	Europa	[øəropa]
Europäische Union (f)	Europese Unie	[øəropesə uni]
Europäer (m)	Europeaan	[øəropeān]
europäisch	Europees	[øəropees]
Österreich	Oostenryk	[oestenrajk]
Österreicher (m)	Oostenryker	[oestenrajkər]
Österreicherin (f)	Oostenryker	[oestenrajkər]
österreichisch	Oostenryks	[oestenrajks]
Großbritannien	Groot-Brittanje	[χroət-brittanje]
England	Engeland	[ɛŋəlant]
Brite (m)	Engelsman	[ɛŋəlsman]
Britin (f)	Engelse dame	[ɛŋəlsə damə]
englisch	Engels	[ɛŋəls]
Belgien	België	[belχiɛ]
Belgier (m)	Belg	[belχ]
Belgierin (f)	Belg	[belχ]
belgisch	Belgies	[belχis]
Deutschland	Duitsland	[dœitslant]
Deutsche (m)	Duitser	[dœitsər]
Deutsche (f)	Duitser	[dœitsər]
deutsch	Duits	[dœits]
Niederlande (f)	Nederland	[nedərlant]
Holland (n)	Holland	[hollant]
Holländer (m)	Nederlander	[nedərlandər]
Holländerin (f)	Nederlander	[nedərlandər]
holländisch	Nederlands	[nedərlands]
Griechenland	Griekeland	[χrikəlant]
Grieche (m)	Griek	[χrik]
Griechin (f)	Griek	[χrik]
griechisch	Grieks	[χriks]
Dänemark	Denemarke	[denemarkə]
Däne (m)	Deen	[deən]
Dänin (f)	Deen	[deən]
dänisch	Deens	[deɛŋs]
Irland	Ierland	[irlant]
Ire (m)	Ier	[ir]

| Irin (f) | Ier | [ir] |
| irisch | Iers | [irs] |

Island	Ysland	[ajslant]
Isländer (m)	Yslander	[ajslandər]
Isländerin (f)	Yslander	[ajslandər]
isländisch	Yslandse	[ajslandsə]

Spanien	Spanje	[spanje]
Spanier (m)	Spanjaard	[spanjārt]
Spanierin (f)	Spaanjaard	[spānjārt]
spanisch	Spaans	[spāŋs]

Italien	Italië	[italiɛ]
Italiener (m)	Italianer	[italianər]
Italienerin (f)	Italianer	[italianər]
italienisch	Italiaans	[italiāŋs]

Zypern	Ciprus	[siprus]
Zypriot (m)	Ciprioot	[siprioət]
Zypriotin (f)	Ciprioot	[siprioət]
zyprisch	Cipries	[sipris]

Malta	Malta	[malta]
Malteser (m)	Maltees	[malteəs]
Malteserin (f)	Maltees	[malteəs]
maltesisch	Maltees	[malteəs]

Norwegen	Noorweë	[noərweɛ]
Norweger (m)	Noor	[noər]
Norwegerin (f)	Noor	[noər]
norwegisch	Noors	[noərs]

Portugal	Portugal	[portuχal]
Portugiese (m)	Portugees	[portuχeəs]
Portugiesin (f)	Portugees	[portuχeəs]
portugiesisch	Portugees	[portuχeəs]

Finnland	Finland	[finlant]
Finne (m)	Fin	[fin]
Finnin (f)	Fin	[fin]
finnisch	Fins	[fins]

Frankreich	Frankryk	[frankrajk]
Franzose (m)	Fransman	[fraŋsman]
Französin (f)	Franse dame	[fraŋsə damə]
französisch	Frans	[fraŋs]

Schweden	Swede	[swedə]
Schwede (m)	Sweed	[sweət]
Schwedin (f)	Sweed	[sweət]
schwedisch	Sweeds	[sweəds]

Schweiz (f)	Switserland	[switsərlant]
Schweizer (m)	Switser	[switsər]
Schweizerin (f)	Switser	[switsər]

schweizerisch	Switser	[switsər]
Schottland	Skotland	[skotlant]
Schotte (m)	Skot	[skot]
Schottin (f)	Skot	[skot]
schottisch	Skots	[skots]

Vatikan (m)	Vatikaan	[fatikān]
Liechtenstein	Lichtenstein	[liχtɛŋstejn]
Luxemburg	Luksemburg	[luksemburχ]
Monaco	Monako	[monako]

235. Mittel- und Osteuropa

Albanien	Albanië	[albaniɛ]
Albaner (m)	Albaniër	[albaniɛr]
Albanerin (f)	Albaniër	[albaniɛr]
albanisch	Albanies	[albanis]

Bulgarien	Bulgarye	[bulχaraje]
Bulgare (m)	Bulgaar	[bulχār]
Bulgarin (f)	Bulgaar	[bulχār]
bulgarisch	Bulgaars	[bulχārs]

Ungarn	Hongarye	[honχaraje]
Ungar (m)	Hongaar	[honχār]
Ungarin (f)	Hongaar	[honχār]
ungarisch	Hongaars	[honχārs]

Lettland	Letland	[letlant]
Lette (m)	Let	[let]
Lettin (f)	Let	[let]
lettisch	Lets	[lets]

Litauen	Litoue	[litæʊə]
Litauer (m)	Litouer	[litæʊər]
Litauerin (f)	Litouer	[litæʊər]
litauisch	Litous	[litæʊs]

Polen	Pole	[polə]
Pole (m)	Pool	[poəl]
Polin (f)	Pool	[poəl]
polnisch	Pools	[poəls]

Rumänien	Roemenië	[rumeniɛ]
Rumäne (m)	Roemeen	[rumeən]
Rumänin (f)	Roemeen	[rumeən]
rumänisch	Roemeens	[rumeəŋs]

Serbien	Serwië	[serwiɛ]
Serbe (m)	Serwiër	[serwiɛr]
Serbin (f)	Serwiër	[serwiɛr]
serbisch	Servies	[serfis]
Slowakei (f)	Slowakye	[slovakaje]
Slowake (m)	Slowaak	· [slovāk]

Slowakin (f)	Slowaak	[slovāk]
slowakisch	Slowaaks	[slovāks]
Kroatien	Kroasië	[kroasiɛ]
Kroate (m)	Kroaat	[kroāt]
Kroatin (f)	Kroaat	[kroāt]
kroatisch	Kroaties	[kroatis]
Tschechien	Tjeggië	[ʧeχiɛ]
Tscheche (m)	Tjeg	[ʧeχ]
Tschechin (f)	Tjeg	[ʧeχ]
tschechisch	Tjegies	[ʧeχis]
Estland	Estland	[ɛstlant]
Este (m)	Estlander	[ɛstlandər]
Estin (f)	Estlander	[ɛstlandər]
estnisch	Estlands	[ɛstlands]
Bosnien und Herzegowina	Bosnië & Herzegowina	[bosniɛ en hersegovina]
Makedonien	Masedonië	[masedoniɛ]
Slowenien	Slovenië	[slofeniɛ]
Montenegro	Montenegro	[montənegro]

236. Frühere UdSSR Republiken

Aserbaidschan	Azerbeidjan	[azerbæjdjan]
Aserbaidschaner (m)	Azerbeidjanner	[azerbæjdjannər]
Aserbaidschanerin (f)	Azerbeidjanner	[azerbæjdjannər]
aserbaidschanisch	Azerbeidjans	[azerbæjdjaŋs]
Armenien	Armenië	[armeniɛ]
Armenier (m)	Armeniër	[armeniɛr]
Armenierin (f)	Armeniër	[armeniɛr]
armenisch	Armeens	[armeɛŋs]
Weißrussland	Belarus	[belarus]
Weißrusse (m)	Belarus	[belarus]
Weißrussin (f)	Belarus	[belarus]
weißrussisch	Belarussies	[belarussis]
Georgien	Georgië	[χeorχiɛ]
Georgier (m)	Georgiër	[χeorχiɛr]
Georgierin (f)	Georgiër	[χeorχiɛr]
georgisch	Georgies	[χeorχis]
Kasachstan	Kazakstan	[kasakstan]
Kasache (m)	Kasak	[kasak]
Kasachin (f)	Kasak	[kasak]
kasachisch	Kasaks	[kasaks]
Kirgisien	Kirgisië	[kirχisiɛ]
Kirgise (m)	Kirgisiër	[kirχisiɛr]
Kirgisin (f)	Kirgisiër	[kirχisiɛr]
kirgisisch	Kirgisies	[kirχisis]

Moldawien	Moldawië	[moldaviɛ]
Moldauer (m)	Moldawiër	[moldaviɛr]
Moldauerin (f)	Moldawiër	[moldaviɛr]
moldauisch	Moldawies	[moldavis]

Russland	Rusland	[ruslant]
Russe (m)	Rus	[rus]
Russin (f)	Rus	[rus]
russisch	Russies	[russis]

Tadschikistan	Tadjikistan	[tadʒikistan]
Tadschike (m)	Tadjik	[tadʒik]
Tadschikin (f)	Tadjik	[tadʒik]
tadschikisch	Tadjiks	[tadʒiks]

Turkmenistan	Turkmenistan	[turkmenistan]
Turkmene (m)	Turkmeen	[turkmeən]
Turkmenin (f)	Turkmeen	[turkmeən]
turkmenisch	Turkmeens	[turkmeəns]

Usbekistan	Oezbekistan	[uzbekistan]
Usbeke (m)	Oezbeek	[uzbeək]
Usbekin (f)	Oezbeek	[uzbeək]
usbekisch	Oezbekies	[uzbekis]

Ukraine (f)	Oekraïne	[ukraïnə]
Ukrainer (m)	Oekraïner	[ukraïnər]
Ukrainerin (f)	Oekraïner	[ukraïnər]
ukrainisch	Oekraïns	[ukraïns]

237. Asien

Asien	Asië	[asiɛ]
asiatisch	Asiaties	[asiatis]

Vietnam	Viëtnam	[viɛtnam]
Vietnamese (m)	Viëtnamees	[viɛtnameəs]
Vietnamesin (f)	Viëtnamees	[viɛtnameəs]
vietnamesisch	Viëtnamees	[viɛtnameəs]

Indien	Indië	[indiɛ]
Inder (m)	Indiër	[indiɛr]
Inderin (f)	Indiër	[indiɛr]
indisch	Indies	[indis]

Israel	Israel	[israəl]
Israeli (m)	Israeli	[israeli]
Israeli (f)	Israeli	[israeli]
israelisch	Israelies	[israelis]

Jude (m)	Jood	[joət]
Jüdin (f)	Jodin	[jodin]
jüdisch	Joods	[joəds]
China	Sjina	[ʃina]

Chinese (m)	Sjinees	[ʃinees]
Chinesin (f)	Sjinees	[ʃinees]
chinesisch	Sjinees	[ʃinees]
Koreaner (m)	Koreaan	[koreãn]
Koreanerin (f)	Koreaan	[koreãn]
koreanisch	Koreaans	[koreãŋs]
Libanon (m)	Libanon	[libanon]
Libanese (m)	Libanees	[libanees]
Libanesin (f)	Libanees	[libanees]
libanesisch	Libanees	[libanees]
Mongolei (f)	Mongolië	[monχoliɛ]
Mongole (m)	Mongool	[monχoəl]
Mongolin (f)	Mongool	[monχoəl]
mongolisch	Mongools	[monχoəls]
Malaysia	Maleisië	[malæjsiɛ]
Malaie (m)	Maleisiër	[malæjsiɛr]
Malaiin (f)	Maleisiër	[malæjsiɛr]
malaiisch	Maleisies	[malæjsis]
Pakistan	Pakistan	[pakistan]
Pakistaner (m)	Pakistani	[pakistani]
Pakistanerin (f)	Pakistani	[pakistani]
pakistanisch	Pakistans	[pakistaŋs]
Saudi-Arabien	Saoedi-Arabië	[saudi-arabiɛ]
Araber (m)	Arabier	[arabir]
Araberin (f)	Arabier	[arabir]
arabisch	Arabiese	[arabisə]
Thailand	Thailand	[tajlant]
Thailänder (m)	Thailander	[tajlandər]
Thailänderin (f)	Thailander	[tajlandər]
thailändisch	Thais	[tajs]
Taiwan	Taiwan	[tajvan]
Taiwaner (m)	Taiwannees	[tajvannees]
Taiwanerin (f)	Taiwannees	[tajvannees]
taiwanisch	Taiwannees	[tajvannees]
Türkei (f)	Turkye	[turkaje]
Türke (m)	Turk	[turk]
Türkin (f)	Turk	[turk]
türkisch	Turks	[turks]
Japan	Japan	[japan]
Japaner (m)	Japannees, Japanner	[japannees], [japannər]
Japanerin (f)	Japannees, Japanner	[japannees], [japannər]
japanisch	Japannees, Japans	[japannees], [japaŋs]
Afghanistan	Afghanistan	[afχanistan]
Bangladesch	Bangladesj	[bangladeʃ]
Indonesien	Indonesië	[indonesiɛ]

Jordanien	Jordanië	[jordaniɛ]
Irak	Irak	[irak]
Iran	Iran	[iran]
Kambodscha	Kambodja	[kambodja]
Kuwait	Kuwait	[kuvajt]

Laos	Laos	[laos]
Myanmar	Myanmar	[mjanmar]
Nepal	Nepal	[nepal]
Vereinigten Arabischen Emirate	Verenigde Arabiese Emirate	[fereniχdə arabisə emiratə]

Syrien	Sirië	[siriɛ]
Palästina	Palestina	[palestina]
Südkorea	Suid-Korea	[sœid-korea]
Nordkorea	Noord-Korea	[noərd-korea]

238. Nordamerika

Die Vereinigten Staaten	Verenigde State van Amerika	[fereniχdə statə fan amerika]
Amerikaner (m)	Amerikaan	[amerikãn]
Amerikanerin (f)	Amerikaan	[amerikãn]
amerikanisch	Amerikaans	[amerikãŋs]

Kanada	Kanada	[kanada]
Kanadier (m)	Kanadees	[kanadeəs]
Kanadierin (f)	Kanadees	[kanadeəs]
kanadisch	Kanadees	[kanadeəs]

Mexiko	Meksiko	[meksiko]
Mexikaner (m)	Meksikaan	[meksikãn]
Mexikanerin (f)	Meksikaan	[meksikãn]
mexikanisch	Meksikaans	[meksikãŋs]

239. Mittel- und Südamerika

Argentinien	Argentinië	[arχentiniɛ]
Argentinier (m)	Argentyn	[arχentajn]
Argentinierin (f)	Argentyn	[arχentajn]
argentinisch	Argentyns	[arχentajns]

Brasilien	Brasilië	[brasiliɛ]
Brasilianer (m)	Brasiliaan	[brasiliãn]
Brasilianerin (f)	Brasiliaan	[brasiliãn]
brasilianisch	Brasiliaans	[brasiliãŋs]

Kolumbien	Colombia, Kolombië	[kolombia], [kolombiɛ]
Kolumbianer (m)	Colombiaan	[kolombiãn]
Kolumbianerin (f)	Colombiaan	[kolombiãn]
kolumbianisch	Colombiaans	[kolombiãŋs]
Kuba	Kuba	[kuba]

Kubaner (m)	Kubaan	[kubãn]
Kubanerin (f)	Kubaan	[kubãn]
kubanisch	Kubaans	[kubãŋs]
Chile	Chili	[tʃili]
Chilene (m)	Chileen	[tʃileən]
Chilenin (f)	Chileen	[tʃileən]
chilenisch	Chileens	[tʃileɛŋs]
Bolivien	Bolivië	[boliviɛ]
Venezuela	Venezuela	[fenesuela]
Paraguay	Paraguay	[paragwaj]
Peru	Peru	[peru]
Suriname	Suriname	[surinamə]
Uruguay	Uruguay	[urugwaj]
Ecuador	Ecuador	[ɛkuador]
Die Bahamas	die Bahamas	[di bahamas]
Haiti	Haïti	[haïti]
Dominikanische Republik	Dominikaanse Republiek	[dominikãŋsə republik]
Panama	Panama	[panama]
Jamaika	Jamaika	[jamajka]

240. Afrika

Ägypten	Egipte	[ɛχiptə]
Ägypter (m)	Egiptenaar	[ɛχiptenãr]
Ägypterin (f)	Egiptenaar	[ɛχiptenãr]
ägyptisch	Egipties	[ɛχiptis]
Marokko	Marokko	[marokko]
Marokkaner (m)	Marokkaan	[marokkãn]
Marokkanerin (f)	Marokkaan	[marokkãn]
marokkanisch	Marokkaans	[marokkãŋs]
Tunesien	Tunisië	[tunisiɛ]
Tunesier (m)	Tunisiër	[tunisiɛr]
Tunesierin (f)	Tunisiër	[tunisiɛr]
tunesisch	Tunisies	[tunisis]
Ghana	Ghana	[χana]
Sansibar	Zanzibar	[zanzibar]
Kenia	Kenia	[kenia]
Libyen	Libië	[libiɛ]
Madagaskar	Madagaskar	[madaχaskar]
Namibia	Namibië	[namibiɛ]
Senegal	Senegal	[seneχal]
Tansania	Tanzanië	[tansaniɛ]
Republik Südafrika	Suid-Afrika	[sœid-afrika]
Afrikaner (m)	Afrikaan	[afrikãn]
Afrikanerin (f)	Afrikaan	[afrikãn]
afrikanisch	Afrika-	[afrika-]

241. Australien. Ozeanien

Australien	Australië	[ɔustraliɛ]
Australier (m)	Australiër	[ɔustraliɛr]
Australierin (f)	Australiër	[ɔustraliɛr]
australisch	Australies	[ɔustralis]

Neuseeland	Nieu-Seeland	[niu-seəlant]
Neuseeländer (m)	Nieu-Seelander	[niu-seəlandər]
Neuseeländerin (f)	Nieu-Seelander	[niu-seəlandər]
neuseeländisch	Nieu-Seelands	[niu-seəlants]

Tasmanien	Tasmanië	[tasmaniɛ]
Französisch-Polynesien	Frans-Polinesië	[fraŋs-polinesiɛ]

242. Städte

Amsterdam	Amsterdam	[amsterdam]
Ankara	Ankara	[ankara]
Athen	Athene	[atenə]

Bagdad	Bagdad	[baχdat]
Bangkok	Bangkok	[baŋkok]
Barcelona	Barcelona	[barselona]
Beirut	Beiroet	[bæjrut]
Berlin	Berlyn	[berlæjn]

Bombay	Moembai	[mumbaj]
Bonn	Bonn	[bonn]
Bordeaux	Bordeaux	[bordo:]
Bratislava	Bratislava	[bratislava]
Brüssel	Brussel	[brussəl]
Budapest	Boedapest	[budapest]
Bukarest	Boekarest	[bukarest]

Chicago	Chicago	[ʃikago]
Daressalam	Dar-es-Salaam	[dar-es-salãm]
Delhi	Delhi	[deli]
Den Haag	Den Haag	[den hãχ]
Dubai	Dubai	[dubaj]
Dublin	Dublin	[dablin]
Düsseldorf	Dusseldorf	[dussɛldorf]

Florenz	Florence	[florɛŋs]
Frankfurt	Frankfurt	[frankfurt]
Genf	Genève	[dʒənɛ:v]

Hamburg	Hamburg	[hamburχ]
Hanoi	Hanoi	[hanoj]
Havanna	Havana	[havana]
Helsinki	Helsinki	[hɛlsinki]
Hiroshima	Hiroshima	[hiroʃima]
Hongkong	Hongkong	[hoŋkoŋ]

Istanbul	**Istanbul**	[istanbul]
Jerusalem	**Jerusalem**	[jerusalem]

Kairo	**Cairo**	[kajro]
Kalkutta	**Kalkutta**	[kalkutta]
Kiew	**Kiëf**	[kiɛf]
Kopenhagen	**Kopenhagen**	[kopənχagen]
Kuala Lumpur	**Kuala Lumpur**	[kuala lumpur]
Lissabon	**Lissabon**	[lissabon]
London	**Londen**	[londen]
Los Angeles	**Los Angeles**	[los andʒəles]
Lyon	**Lyon**	[lioŋ]

Madrid	**Madrid**	[madrit]
Marseille	**Marseille**	[marsæj]
Mexiko-Stadt	**Meksiko Stad**	[meksiko stat]
Miami	**Miami**	[majami]
Montreal	**Montreal**	[montreal]
Moskau	**Moskou**	[moskæʊ]
München	**München**	[mønchen]

Nairobi	**Nairobi**	[najrobi]
Neapel	**Napels**	[napɛls]
New York	**New York**	[nju jork]
Nizza	**Nice**	[nis]
Oslo	**Oslo**	[oslo]
Ottawa	**Ottawa**	[ottava]

Paris	**Parys**	[parajs]
Peking	**Beijing**	[bæjdʒiŋ]
Prag	**Praag**	[prãχ]
Rio de Janeiro	**Rio de Janeiro**	[rio də janæjro]
Rom	**Rome**	[romə]

Sankt Petersburg	**Sint-Petersburg**	[sint-petersburg]
Schanghai	**Shanghai**	[ʃangaj]
Seoul	**Seoel**	[seul]
Singapur	**Singapore**	[singaporə]
Stockholm	**Stockholm**	[stokχolm]
Sydney	**Sydney**	[sidni]

Taipeh	**Taipei**	[tæjpæj]
Tokio	**Tokio**	[tokio]
Toronto	**Toronto**	[toronto]

Venedig	**Venesië**	[fenesiɛ]
Warschau	**Warskou**	[varskæʊ]
Washington	**Washington**	[vaʃington]
Wien	**Wene**	[venə]

243. Politik. Regierung. Teil 1

Politik (f)	**politiek**	[politik]
politisch	**politieke**	[politikə]

Politiker (m)	politikus	[politikus]
Staat (m)	staat	[stāt]
Bürger (m)	burger	[burgər]
Staatsbürgerschaft (f)	burgerskap	[burgərskap]

| Staatswappen (n) | nasionale wapen | [naʃionalə vapen] |
| Nationalhymne (f) | volkslied | [folkslit] |

Regierung (f)	regering	[reχeriŋ]
Staatschef (m)	staatshoof	[stāts·hoəf]
Parlament (n)	parlement	[parlement]
Partei (f)	partij	[partij]

| Kapitalismus (m) | kapitalisme | [kapitalismə] |
| kapitalistisch | kapitalis | [kapitalis] |

| Sozialismus (m) | sosialisme | [soʃialismə] |
| sozialistisch | sosialis | [soʃialis] |

Kommunismus (m)	kommunisme	[kommunismə]
kommunistisch	kommunis	[kommunis]
Kommunist (m)	kommunis	[kommunis]

Demokratie (f)	demokrasie	[demokrasi]
Demokrat (m)	demokraat	[demokrāt]
demokratisch	demokraties	[demokratis]
demokratische Partei (f)	Demokratiese party	[demokratisə partaj]

| Liberale (m) | liberaal | [liberāl] |
| liberal | liberaal | [liberāl] |

| Konservative (m) | konservatief | [kɔŋserfatif] |
| konservativ | konservatief | [kɔŋserfatif] |

Republik (f)	republiek	[republik]
Republikaner (m)	republikein	[republikæjn]
Republikanische Partei (f)	Republikeinse Party	[republikæjnsə partaj]

Wahlen (pl)	verkiesings	[ferkisiŋs]
wählen (vt)	verkies	[ferkis]
Wähler (m)	kieser	[kisər]
Wahlkampagne (f)	verkiesingskampanje	[ferkisiŋs·kampanje]

Abstimmung (f)	stemming	[stɛmmiŋ]
abstimmen (vi)	stem	[stem]
Abstimmungsrecht (n)	stemreg	[stem·reχ]

| Kandidat (m) | kandidaat | [kandidāt] |
| Kampagne (f) | kampanje | [kampanje] |

| Oppositions- | opposisie | [opposisi] |
| Opposition (f) | opposisie | [opposisi] |

Besuch (m)	besoek	[besuk]
Staatsbesuch (m)	amptelike besoek	[amptelikə besuk]
international	internasionaal	[internaʃionāl]

217

| Verhandlungen (pl) | onderhandelinge | [ondərhandeliŋə] |
| verhandeln (vi) | onderhandel | [ondərhandəl] |

244. Politik. Regierung. Teil 2

Gesellschaft (f)	samelewing	[sameleviŋ]
Verfassung (f)	grondwet	[χront·wet]
Macht (f)	mag	[maχ]
Korruption (f)	korrupsie	[korrupsi]

| Gesetz (n) | wet | [vet] |
| gesetzlich (Adj) | wetlik | [vetlik] |

| Gerechtigkeit (f) | geregtigheid | [χereχtiχæjt] |
| gerecht | regverdig | [reχferdəχ] |

Komitee (n)	komitee	[komiteə]
Gesetzentwurf (m)	wetsontwerp	[vetsontwerp]
Budget (n)	begroting	[beχrotiŋ]
Politik (f)	beleid	[belæjt]
Reform (f)	hervorming	[herformiŋ]
radikal	radikaal	[radikāl]

Macht (f)	mag	[maχ]
mächtig (Adj)	magtig	[maχtəχ]
Anhänger (m)	ondersteuner	[ondərstøənər]
Einfluss (m)	invloed	[influt]

Regime (n)	bewind	[bevint]
Konflikt (m)	konflik	[konflik]
Verschwörung (f)	sameswering	[samesweriŋ]
Provokation (f)	uitdaging	[œitdaχiŋ]

stürzen (vt)	omvergooi	[omferχoj]
Sturz (m)	omvergooi	[omferχoj]
Revolution (f)	revolusie	[refolusi]

| Staatsstreich (m) | staatsgreep | [stāts·χreəp] |
| Militärputsch (m) | militêre staatsgreep | [militære stātsχreəp] |

Krise (f)	krisis	[krisis]
Rezession (f)	ekonomiese agteruitgang	[ɛkonomiə aχtər·œitχaŋ]
Demonstrant (m)	betoër	[betoɛr]
Demonstration (f)	demonstrasie	[demɔŋstrasi]
Ausnahmezustand (m)	krygswet	[krajχs·wet]
Militärbasis (f)	militêre basis	[militære basis]

| Stabilität (f) | stabiliteit | [stabilitæjt] |
| stabil | stabiel | [stabil] |

Ausbeutung (f)	uitbuiting	[œitbœitiŋ]
ausbeuten (vt)	uitbuit	[œitbœit]
Rassismus (m)	rassisme	[rassismə]
Rassist (m)	rassis	[rassis]

Faschismus (m)	fascisme	[faʃismə]
Faschist (m)	fascis	[faʃis]

245. Länder. Verschiedenes

Ausländer (m)	vreemdeling	[freəmdeliŋ]
ausländisch	vreemd	[freəmt]
im Ausland	in die buiteland	[in di bœitəlant]

Auswanderer (m)	emigrant	[ɛmiχrant]
Auswanderung (f)	emigrasie	[ɛmiχrasi]
auswandern (vi)	emigreer	[ɛmiχreər]

Westen (m)	die Weste	[di vestə]
Osten (m)	die Ooste	[di oəstə]
Ferner Osten (m)	die Verre Ooste	[di ferrə oəstə]

Zivilisation (f)	beskawing	[beskaviŋ]
Menschheit (f)	mensdom	[mɛnsdom]
Welt (f)	die wêreld	[di værəlt]
Frieden (m)	vrede	[fredə]
Welt-	wêreldwyd	[værəlt·wajt]

Heimat (f)	vaderland	[fadər·lant]
Volk (n)	volk	[folk]
Bevölkerung (f)	bevolking	[befolkiŋ]
Leute (pl)	mense	[mɛnsə]
Nation (f)	nasie	[nasi]
Generation (f)	generasie	[χenerasi]
Territorium (n)	gebied	[χebit]
Region (f)	streek	[streək]
Staat (z.B. ~ Alaska)	staat	[stāt]

Tradition (f)	tradisie	[tradisi]
Brauch (m)	gebruik	[χebrœik]
Ökologie (f)	ekologie	[ɛkoloχi]

Indianer (m)	Indiaan	[indiān]
Zigeuner (m)	Sigeuner	[siχøənər]
Zigeunerin (f)	Sigeunerin	[siχøənerin]
Zigeuner-	sigeuner-	[siχøənər-]

Reich (n)	rijk	[rijk]
Kolonie (f)	kolonie	[koloni]
Sklaverei (f)	slawerny	[slavərnaj]
Einfall (m)	invasie	[infasi]
Hunger (m)	hongersnood	[hoŋərsnoet]

246. Wichtige Religionsgruppen. Konfessionen

Religion (f)	godsdiens	[χodsdiŋs]
religiös	godsdienstig	[χodsdiŋstəχ]

Glaube (m)	geloof	[χeloəf]
glauben (vt)	glo	[χlo]
Gläubige (m)	gelowige	[χeloviχə]

| Atheismus (m) | ateïsme | [ateïsmə] |
| Atheist (m) | ateïs | [ateïs] |

Christentum (n)	Christendom	[χristəndom]
Christ (m)	Christen	[χristən]
christlich	Christelik	[χristəlik]

Katholizismus (m)	Katolisisme	[katolisismə]
Katholik (m)	Katoliek	[katolik]
katholisch	katoliek	[katolik]

Protestantismus (m)	Protestantisme	[protestantismə]
Protestantische Kirche (f)	Protestantse Kerk	[protestantsə kerk]
Protestant (m)	Protestant	[protestant]

Orthodoxes Christentum (n)	Ortodoksie	[ortodoksi]
Orthodoxe Kirche (f)	Ortodokse Kerk	[ortodoksə kerk]
orthodoxer Christ (m)	Ortodoks	[ortodoks]

Presbyterianismus (m)	Presbiterianisme	[presbiterianismə]
Presbyterianische Kirche (f)	Presbiteriaanse Kerk	[presbiteriãŋsə kerk]
Presbyterianer (m)	Presbiteriaan	[presbiteriãn]

| Lutherische Kirche (f) | Lutheranisme | [luteranismə] |
| Lutheraner (m) | Lutheraan | [lutərãn] |

| Baptismus (m) | Baptistiese Kerk | [baptistisə kerk] |
| Baptist (m) | Baptis | [baptis] |

| Anglikanische Kirche (f) | Anglikaanse Kerk | [anχlikãŋsə kerk] |
| Anglikaner (m) | Anglikaan | [anχlikãn] |

| Mormonismus (m) | Mormonisme | [mormonismə] |
| Mormone (m) | Mormoon | [mormoən] |

| Judentum (n) | Jodendom | [jodɛndom] |
| Jude (m) | Jood | [joət] |

| Buddhismus (m) | Boeddhisme | [buddismə] |
| Buddhist (m) | Boeddhis | [buddis] |

| Hinduismus (m) | Hindoeïsme | [hinduïsmə] |
| Hindu (m) | Hindoe | [hindu] |

Islam (m)	Islam	[islam]
Moslem (m)	Islamiet	[islamit]
moslemisch	Islamities	[islamitis]

Schiismus (m)	Sjia Islam	[ʃia islam]
Schiit (m)	Sjiït	[ʃiït]
Sunnismus (m)	Sunni Islam	[sunni islam]
Sunnit (m)	Sunniet	[sunnit]

247. Religionen. Priester

Priester (m)	priester	[prɪstər]
Papst (m)	die Pous	[di pæʊs]
Mönch (m)	monnik	[monnik]
Nonne (f)	non	[non]
Pfarrer (m)	pastoor	[pastoər]
Abt (m)	ab	[ap]
Vikar (m)	priester	[prɪstər]
Bischof (m)	biskop	[biskop]
Kardinal (m)	kardinaal	[kardinãl]
Prediger (m)	predikant	[predikant]
Predigt (f)	preek	[preək]
Gemeinde (f)	kerkgangers	[kerk·χaŋərs]
Gläubige (m)	gelowige	[χeloviχə]
Atheist (m)	ateïs	[ateïs]

248. Glauben. Christentum. Islam

Adam	Adam	[adam]
Eva	Eva	[efa]
Gott (m)	God	[χot]
Herr (m)	die Here	[di herə]
Der Allmächtige	die Almagtige	[di almaχtiχə]
Sünde (f)	sonde	[sondə]
sündigen (vi)	sondig	[sondəχ]
Sünder (m)	sondaar	[sondãr]
Sünderin (f)	sondares	[sondares]
Hölle (f)	hel	[həl]
Paradies (n)	paradys	[paradajs]
Jesus	Jesus	[jesus]
Jesus Christus	Jesus Christus	[jesus χristus]
der Heiliger Geist	die Heilige Gees	[di hæjliχə χeəs]
der Erlöser	die Verlosser	[di ferlossər]
die Jungfrau Maria	die Maagd Maria	[di mãχt maria]
Teufel (m)	die duiwel	[di dœivel]
teuflisch	duiwels	[dœivɛls]
Satan (m)	Satan	[satan]
satanisch	satanies	[satanis]
Engel (m)	engel	[ɛŋəl]
Schutzengel (m)	beskermengel	[beskerm·eŋəl]
Engel(s)-	engelagtig	[ɛŋəlaχtəχ]

Apostel (m)	apostel	[apostəl]
Erzengel (m)	aartsengel	[ārtseŋəl]
Antichrist (m)	die antichris	[di antiχris]

Kirche (f)	Kerk	[kerk]
Bibel (f)	Bybel	[bajbəl]
biblisch	bybels	[bajbəls]

Altes Testament (n)	Ou Testament	[æʊ testament]
Neues Testament (n)	Nuwe Testament	[nuvə testament]
Evangelium (n)	evangelie	[ɛfanχəli]
Heilige Schrift (f)	Heilige Skrif	[hæjliχə skrif]
Himmelreich (n)	hemel	[heməl]

Gebot (n)	gebod	[χebot]
Prophet (m)	profeet	[profeət]
Prophezeiung (f)	profesie	[profesi]

Allah	Allah	[allah]
Mohammed	Mohammed	[mohammet]
Koran (m)	die Koran	[di koran]

Moschee (f)	moskee	[moskeə]
Mullah (m)	moella	[mulla]
Gebet (n)	gebed	[χebet]
beten (vi)	bid	[bit]

Wallfahrt (f)	pelgrimstog	[pɛlχrimstoχ]
Pilger (m)	pelgrim	[pɛlχrim]
Mekka (n)	Mecca	[mɛkka]

Kirche (f)	kerk	[kerk]
Tempel (m)	tempel	[tempəl]
Kathedrale (f)	katedraal	[katedrāl]
gotisch	Goties	[χotis]
Synagoge (f)	sinagoge	[sinaχoχə]
Moschee (f)	moskee	[moskeə]

Kapelle (f)	kapel	[kapəl]
Abtei (f)	abdy	[abdaj]
Kloster (n), Konvent (m)	klooster	[kloəstər]

Glocke (f)	klok	[klok]
Glockenturm (m)	kloktoring	[klok·toriŋ]
läuten (Glocken)	lui	[lœi]

Kreuz (n)	kruis	[krœis]
Kuppel (f)	koepel	[kupəl]
Ikone (f)	ikoon	[ikoən]

Seele (f)	siel	[sil]
Schicksal (n)	noodlot	[noədlot]
das Böse	die bose	[di bosə]
Gute (n)	goed	[χut]
Vampir (m)	vampier	[fampir]
Hexe (f)	heks	[heks]

| Dämon (m) | demoon | [demoən] |
| Geist (m) | gees | [xeəs] |

| Sühne (f) | versoening | [fersuniŋ] |
| sühnen (vt) | verlos | [ferlos] |

Gottesdienst (m)	kerkdies	[kerkdis]
die Messe lesen	die mis opdra	[di mis opdra]
Beichte (f)	bieg	[biχ]
beichten (vi)	bieg	[biχ]

Heilige (m)	heilige	[hæjliχə]
heilig	heilig	[hæjləχ]
Weihwasser (n)	wywater	[vaj·vatər]

Ritual (n)	ritueel	[ritueəl]
rituell	ritueel	[ritueəl]
Opfer (n)	offerande	[offerandə]

Aberglaube (m)	bygeloof	[bajχəloəf]
abergläubisch	bygelowig	[bajχəlovəχ]
Nachleben (n)	hiernamaals	[hirna·māls]
ewiges Leben (n)	ewige lewe	[εviχə levə]

VERSCHIEDENES

249. Verschiedene nützliche Wörter

Anfang (m)	begin	[beχin]
Anstrengung (f)	inspanning	[inspanniŋ]
Anteil (m)	deel	[deəl]
Art (Typ, Sorte)	soort	[soərt]
Auswahl (f)	keuse	[køəsə]
Barriere (f)	hindernis	[hindərnis]
Basis (f)	basis	[basis]
Beispiel (n)	voorbeeld	[foərbeəlt]
bequem (gemütlich)	gemaklik	[χemaklik]
Bilanz (f)	balans	[balaŋs]
Ding (n)	ding	[diŋ]
dringend (Adj)	dringend	[driŋən]
dringend (Adv)	dringend	[driŋən]
Effekt (m)	effek	[ɛffek]
Eigenschaft (Werkstoff~)	eienskap	[æjeŋskap]
Element (n)	element	[ɛlement]
Ende (n)	einde	[æjndə]
Entwicklung (f)	ontwikkeling	[ontwikkeliŋ]
Fachwort (n)	term	[term]
Fehler (m)	fout	[fæʊt]
Form (z.B. Kugel-)	vorm	[form]
Fortschritt (m)	vooruitgang	[foərœitχaŋ]
Gegenstand (m)	objek	[objek]
Geheimnis (n)	geheim	[χəhæjm]
Grad (Ausmaß)	graad	[χrāt]
Halt (m), Pause (f)	pouse	[pæʊsə]
häufig (Adj)	gereeld	[χereəlt]
Hilfe (f)	hulp	[hulp]
Hindernis (n)	hinderpaal	[hindərpāl]
Hintergrund (m)	agtergrond	[aχtərχront]
Ideal (n)	ideaal	[ideāl]
Kategorie (f)	kategorie	[kateχori]
Kompensation (f)	kompensasie	[kompɛnsasi]
Labyrinth (n)	labirint	[labirint]
Lösung (Problem usw.)	oplossing	[oplossiŋ]
Moment (m)	moment	[moment]
Nutzen (m)	nut	[nut]
Original (Schriftstück)	origineel	[oriχineəl]
Pause (kleine ~)	pouse	[pæʊsə]

Position (f)	posisie	[posisi]
Prinzip (n)	beginsel	[beҳinsəl]
Problem (n)	probleem	[probleəm]
Prozess (m)	proses	[proses]

Reaktion (f)	reaksie	[reaksi]
Reihe (Sie sind an der ~)	beurt	[bøørt]
Risiko (n)	risiko	[risiko]
Serie (f)	reeks	[reəks]

Situation (f)	toestand	[tustant]
Standard-	standaard	[standārt]
Standard (m)	standaard	[standārt]
Stil (m)	styl	[stajl]

System (n)	sisteem	[sisteəm]
Tabelle (f)	tabel	[tabəl]
Tatsache (f)	feit	[fæjt]
Teilchen (n)	deeltjie	[deəlki]
Tempo (n)	tempo	[tempo]

Typ (m)	tipe	[tipə]
Unterschied (m)	verskil	[ferskil]
Ursache (z.B. Todes-)	rede	[redə]
Variante (f)	variant	[fariant]
Vergleich (m)	vergelyking	[ferҳelajkiŋ]

Wachstum (n)	groei	[ҳrui]
Wahrheit (f)	waarheid	[vārhæjt]
Weise (Weg, Methode)	manier	[manir]
Zone (f)	sone	[sonə]
Zufall (m)	toeval	[tufal]

250. Bestimmungswörter. Adjektive. Teil 1

abgemagert	brandmaer	[brandmaər]
ähnlich	eenders	[eənders]
alt (z.B. die -en Griechen)	antiek	[antik]
alt, betagt	ou	[æʊ]
andauernd	langdurig	[laŋdurəҳ]

angenehm	mooi	[moj]
arm	arm	[arm]
ausgezeichnet	uitstekend	[œitstekent]
ausländisch, Fremd-	buitelands	[bœitəlands]
Außen-, äußer	buite-	[bœite-]

bedeutend	beduidend	[bedœident]
begrenzt	beperk	[beperk]
beständig	permanent	[permanent]
billig	goedkoop	[ҳudkoəp]

| bitter | bitter | [bittər] |
| blind | blind | [blint] |

225

brauchbar	geskik	[χeskik]
breit (Straße usw.)	breed	[breət]
bürgerlich	burgerlik	[burgerlik]
dankbar	dankbaar	[dankbār]
das wichtigste	belangrikste	[belaŋrikstə]
der letzte	laaste	[lāstə]
dicht (-er Nebel)	dig	[diχ]
dick (-e Mauer usw.)	dik	[dik]
dick (-er Nebel)	dig	[diχ]
dumm	dom	[dom]
dunkel (Raum usw.)	donker	[donkər]
dunkelhäutig	blas	[blas]
durchsichtig	deursigtig	[døərsiχtəχ]
düster	somber	[sombər]
einfach	eenvoudig	[eənfæʊdəχ]
einfach (Problem usw.)	maklik	[maklik]
einzigartig (einmalig)	uniek	[unik]
eng, schmal (Straße usw.)	smal	[smal]
ergänzend	addisioneel	[addiʃioneəl]
ermüdend (Arbeit usw.)	vermoeiend	[fermujent]
feindlich	vyandig	[fajandəχ]
fern (weit entfernt)	ver	[fer]
fern (weit)	ver	[fer]
fett (-es Essen)	vettig	[fɛttəχ]
feucht	bedompig	[bedompəχ]
flüssig	vloeibaar	[fluibār]
frei (-er Eintritt)	gratis	[χratis]
frisch (Brot usw.)	vars	[fars]
froh	opgewek	[opχevek]
fruchtbar (-er Böden)	vrugbaar	[fruχbār]
früher (-e Besitzer)	vorig	[forəχ]
ganz (komplett)	heel	[heəl]
gebraucht	gebruik	[χebrœik]
gebräunt (sonnen-)	bruingebrand	[brœiŋəbrant]
gedämpft, matt (Licht)	dof	[dof]
gefährlich	gevaarlik	[χefārlik]
gegensätzlich	teenoorgestel	[teənoərχestəl]
gegenwärtig	huidig	[hœidəχ]
gemeinsam	gesamentlik	[χesamentlik]
genau, pünktlich	juis	[jœis]
gerade, direkt	reg	[reχ]
geräumig (Raum)	ruim	[rœim]
geschlossen	gesluit	[χeslœit]
gesetzlich	wetlik	[vetlik]
gewöhnlich	gewoon	[χevoən]
glatt (z.B. poliert)	glad	[χlat]
glatt, eben	gelyk	[χelajk]

| gleich (z.B. ~ groß) | dieselfde | [disɛlfdə] |
| glücklich | gelukkig | [χelukkəχ] |

groß	groot	[χroət]
gut (das Buch ist ~)	goed	[χut]
gut (gütig)	vriendelik	[frindəlik]
hart (harter Stahl)	hard	[hart]
Haupt-	hoof-	[hoəf-]

hauptsächlich	vernaamste	[fernãmstə]
Heimat-	geboorte-	[χeboərtə-]
heiß	warm	[varm]
Hinter-	agter-	[aχtər-]
höchst	hoogste	[hoəχstə]

höflich	beleefd	[beleəft]
hungrig	honger	[hoŋər]
in Armut lebend	brandarm	[brandarm]
innen-	binne-	[binne-]

jung	jong	[joŋ]
kalt (Getränk usw.)	koud	[kæʊt]
Kinder-	kinder-	[kindər-]
klar (deutlich)	duidelik	[dœidelik]
klein	klein	[klæjn]

klug, clever	slim	[slim]
knapp (Kleider, zu eng)	strak	[strak]
kompatibel	verenigbaar	[fereniχbār]
kostenlos, gratis	gratis	[χratis]
krank	siek	[sik]

kühl (-en morgen)	koel	[kul]
künstlich	kunsmatig	[kunsmatəχ]
kurz (räumlich)	kort	[kort]
kurz (zeitlich)	kort	[kort]
kurzsichtig	bysiende	[bajsində]

251. Bestimmungswörter. Adjektive. Teil 2

lang (langwierig)	lang	[laŋ]
laut (-e Stimme)	hard	[hart]
lecker	smaaklik	[smãklik]
leer (kein Inhalt)	leeg	[leəχ]
leicht (wenig Gewicht)	lig	[liχ]

leise (~ sprechen)	sag	[saχ]
licht (Farbe)	lig-	[liχ-]
link (-e Seite)	linker-	[linkər-]
mager, dünn	maer	[maər]

matt (Lack usw.)	mat	[mat]
möglich	moontlik	[moentlik]
müde (erschöpft)	moeg	[muχ]

227

| Nachbar- | naburig | [naburəχ] |
| nachlässig | nalatig | [nalatəχ] |

nächst	naaste	[nãstə]
nächst (am -en Tag)	volgend	[folχent]
nah	digby	[diχbaj]
nass (-e Kleider)	nat	[nat]

negativ	negatief	[neχatif]
nervös	senuweeagtig	[senuveə·aχtəχ]
nett (freundlich)	vriendelik	[frindəlik]
neu	nuut	[nɪt]
nicht groß	nie groot nie	[ni χroət ni]

nicht schwierig	nie moeilik nie	[ni muilik ni]
normal	normaal	[normãl]
nötig	nodig	[nodəχ]
notwendig	onontbeerlik	[onontbeərlik]

obligatorisch, Pflicht-	verplig	[ferpləχ]
offen	oop	[oəp]
öffentlich	openbaar	[openbãr]
original (außergewöhnlich)	oorspronklik	[oərspronklik]

persönlich	persoonlik	[persoənlik]
platt (flach)	plat	[plat]
privat (in Privatbesitz)	privaat	[prifãt]
pünktlich (Ich bin gerne ~)	stip	[stip]
rätselhaft	raaiselagtig	[rãjselaχtəχ]

recht (-e Hand)	regter	[reχtər]
reif (Frucht usw.)	ryp	[rajp]
richtig	reg	[reχ]
riesig	kolossaal	[kolossãl]
riskant	riskant	[riskant]

roh (nicht gekocht)	rou	[ræʊ]
ruhig	kalm	[kalm]
salzig	sout	[sæʊt]
sauber (rein)	skoon	[skoən]
sauer	suur	[sɪr]

scharf (-e Messer usw.)	skerp	[skerp]
schlecht	sleg	[sleχ]
schmutzig	vuil	[fœil]
schnell	vinnig	[finnəχ]
schön (-es Mädchen)	pragtig	[praχtəχ]

schön (-es Schloß usw.)	pragtig	[praχtəχ]
schwer (~ an Gewicht)	swaar	[swãr]
schwierig	moeilik	[muilik]
schwierig (-es Problem)	moeilik	[muilik]
seicht (nicht tief)	vlak	[flak]

| selten | seldsaam | [sɛldsãm] |
| sicher (nicht gefährlich) | veilig | [fæjləχ] |

sonnig	**sonnig**	[sonnəχ]
sorgfältig	**akkuraat**	[akkurāt]
sorgsam	**sorgsaam**	[sorχsām]
speziell, Spezial-	**spesiaal**	[spesiāl]
stark (-e Konstruktion)	**stewig**	[stevəχ]
stark (kräftig)	**sterk**	[sterk]
still, ruhig	**rustig**	[rustəχ]
süß	**soet**	[sut]
Süß- (Wasser)	**vars**	[fars]
teuer	**duur**	[dɪr]
tiefgekühlt	**gevries**	[χefris]
tot	**dood**	[doət]
traurig	**droewig**	[druvəχ]
traurig, unglücklich	**droewig**	[druvəχ]
trocken (Klima)	**droog**	[droəχ]
übermäßig	**oormatig**	[oərmatəχ]
unbedeutend	**onbelangrik**	[onbelaŋrik]
unbeweglich	**doodstil**	[doədstil]
undeutlich	**onduidelik**	[ondœidelik]
unerfahren	**onervare**	[onerfarə]
unmöglich	**onmoontlik**	[onmoentlik]
Untergrund- (geheim)	**agterbaks**	[aχtərbaks]
unterschiedlich	**verskillend**	[ferskillent]
ununterbrochen	**onophoudelik**	[onophæʊdelik]
unverständlich	**onverstaanbaar**	[onferstānbār]
vergangen	**laas-**	[lās-]
verschieden	**verskillend**	[ferskillent]
voll (gefüllt)	**vol**	[fol]
vorig (in der -en Woche)	**laas-**	[lās-]
vorzüglich	**uitstekend**	[œitstekent]
wahrscheinlich	**waarskynlik**	[vārskajnlik]
warm (mäßig heiß)	**louwarm**	[læʊvarm]
weich (-e Wolle)	**sag**	[saχ]
wichtig	**belangrik**	[belaŋrik]
wolkenlos	**wolkloos**	[volkloəs]
zärtlich	**teer**	[teər]
zentral (in der Mitte)	**sentraal**	[sentrāl]
zerbrechlich (Porzellan usw.)	**breekbaar**	[breəkbār]
zufrieden	**tevrede**	[tefredə]
zufrieden (glücklich und ~)	**tevrede**	[tefredə]

500 WICHTIGE VERBEN

252. Verben A-D

abbiegen (vi)	draai	[drāi]
abhacken (vt)	afkap	[afkap]
abhängen von ...	afhang van ...	[afhaŋ fan ...]
ablegen (Schiff)	vertrek	[fertrek]
abnehmen (vt)	afneem	[afneəm]
abreißen (vt)	afskeur	[afskøər]
absagen (vt)	weier	[væejer]
abschicken (vt)	stuur	[stɪr]
abschneiden (vt)	afsny	[afsnaj]
adressieren (an ...)	toespreek	[tuspreək]
ähnlich sein	lyk	[lajk]
amputieren (vt)	amputeer	[amputeər]
amüsieren (vt)	amuseer	[amuseər]
anbinden (vt)	vasbind aan ...	[fasbint ān ...]
ändern (vt)	verander	[ferandər]
andeuten (vt)	sinspeel	[sinspeəl]
anerkennen (vt)	herken	[herken]
anflehen (vt)	smeek	[smeək]
Angst haben (vor ...)	bang wees	[baŋ veəs]
anklagen (vt)	beskuldig	[beskuldəχ]
anklopfen (vi)	klop	[klop]
ankommen (der Zug)	aankom	[ānkom]
anlegen (Schiff)	vasmeer	[fasmeər]
anstecken (~ mit ...)	besmet	[besmet]
anstreben (vt)	streef	[streəf]
antworten (vi)	antwoord	[antwoert]
anzünden (vt)	aansteek	[ānsteək]
applaudieren (vi)	approudisseer	[applæʊdisseer]
arbeiten (vi)	werk	[verk]
ärgern (vt)	kwaad maak	[kwāt māk]
assistieren (vi)	assisteer	[assisteər]
atmen (vi)	asemhaal	[asemhāl]
attackieren (vt)	aanval	[ānfal]
auf ... zählen	reken op ...	[reken op ...]
auf jmdn böse sein	kwaad wees ...	[kwāt veəs ...]
aufbringen (vt)	irriteer	[irriteər]
aufräumen (vt)	skoonmaak	[skoənmāk]
aufschreiben (vt)	opskryf	[opskrajf]

aufseufzen (vi)	sug	[suχ]
aufstehen (vi)	opstaan	[opstãn]
auftauchen (U-Boot)	opduik	[opdœik]
ausdrücken (vt)	uitdruk	[œitdruk]
ausgehen (vi)	uitgaan	[œitχãn]
aushalten (vt)	verdra	[ferdra]
ausradieren (vt)	uitvee	[œitfeə]
ausreichen (vi)	genoeg wees	[χenuχ veəs]
ausschalten (vt)	afskakel	[afskakəl]
ausschließen (vt)	uitsit	[œitsit]
aussprechen (vt)	uitspreek	[œitspreək]
austeilen (vt)	uitdeel	[œitdeəl]
auswählen (vt)	selekteer	[selekteər]
auszeichnen (mit Orden)	toeken	[tuken]
baden (vt)	bad	[bat]
bedauern (vt)	jammer wees	[jammər veəs]
bedeuten (bezeichnen)	beteken	[betekən]
bedienen (vt)	bedien	[bedin]
beeinflussen (vt)	beïnvloed	[beïnflut]
beenden (vt)	klaarmaak	[klãrmãk]
befehlen (vt)	beveel	[befeəl]
befestigen (vt)	versterk	[fersterk]
befreien (vt)	bevry	[befraj]
befriedigen (vt)	bevredig	[befredəχ]
begießen (vt)	nat gooi	[nat χoj]
beginnen (vt)	begin	[beχin]
begleiten (vt)	begelei	[beχelæj]
begrenzen (vt)	beperk	[beperk]
begrüßen (vt)	groet	[χrut]
behalten (alte Briefe)	bewaar	[bevãr]
behandeln (vt)	behandel	[behandəl]
behaupten (vt)	beweer	[beveər]
bekannt machen	voorstel	[foərstəl]
belauschen (Gespräch)	afluister	[aflœistər]
beleidigen (vt)	beledig	[beledəχ]
beleuchten (vt)	verlig	[ferləχ]
bemerken (vt)	raaksien	[rãksin]
beneiden (vt)	jaloers wees	[jalurs veəs]
benennen (vt)	noem	[num]
benutzen (vt)	gebruik ...	[χebrœik ...]
beobachten (vt)	waarneem	[vãrneəm]
berichten (vt)	rapporteer	[rapporteər]
bersten (vi)	kraak	[krãk]
beruhen auf ...	gebaseer wees op	[χebaseər veəs op]
beruhigen (vt)	kalmeer	[kalmeər]
berühren (vt)	aanraak	[ãnrãk]

beseitigen (vt)	verwyder	[ferwajdər]
besitzen (vt)	besit	[besit]
besprechen (vt)	bespreek	[bespreək]
bestehen auf	aandring	[āndriŋ]
bestellen (im Restaurant)	bestel	[bestəl]

bestrafen (vt)	straf	[straf]
beten (vi)	bid	[bit]
beunruhigen (vt)	bekommerd maak	[bekommərt māk]
bewachen (vt)	beskerm	[beskerm]

bewahren (vt)	bewaar	[bevār]
beweisen (vt)	bewys	[bevajs]
bewundern (vt)	bewonder	[bevondər]
bezeichnen (bedeuten)	beteken	[betekən]
bilden (vt)	vorm	[form]

binden (vt)	vasbind	[fasbint]
bitten (jmdn um etwas ~)	vra	[fra]
blenden (vt)	verblind	[ferblint]
brechen (vt)	breek	[breək]
bügeln (vt)	stryk	[strajk]

253. Verben E-H

danken (vi)	dank	[dank]
denken (vi, vt)	dink	[dink]
denunzieren (vt)	aankla	[ānkla]
dividieren (vt)	deel	[deəl]

dressieren (vt)	afrig	[afrəχ]
drohen (vi)	dreig	[dræjχ]
eindringen (vi)	deurdring	[døərdriŋ]

einladen (zum Essen ~)	uitnooi	[œitnoj]
einpacken (vt)	inpak	[inpak]
einrichten (vt)	toerus	[turus]
einschalten (vt)	aanskakel	[āŋskakəl]

einschreiben (vt)	byvoeg	[bajfuχ]
einsetzen (vt)	insteek	[insteək]
einstellen (Personal ~)	huur	[hɪr]
einstellen (vt)	ophou	[ophæʊ]

einwenden (vt)	beswaar maak	[beswār māk]
empfehlen (vt)	aanbeveel	[ānbefeəl]
entdecken (Land usw.)	ontdek	[ontdek]
entfernen (Flecken ~)	verwyder	[ferwajdər]

entscheiden (vt)	beslis	[beslis]
entschuldigen (vt)	verskoon	[ferskoən]
entzücken (vt)	sjarmeer	[ʃarmeər]
erben (vt)	erf	[ɛrf]
erblicken (vt)	skrams raaksien	[skrams rāksin]

erfinden (das Rad neu ~)	uitvind	[œitfint]
erinnern (vt)	laat onthou ...	[lāt onthæʊ ...]
erklären (vt)	verklaar	[ferklār]

erlauben (jemandem etwas)	toelaat	[tulāt]
erlauben, gestatten (vt)	toelaat	[tulāt]
erleichtern (vt)	makliker maak	[maklikər māk]
ermorden (vt)	doodmaak	[doədmāk]

ermüden (vt)	vermoei	[fermui]
ermutigen (vt)	inspireer	[inspireər]
ernennen (vt)	aanstel	[āŋstəl]
erörtern (vt)	ondersoek	[ondərsuk]

erraten (vt)	raai	[rāi]
erreichen (Nordpol usw.)	bereik	[beræjk]
erröten (vi)	bloos	[bloəs]
erscheinen (am Horizont ~)	verskyn	[ferskajn]

erscheinen (Buch usw.)	verskyn	[ferskajn]
erschweren (vt)	bemoeilik	[bemuilik]
erstaunen (vt)	verras	[ferras]
erstellen (einer Liste ~)	saamstel	[sāmstəl]
ertrinken (vi)	verdrink	[ferdrink]

erwähnen (vt)	verwys na	[ferwajs na]
erwarten (vt)	verwag	[ferwaχ]
erzählen (vt)	vertel	[fertəl]
erzielen (Ergebnis usw.)	bereik	[beræjk]

essen (vi, vt)	eet	[eət]
existieren (vi)	bestaan	[bestān]
fahren (mit 90 km/h ~)	gaan	[χān]
fallen lassen	laat val	[lāt fal]

fangen (vt)	vang	[faŋ]
finden (vt)	vind	[fint]
fischen (vt)	visvang	[fisfaŋ]
fliegen (vi)	vlieg	[fliχ]
folgen (vi)	volg ...	[folχ ...]

fortbringen (vt)	wegvat	[veχfat]
fortsetzen (vt)	vervolg	[ferfolχ]
fotografieren (vt)	fotografeer	[fotoχrafeər]
frühstücken (vi)	ontbyt	[ontbajt]
fühlen (vt)	aanvoel	[ānful]

führen (vt)	lei	[læj]
füllen (mit Wasse usw.)	vul	[ful]
füttern (vt)	voer	[fur]
garantieren (vt)	waarborg	[vārborχ]

geben (sein Bestes ~)	gee	[χeə]
gebrauchen (vt)	gebruik	[χebrœik]
gefallen (vi)	hou van	[hæʊ fan]
gehen (zu Fuß gehen)	gaan	[χān]

gehorchen (vi)	gehoorsaam	[χehoərsām]
gehören (vi)	behoort aan ...	[behoərt ān ...]
gelegen sein	lê	[lɛ:]
genesen (vi)	herstel	[herstəl]

gereizt sein	geïrriteerd raak	[χeïrriteərt rāk]
gernhaben (vt)	hou van	[hæʊ fan]
gestehen (Verbrecher)	beken	[beken]
gießen (Wasser ~)	skink	[skink]

glänzen (vi)	blink	[blink]
glauben (Er glaubt, dass ...)	glo	[χlo]
graben (vt)	grawe	[χravə]
gratulieren (vi)	gelukwens	[χelukwɛŋs]

gucken (spionieren)	loer	[lur]
haben (vt)	hê	[hɛ:]
handeln (in Aktion treten)	optree	[optreə]
hängen (an der Wand usw.)	ophang	[ophaŋ]

heiraten (vi)	trou	[træʊ]
helfen (vi)	help	[hɛlp]
herabsteigen (vi)	afkom	[afkom]
hereinkommen (vi)	binnegaan	[binnəχān]
herunterlassen (vt)	laat sak	[lāt sak]

hinzufügen (vt)	byvoeg	[bajfuχ]
hoffen (vi)	hoop	[hoəp]
hören (Geräusch ~)	hoor	[hoər]
hören (jmdm zuhören)	luister	[lœistər]

254. Verben I-R

imitieren (vt)	naboots	[naboəts]
impfen (vt)	inent	[inɛnt]
importieren (vt)	invoer	[infur]
in Gedanken versinken	peins	[pæjns]

in Ordnung bringen	aan kant maak	[ān kant māk]
informieren (vt)	in kennis stel	[in kɛnnis stəl]
instruieren (vt)	leer	[leər]
interessieren (vt)	interesseer	[interesseər]

isolieren (vt)	isoleer	[isoleər]
jagen (vi)	jag	[jaχ]
kämpfen (~ gegen)	veg	[feχ]
kämpfen (sich schlagen)	stry	[straj]
kaufen (vt)	koop	[koəp]

kennen (vt)	ken	[ken]
kennenlernen (vt)	kennismaak	[kɛnnismāk]
klagen (vi)	kla	[kla]
kompensieren (vt)	vergoed	[ferχut]
komponieren (vt)	komponeer	[komponeər]

kompromittieren (vt)	kompromitteer	[kompromitteǝr]
konkurrieren (vi)	kompeteer	[kompeteǝr]
können (v mod)	kan	[kan]
kontrollieren (vt)	kontroleer	[kontroleǝr]
koordinieren (vt)	koördineer	[koordineǝr]
korrigieren (vt)	korrigeer	[korriχeǝr]
kosten (vt)	kos	[kos]
kränken (vt)	beledig	[beledǝχ]
kratzen (vt)	krap	[krap]
Krieg führen	oorlog voer	[oǝrloχ fur]
lächeln (vi)	glimlag	[χlimlaχ]
lachen (vi)	lag	[laχ]
laden (Ein Gewehr ~)	laai	[lāi]
laden (LKW usw.)	laai	[lāi]
lancieren (starten)	van stapel stuur	[fan stapǝl stɪr]
laufen (vi)	hardloop	[hardloǝp]
leben (vi)	leef	[leǝf]
lehren (vt)	leer	[leǝr]
leiden (vi)	ly	[laj]
leihen (Geld ~)	leen	[leǝn]
leiten (Betrieb usw.)	beheer	[beheǝr]
lernen (vt)	studeer	[studeǝr]
lesen (vi, vt)	lees	[leǝs]
lieben (vt)	liefhê	[lifhɛ:]
liegen (im Bett usw.)	lê	[lɛ:]
losbinden (vt)	losmaak	[losmāk]
löschen (Feuer)	blus	[blus]
lösen (Aufgabe usw.)	oplos	[oplos]
loswerden (jmdm. od etwas)	ontslae raak van ...	[ontslaǝ rāk fan ...]
lügen (vi)	lieg	[liχ]
machen (vt)	doen	[dun]
markieren (vt)	merk	[merk]
meinen (glauben)	glo	[χlo]
memorieren (vt)	van buite leer	[fan bœitǝ leǝr]
mieten (ein Boot ~)	huur	[hɪr]
mieten (Haus usw.)	huur	[hɪr]
mischen (vt)	meng	[meŋ]
mitbringen (vt)	bring	[briŋ]
mitteilen (vt)	in kennis stel	[in kɛnnis stǝl]
müde werden	moeg word	[muχ vort]
multiplizieren (vt)	vermenigvuldig	[fermeniχ·fuldǝχ]
müssen (v mod)	moet	[mut]
nachgeben (vi)	toegee	[tuχeǝ]
nehmen (jmdm. etwas ~)	ontneem	[ontneǝm]
nehmen (vt)	vat	[fat]
noch einmal sagen	herhaal	[herhāl]

nochmals tun (vt)	oordoen	[oərdun]
notieren (vt)	noteer	[noteər]
nötig sein	nodig wees	[nodəχ veəs]
notwendig sein	nodig wees	[nodəχ veəs]
öffnen (vt)	oopmaak	[oəpmāk]
passen (Schuhe, Kleid)	pas	[pas]
pflücken (Blumen)	pluk	[pluk]
planen (vt)	beplan	[beplan]
prahlen (vi)	spog	[spoχ]
projektieren (vt)	ontwerp	[ontwerp]
protestieren (vi)	protesteer	[protesteər]
provozieren (vt)	uittart	[œittart]
putzen (vt)	skoonmaak	[skoənmāk]
raten (zu etwas ~)	aanraai	[ānrāi]
rechnen (vt)	tel	[təl]
regeln (vt)	besleg	[besleχ]
reinigen (vt)	skoonmaak	[skoənmāk]
reparieren (vt)	herstel	[herstəl]
reservieren (vt)	bespreek	[bespreək]
retten (vt)	red	[ret]
richten (den Weg zeigen)	die pad wys	[di pat vajs]
riechen (an etwas ~)	ruik	[rœik]
riechen (gut ~)	ruik	[rœik]
ringen (Sport)	worstel	[vorstəl]
riskieren (vt)	waag	[vāχ]
rufen (seinen Hund ~)	roep	[rup]
rufen (um Hilfe ~)	roep	[rup]

255. Verben S-U

säen (vt)	saai	[sāi]
sagen (vt)	sê	[sɛ:]
schaffen (Etwas Neues zu ~)	skep	[skep]
schelten (vt)	uitvaar teen	[œitfār teən]
schieben (drängen)	stoot	[stoət]
schießen (vi)	skiet	[skit]
schlafen gehen	gaan slaap	[χān slāp]
schlagen (mit ...)	veg	[feχ]
schlagen (vt)	slaan	[slān]
schließen (vt)	sluit	[slœit]
schmeicheln (vi)	vlei	[flæj]
schmücken (vt)	versier	[fersir]
schreiben (vi, vt)	skryf	[skrajf]
schreien (vi)	skreeu	[skriʊ]
schütteln (vt)	skommel	[skomməl]

| schweigen (vi) | stilbly | [stilblaj] |
| schwimmen (vi) | swem | [swem] |

| schwimmen gehen | gaan swem | [χān swem] |
| sehen (vt) | kyk | [kajk] |

sein (vi)	wees	[veəs]
sich abwenden	wegdraai	[veχdrāi]
sich amüsieren	jouself geniet	[jæusɛlf χenit]
sich anschließen	aansluit	[āŋslœit]

sich anstecken	besmet word met ...	[besmet vort met ...]
sich aufregen	bekommer	[bekommər]
sich ausruhen	rus	[rus]
sich beeilen	opskud	[opskut]

sich benehmen	jou gedra	[jæu χedra]
sich beschmutzen	vuil word	[fœil vort]
sich datieren	dateer van ...	[dateər fan ...]
sich einmischen	tussenbeide tree	[tussənbæjdə treə]
sich empören	verontwaardig wees	[ferontwārdəχ veəs]

sich entschuldigen	verskoning vra	[ferskoniŋ fra]
sich erhalten	bewaar wees	[bevār veəs]
sich erinnern	herinner	[herinnər]
sich interessieren	belangstel in ...	[belaŋstel in ...]
sich kämmen	hare kam	[harə kam]

sich konsultieren mit ...	konsulteer	[kɔŋsulteər]
sich konzentrieren	konsentreer	[kɔŋsentreər]
sich langweilen	verveeld wees	[ferveəlt veəs]
sich nach ... erkundigen	navraag doen	[nafrāχ dun]

sich nähern	nader	[nadər]
sich rächen	wreek	[vreek]
sich rasieren	skeer	[skeər]
sich setzen	gaan sit	[χān sit]

sich Sorgen machen	bekommerd wees	[bekommərt veəs]
sich überzeugen	oortuig wees	[oərtœiχ veəs]
sich unterscheiden	verskil	[ferskil]
sich vergrößern	toeneem	[tuneəm]
sich verlieben	verlief raak	[ferlif rāk]

sich verteidigen	jouself verdedig	[jæusɛlf ferdedəχ]
sich vorstellen	verbeel	[ferbeəl]
sich waschen	bad	[bat]
sitzen (vi)	sit	[sit]

spielen (Ball ~)	speel	[speəl]
spielen (eine Rolle ~)	speel	[speəl]
spotten (vi)	terg	[terχ]
sprechen mit ...	praat met ...	[prāt met ...]

| spucken (vi) | spoeg | [spuχ] |
| starten (Flugzeug) | opstyg | [opstajχ] |

stehlen (vt)	steel	[steəl]
stellen (ins Regal ~)	sit	[sit]
stimmen (vi)	stem	[stem]
stoppen (haltmachen)	stilhou	[stilhæʊ]
stören (nicht ~!)	steur	[støər]

streicheln (vt)	streel	[streəl]
suchen (vt)	soek ...	[suk ...]
sündigen (vi)	sondig	[sondəχ]
tauchen (vi)	duik	[dœik]

tauschen (vt)	wissel	[vissəl]
täuschen (vt)	bedrieg	[bedrəχ]
teilnehmen (vi)	deelneem	[deəlneəm]
trainieren (vi)	oefen	[ufen]

trainieren (vt)	afrig	[afrəχ]
transformieren (vt)	transformeer	[traŋsformeər]
träumen (im Schlaf)	droom	[droəm]
träumen (wünschen)	droom	[droəm]

trinken (vt)	drink	[drink]
trocknen (vt)	droog	[droəχ]
überragen (Schloss, Berg)	uitstyg bo	[œitstajχ boə]
überrascht sein	verbaas wees	[ferbãs veəs]
überschätzen (vt)	oorskat	[oərskat]

übersetzen (Buch usw.)	vertaal	[fertãl]
überwiegen (vi)	oorheers	[oərheərs]
überzeugen (vt)	oortuig	[oərtœəχ]
umarmen (vt)	omhels	[omhɛls]
umdrehen (vt)	omkeer	[omkeər]

unternehmen (vt)	onderneem	[ondərneəm]
unterschätzen (vt)	onderskat	[ondərskat]
unterschreiben (vt)	teken	[tekən]
unterstreichen (vt)	onderstreep	[ondərstreəp]
unterstützen (vt)	steun	[støən]

256. Verben V-Z

verachten (vt)	minag	[minaχ]
veranstalten (vt)	organiseer	[orχaniseər]
verbieten (vt)	verbied	[ferbit]
verblüfft sein	verbouereerd wees	[ferbæʊereərt veəs]

verbreiten (Broschüren usw.)	versprei	[ferspræj]
verbreiten (Geruch)	versprei	[ferspræj]
verbrennen (vt)	verbrand	[ferbrant]
verdächtigen (vt)	verdink	[ferdink]

verdienen (Lob ~)	verdien	[ferdin]
verdoppeln (vt)	verdubbel	[ferdubbəl]
vereinfachen (vt)	vereenvoudig	[fereənfæʊdəχ]

vereinigen (vt)	verenig	[ferenəχ]
vergessen (vt)	vergeet	[ferχeet]
vergießen (vt)	mors	[mors]
vergleichen (vt)	vergelyk	[ferχəlajk]
vergrößern (vt)	verhoog	[ferhoəχ]
verhandeln (vi)	onderhandel	[ondərhandəl]

verjagen (vt)	wegry	[veχraj]
verkaufen (vt)	verkoop	[ferkoəp]
verlangen (vt)	eis	[æjs]
verlassen (vt)	vergeet	[ferχeet]

verlassen (vt)	verlaat	[ferlāt]
verlieren (Regenschirm usw.)	verloor	[ferloər]
vermeiden (vt)	vermy	[fermaj]
vermuten (vt)	veronderstel	[ferondərstəl]
verneinen (vt)	ontken	[ontken]

vernichten (Dokumente usw.)	vernietig	[fernitəχ]
verringern (vt)	verminder	[fermindər]
versäumen (vt)	bank	[bank]
verschieben (Möbel usw.)	skuif	[skœif]

verschütten (vt)	laat val	[lāt fal]
verschwinden (vi)	verdwyn	[ferdwajn]
versprechen (vt)	beloof	[beloəf]
verstecken (vt)	wegsteek	[veχsteək]

verstehen (vt)	verstaan	[ferstān]
verstummen (vi)	ophou praat	[ophæʊ prāt]
versuchen (vt)	probeer	[probeər]

verteidigen (vt)	verdedig	[ferdedəχ]
vertrauen (vt)	vertrou	[fertræʊ]
verursachen (vt)	veroorsaak ...	[feroərsāk ...]
verurteilen (vt)	veroordeel	[feroərdeəl]
vervielfältigen (vt)	aantal kopieë maak	[āntal kopiɛ māk]

verwechseln (vt)	verwar	[ferwar]
verwirklichen (vt)	verwesenlik	[ferwesenlik]
verzeihen (vt)	vergewe	[ferχevə]
vorankommen	vorder	[fordər]

voraussehen (vt)	voorsien	[foərsin]
vorbeifahren (vi)	ry deur	[raj døər]
vorbereiten (vt)	voorberei	[foərberæj]
vorschlagen (vt)	voorstel	[foərstəl]

vorstellen (vt)	voorstel	[foərstəl]
vorwerfen (vt)	verwyt	[ferwajt]
vorziehen (vt)	verkies	[ferkis]
wagen (vt)	durf	[durf]

wählen (vt)	kies	[kis]
wärmen (vt)	verwarm	[ferwarm]
warnen (vt)	waarsku	[vārsku]

warten (vi)	wag	[vaχ]
waschen (das Auto ~)	was	[vas]
waschen (Wäsche ~)	die wasgoed was	[di vasχut vas]
wechseln (vt)	uitruil	[œitrajl]
wecken (vt)	wakker maak	[vakkər māk]

wegfahren (vi)	vertrek	[fertrek]
weglassen (Wörter usw.)	weglaat	[veχlāt]
weglegen (vt)	bêre	[bærə]
wehen (vi)	waai	[vāi]

weinen (vi)	huil	[hœil]
werben (Reklame machen)	adverteer	[adferteər]
werden (vi)	word	[vort]
werfen (vt)	gooi	[χoj]

widmen (vt)	opdra	[opdra]
wiegen (vi)	weeg	[veəχ]
winken (mit der Hand)	wuif	[vœif]
wissen (vt)	weet	[veət]

Witz machen	grappies maak	[χrappis māk]
wohnen (vi)	woon	[voən]
wollen (vt)	wil	[vil]
wünschen (vt)	wens	[vɛŋs]

zahlen (vt)	betaal	[betāl]
zeigen (den Weg ~)	wys	[vajs]
zeigen (jemandem etwas ~)	wys	[vajs]
zerreißen (vi)	breek	[breək]

zertreten (vt)	verpletter	[ferplɛttər]
ziehen (Seil usw.)	trek	[trek]
zielen auf ...	mik op	[mik op]
zitieren (vt)	aanhaal	[ānhāl]

zittern (vi)	ril	[ril]
zu Abend essen	aandete gebruik	[āndetə χebrœik]
zu Mittag essen	gaan eet	[χān eət]
zubereiten (vt)	maak	[māk]

züchten (Pflanzen)	kweek	[kweək]
zugeben (eingestehen)	erken	[ɛrken]
zur Eile antreiben	aanjaag	[ānjāχ]
zurückdenken (vi)	onthou	[onthæʊ]
zurückhalten (vt)	in bedwang hou	[in bedwaŋ hæʊ]

zurückkehren (vi)	terugkeer	[teruχkeər]
zurückschicken (vt)	terugstuur	[teruχstʉr]
zurückziehen (vt)	kanselleer	[kaŋsɛlleər]
zusammenarbeiten (vi)	saamwerk	[sāmwerk]

zusammenzucken (vi)	huiwer	[hœivər]
zustimmen (vi)	saamstem	[sāmstem]
zweifeln (vi)	twyfel	[twajfəl]
zwingen (vt)	verplig	[ferpləχ]

www.ingramcontent.com/pod-product-compliance
Lightning Source LLC
Chambersburg PA
CBHW071333090426
42738CB00012B/2890